国家文化产业资金支持媒体融合重大项目

高等职业教育会计专业富媒体智能型·项目化系列教材

Primary Accounting Practice

初级会计实务

王碧秀 主 编
蔡梦颖 副主编

东北财经大学出版社
Dongbei University of Finance & Economics Press
大连

图书在版编目（CIP）数据

初级会计实务 / 王碧秀主编. —大连 ：东北财经大学出版社，2019.8（2021.2 重印）
（高等职业教育会计专业富媒体智能型·项目化系列教材）
ISBN 978-7-5654-3570-6

Ⅰ. 初… Ⅱ. 王… Ⅲ. 会计实务-高等职业教育-教材 Ⅳ. F233

中国版本图书馆CIP数据核字（2019）第119533号

东北财经大学出版社出版
（大连市黑石礁尖山街217号 邮政编码 116025）
网　址：http://www.dufep.cn
读者信箱：dufep@dufe.edu.cn
大连天骄彩色印刷有限公司印刷 东北财经大学出版社发行

幅面尺寸：185mm×260mm 字数：379千字 印张：16.25 插页：1
2019年8月第1版 2021年2月第2次印刷

责任编辑：王天华 责任校对：余 庆
封面设计：冀贵收 版式设计：原 皓

定价：42.50元

教学支持 售后服务 联系电话：（0411）84710309

总 序

2015年10月19日，教育部印发了《高等职业教育创新发展行动计划（2015—2018年）》的通知（教职成〔2015〕9号），提出要在2018年以前“新建一批国家级职业教育专业教学资源库和国家精品在线开放课程；立项建设省级高等职业教育专业教学资源库（200个左右）和精品在线开放课程（1 000门左右）”。建设适合专业教学资源库和精品在线开放课程的优质教材显得尤为重要。

本系列教材以教育部《关于加强高等学校在线开放课程建设应用与管理的意见》（教高〔2015〕3号）为指导，按照“碎片化资源、结构化课程、系统化设计”的要求，组织国家级或省级精品资源共享课或专业教学资源库课程负责人共同开发本系列教材，包括《出纳实务》《会计基本技能》《基础会计》《初级会计实务》《成本会计实务》《纳税实务》《财务管理实务》《会计信息化》《会计综合实训》《财务报表分析》《审计实务》等，部分教材单独配套编写了实训，以方便教师的教学与学生的实训练习。

本系列教材以培养高素质的技能技术型会计人才为目标，打破会计专业传统教材框架束缚，根据在线开放课程学习者的需要，重新构架教材体系、设计教材体例，形成了以下三大鲜明特色：

（1）新体系。全书以知识点、技能点为主线阐述教学内容、编写配套习题和建设相应资源，边学边做边练，以适应在线开放课程和专业教学资源库建设的需要，也为教师开展课堂教学创新、实施翻转课堂或混合教学提供方便。

（2）新标准。以教育部职成教司发布的《高等职业学校会计专业教学标准（试行）》为依据，参照财政部会计资格评价中心会计专业技术初级资格考试的标准，并将传统的计算题、业务题转化为客观题，以适应会计专业技术初级资格无纸化考试的要求。突出教材内容与职业标准的对接。

（3）新资源。配套建设数学化课程资源，具体包括课程标准、岗位介绍、模拟试卷、电子课件，与知识点、技能点配套的教学讲义、微课讲解、习题库及答案、典型案例、财经法规、视频操作、动画演示、票证账表等，与教材编写同步而行、相携而成，为老师教学和学生学习提供全面的支持和增值服务。

本系列教材从课程标准的开发、教学内容的筛选、结构体例的设计到知识技能点的确定，都倾注了职业教育专家、会计教育专家、企业会计实务专家和东北财经大学出版社编辑的心血，是高等职业教育教材为适应“互联网+”时代方便教师教学和学生学习而进行的有益尝试。希望通过本系列教材的出版，为我国高职会计教育线上线下混合教学做出贡献。

梁伟样

前　言

“初级会计实务”是高职财会类专业一门专业核心课程，是“基础会计”的后续课程。该课程与“基础会计”和“中级财务会计”有着紧密的联系但又自成体系，主要侧重讲述企业基本会计要素及其基本业务的核算方法，以及会计报表的编制。本教材具有以下特点：

1.内容实用。在内容选择上，考虑高职会计专业培养管理型助理会计师的人才培养目标，本教材以全国会计专业技术初级资格考试“初级会计实务”的深度与广度为主要选择依据。

2.更新及时。在法规时效上，本教材按最新企业会计准则和截至2019年5月最新税法的规定进行编写。

3.理实一体。在体例设计上，以知识点和技能点双轨并进的方式推进，满足高职会计专业人才培养中对理论教学和技能教学的不同要求。知识点内容更加注重讲清会计法律法规及制度的规定，而技能点内容更加注重实务层面的应用。

4.配套齐全。为了方便教学，本教材配有课程标准、电子课件、电子教案、习题与实训答案等资源，授课教师可以登录东北财经大学出版社网站（http://www.dufep.cn）免费下载。此外，为了满足课下学生自主学习的需求，本教材添加了针对重点、难点和易错点制作的50个微课，通过微信扫描书中的二维码即可观看学习。

5.资源丰富。本教材为读者提供了丰富的教学资源，登录“浙江省高等学校在线开放课程共享平台”（http://zjedu.moocollege.com/Province/Index/index，“基础会计（财务会计）”主持人王碧秀）就可以进行学习。

本次重印时，主要作了如下修改：❶按截至2021年1月最新的企业会计准则和税收法规，对各相关项目及任务内容进行了更新，重点对项目四任务一“收入核算”进行了全面的更新；❷对项目一中任务一“货币资金核算”中有关“银行存款”和“其他货币资金”的核算内容进行了重组；❸完成了全书系列微课的制作，以满足线上线下混合教学的需要；❹对配套习题与实训进行了相应的修改。

本教材既可以作为高职高专、成人高等学校和本科院校二级学院经济管理类各专业学生的教学用书，也可以作为各类企业在职会计、税务等人员的培训、自学用书，以及各类企业管理人员的参考用书。

本教材由丽水职业技术学院会计教学团队集体编写，由王碧秀教授担任主编，蔡梦颖为本教材制作了相关教学资源。本教材在编写过程中参考了很多专著和教材，得到了有关专家学者、院校领导的大力支持，在此一并表示感谢！

由于编者水平有限，书中疏漏之处在所难免，敬请读者批评指正。

编　者

2021年2月

目 录

项目一　资产核算

↘【知识点】

1. 货币资金管理
2. 金融资产认知
3. 应收及预付款项认知
4. 存货的内容、确认与计量
5. 固定资产的特征、确认与分类
6. 无形资产的特征、确认与内容

↘【技能点】

1. 货币资金核算与列报
2. 交易性金融资产核算与列报
3. 应收及预付款项核算与列报
4. 存货核算与列报
5. 固定资产核算与列报
6. 无形资产和长期待摊费用核算与列报

引言

资产是指企业过去的交易或事项形成的、由企业拥有或控制的、预期会给企业带来经济利益的资源。按照流动性不同，资产可分为流动资产和非流动资产。按资产在资产负债表（适用于已执行新金融准则、新收入准则和新租赁准则的企业）中列示顺序，流动资产包括货币资金、交易性金融资产、衍生金融资产、应收票据、应收账款、应收款项融资、预付款项、其他应收款、存货、合同资产、持有待售资产等；非流动资产包括债权投资、其他债权投资、长期应收款、长期股权投资、其他权益工具投资、其他非流动金融资产、投资性房地产、固定资产、在建工程、无形资产、开发支出、商誉、长期待摊费用、递延所得税资产等。本项目以财政部2006年发布的企业会计准则和2017年修订发布的《企业会计准则第22号——金融工具确认和计量》为基础，根据全国会计专业技术初级资格考试“初级会计实务”的标准要求，只介绍货币资金、交易性金融资产、应收及预付款项、存货、固定资产、无形资产和长期待摊费用等相关内容。

任务一 货币资金核算

知识点1-1 货币资金管理

一、货币资金内容

货币资金是指企业在生产经营过程中处于货币形态的资产。在企业资产中，货币资金具有最强的流动性和普遍的可接受性，是唯一能够转化为其他任何类型资产的资产。在企业的生产经营过程中，货币资金既是营运资金的起始形态，又是营运资金的终结形态，是企业持续经营的前提。加强货币资金的管理，对挖掘资金潜力，提高资金使用效率，保证企业生产经营活动顺利进行有十分重要的意义。货币资金按其用途和存放地点不同，可分为库存现金、银行存款和其他货币资金。

二、现金管理制度

现金的概念有广义和狭义之分。广义的现金是指库存现金、银行存款及其他符合现金特征的票证；狭义的现金，仅指库存现金，是指存放于企业财会部门、由出纳员保管的满足日常零星开支需要的那部分货币资金，包括人民币现金和外币现金。库存现金是企业流动性最强的资产，流动频繁，因此，极易发生差错、盗窃、挪用，企业必须加强库存现金管理，保证其使用合法合理。根据1988年9月8日国务院颁布并于2011年修订的《现金管理暂行条例》和1988年9月12日中国人民银行颁布的《现金管理暂行条例实施细则》规定，现金管理主要内容如下：

（一）现金的使用范围

1.现金的支付范围

下列范围内的业务支出可以使用现金结算：

（1）职工工资、津贴；

（2）个人劳务报酬；

（3）国家规定颁发给个人的科学技术、文化艺术、体育等各种奖金；

（4）各种劳保、福利费用以及国家规定的对个人的其他支出；

（5）向个人收购农副产品和其他物资的价款；

（6）出差人员必须随身携带的差旅费；

（7）结算起点（1 000元）以下的零星支出；

（8）中国人民银行确定需要支付现金的其他支出。

2.现金的收入范围

企业的下列收入可以收取现金：

（1）单位或职工交回差旅费剩余款、赔偿款、备用金退回款；

（2）收取不能转账的单位或个人的货款；

（3）不足结算起点的小额收入等。

除现金收付范围以外的其他款项的收支应通过银行转账结算。

【知识拓展】企业之间的经济往来款项结算方式有现金结算和转账结算两种。凡直接用现金收付的称为现金结算；凡通过开户银行划转的称为转账结算。

（二）现金的限额管理

库存现金限额是指为保证各单位日常零星支出需要，允许单位留存现金的最高数额。库存现金限额由开户单位提出申请，开户银行审查核定。一个单位在几家银行开户的，只能由一家开户银行核定，原则上应根据企业3天至5天的日常零星开支所需核定其限额；边远地区和交通不便地区可适当放宽，但不得超过15天的日常零星开支。库存现金限额一经核定必须严格遵守，超过限额的现金应于当日终了前送存银行。需要增加或者减少库存现金限额的，应当向开户银行提出申请，由开户银行核定。

（三）现金管理的其他规定

（1）单位内部现金管理应按内部牵制的要求实行钱账分管，即现金收付业务和记账工作应由两人或两人以上分管，实行互相牵制。企业的库存现金由出纳员保管，出纳员不得兼管收入、费用、债权、债务等账簿的登记以及会计档案的保管工作。填写银行结算凭证的有关印鉴应实行分管制度，不能全部由出纳一人保管。

（2）单位现金收入应于当日送存银行，当日送存确有困难的，可由开户银行确定送存时间。企业将现金送存银行时，应在送存簿上注明款项的来源。

（3）单位支付现金，可以从本单位库存现金限额中支付或者从开户银行提取，不得随意坐支现金。因特殊情况需要坐支现金的，应当事先报经开户银行审查批准，由开户银行核定坐支范围和限额。坐支现金是指从本单位的现金收入中直接支付现金的行为。

（4）单位签发现金支票从银行提取现金时，应当写明用途，不准谎报用途套取现金。

（5）不准用本单位银行账户代其他单位或个人存入或支取现金；不准将单位收入的现金以个人名义存入银行；不准保留账外公款。

（6）不得“白条顶库”，即不得用不符合国家统一会计制度规定的凭证顶替库存现金。

【知识拓展】请上网查询《现金管理暂行条例》《现金管理暂行条例实施细则》《内部会计控制规范——货币资金（试行）》的具体内容并加以对照学习。

三、银行存款管理制度

（一）银行存款开户

按照《人民币银行结算账户管理办法》有关规定，企业应当根据业务需要，在其所在地银行开设银行结算账户，进行存款、取款及各种收支转账业务的结算。单位银行结算账户有基本存款账户、一般存款账户、临时存款账户和专用存款账户四类。

1. 基本存款账户

基本存款账户是指存款人办理单位日常转账结算和现金收付业务的银行结算账户。该账户是存款人的主办账户，存款人日常经营活动的资金收付及其工资、奖金等现金的支取，必须通过本账户办理。存款人只能选择一家银行的一个营业机构开立一个基本存款账户。

2. 一般存款账户

一般存款账户是指存款人因借款或其他结算需要，在基本存款账户开户银行以外的银行营业机构开立的银行结算账户。本账户可以办理转账结算和现金缴存，但不能办理现金支取。

3. 临时存款账户

临时存款账户是指存款人因临时需要并在规定期限内使用而开立的银行结算账户。本账户既可以办理转账结算，也可以根据现金管理有关规定办理现金存取。

4. 专用存款账户

专用存款账户是指存款人按照法律规定，对其特定用途资金进行专项管理和使用而开立的银行结算账户。如基本建设资金、社会保障基金、证券交易结算资金等。

【知识拓展】上网查阅《人民币银行结算账户管理办法》。

（二）银行结算纪律

企业通过银行办理支付结算时，应当执行国家各项管理办法和结算制度。主要政策依据为《支付结算办法》，其主要内容如下：单位和个人办理支付结算，不准签发没有资金保证的票据或远期支票，套取银行信用；不准签发、取得和转让没有真实交易和债权债务的票据，套取银行和他人资金；不准无理拒绝付款，任意占用他人资金；不准违反规定开立和使用账户。

（三）银行结算方式

各单位之间的经济往来，除符合现金使用范围的可使用现金外，都必须通过银行办理转账结算。转账结算是指通过银行将款项从付款单位银行结算账户划转到收款单位银行结算账户的行为。现行银行结算方式主要有支票、银行本票、银行汇票、商业汇票、信用卡、信用证、汇兑、委托收款、托收承付、电子支付，即“四票一卡一证四结算”。

【知识拓展】上网查阅《支付结算办法》。

1.支票

（1）概念。支票是由出票人签发的，委托办理支票存款业务的银行在见票时无条件支付确定的金额给收款人或持票人的票据。

（2）种类。支票有现金支票（只能支取现金）、转账支票（只能转账）、普通支票（既可支取现金，也可转账）三种。在普通支票左上角划两条平行线的，为划线支票，划线支票只能用于转账，不得支取现金。

（3）适用范围。全国各单位之间的商品交易、劳务供应及其他款项结算均可使用支票。为了防范支付风险，异地使用支票的单笔金额上限为500 000元。

（4）其他规定。支票一律记名；转账支票可以背书转让；支票的提示付款期限为出票日起10日；禁止签发空头支票。

【提示】记名是指在票据上记载收款人的名称。背书是指在票据背面或粘单上记载有关事项并签章的票据行为。

2.银行本票

（1）概念。银行本票是由银行签发的，承诺自己在见票时无条件支付确定的金额给收款人或持票人的票据。

（2）种类。银行本票分为不定额本票（金额起点100元）和定额本票（面额有1 000元、5 000元、10 000元和50 000元）。

（3）适用范围。单位和个人在同一票据交换区各种款项结算均可使用银行本票。

（4）其他规定。银行本票的提示付款期限自出票日起最长不得超过2个月。银行本票一律记名，可以背书转让。银行本票一般用于转账，但现金银行本票可用于支取现金，申请人或收款人为单位的不得申请签发现金银行本票。

【知识拓展】银行本票一式三联：第一联为银行记账凭证；第二联为出票银行作借方凭证；第三联为出票银行作贷方凭证。

3.银行汇票

（1）概念。银行汇票是由出票银行签发的，由其在见票时按实际结算金额无条件支付给收款人或持票人的票据。

（2）适用范围。单位和个人同城或异地各种款项结算均可使用银行汇票。

（3）其他规定。银行汇票一般用于转账，但填明“现金”字样的银行汇票也可以用于支取现金。银行汇票的提示付款期限自出票日起1个月。银行汇票一律记名，可以背书转让，但未填写实际结算金额或实际结算金额超过出票金额的银行汇票不得背书转让。

【知识拓展】银行汇票一式四联：第一联为卡片联，出票行结清汇出汇款借方凭证；第二联为银行汇票，与第三联解讫通知一并由汇款人自带，在兑付行兑付汇票后此联作银行往来账付出传票；第三联为解讫通知，在兑付行兑付后随报单寄签发行，由签发行作余款收入传票；第四联为多余款收账通知，在签发行结清后交汇款人。

4.商业汇票

（1）概念。商业汇票是由出票人签发的，委托付款人在指定日期无条件支付确定的金额给收款人或持票人的票据。商业汇票必须经过承兑，一经承兑，承兑人即负有到期无条件付款的责任。

（2）种类。商业汇票按承兑人不同，可分为商业承兑汇票和银行承兑汇票。其中，商业承兑汇票由付款单位承兑，银行承兑汇票由付款单位开户银行承兑。商业汇票按是否带息，可分为不带息商业汇票和带息商业汇票。其中，不带息商业汇票是指商业汇票到期时，承兑人只按票面金额向收款人或持票人支付票款的票据；带息商业汇票是指商业汇票到期时，承兑人必须按票面金额加上应计利息向收款人或持票人支付票款的票据。

（3）适用范围。在银行开立存款账户的法人以及其他组织之间，必须具有真实的交易关系或债权债务关系，才能使用商业汇票。

（4）其他规定。商业汇票的付款期限由交易双方商定，但最长不得超过6个月。付款期限的记载形式有定日付款和出票后定期付款两种。定日付款在汇票上记载具体的到期日；出票后定期付款其付款期自出票日起按月计算，一般填列“出票后某个月付款”字样。商业汇票的提示付款期限自汇票到期日起10日。商业汇票一律记名，可以背书转让。符合条件的商业汇票的持票人可持未到期的商业汇票向银行申请贴现。

【知识拓展】贴现是指在票据到期前，持票人为取得票款而向银行贴付一定利息将票据转让给银行的票据行为。

5.信用卡

（1）概念。信用卡是指商业银行向个人和单位发行的，凭以向特约单位购物、消费和向银行存取现金，且具有消费信用的特制载体卡片。

（2）种类。信用卡按使用对象分为单位卡和个人卡；按信誉等级分为金卡和普通卡；按是否向发卡银行交存备用金分为贷记卡和准贷记卡。

（3）适用范围。凡在中国境内金融机构开立基本存款账户的单位均可申领单位卡；凡具有完全民事行为能力的公民均可申领个人卡。

（4）其他规定。单位卡账户的资金一律从基本存款账户转账存入，不得交存现金，不得将销货收入款存入单位卡。单位卡不得用于10万元以上的商品交易、劳务供应款项结算，不得支取现金。信用卡在规定的期限和限额内允许善意透支。

6.信用证

信用证是指开证银行应申请人的要求和指示向第三方开立的载有一定金额、在一定期限内凭符合规定的单据付款的书面保证文件。信用证主要用于国际结算。

7.汇兑

（1）概念。汇兑是汇款人委托银行将其款项支付给收款人的结算方式。

（2）种类。汇兑按款项划转方式不同分为信汇和电汇两种。

（3）适用范围。异地单位和个人各种款项结算均可使用汇兑。

8.委托收款

（1）概念。委托收款是收款人委托银行向付款人收取款项的结算方式。

（2）种类。委托收款结算款项的划回方式分邮寄和电报两种，不受金额起点限制。

（3）适用范围。同城、异地各种款项结算均可使用委托收款结算方式。单位和个人凭已承兑商业汇票、债券、存单等付款人债务证明办理款项结算，也可以使用委托收款结算方式。

（4）其他规定。委托收款的付款期限3天，从付款人开户银行发出付款通知次日算起。付款人需拒付的，应在付款期限内向银行办理拒付，银行不负责审查拒付理由。

9.托收承付

（1）概念。托收承付是根据购销合同，由收款人发货后委托银行向异地付款人收取款项，由付款人向银行承认付款的结算方式。

（2）种类。托收承付结算款项的划回方式分邮寄和电报两种。

（3）适用范围。收款单位和付款单位必须是国有企业、供销合作社以及经营管理较好，并经开户银行审查同意的城乡集体所有制工业企业。结算款项必须是商品交易以及因商品交易而产生的劳务供应的款项，代销、寄销、赊销商品的款项不得办理托收承付结算。收付双方必须签有购销合同，并在合同上指定使用托收承付结算方式。收款人办理托收必须具有商品确已发运的证件。

（4）其他规定。托收承付结算每笔金额起点为1万元，新华书店系统每笔金额起点为1 000元。托收承付验单付款承付期为3天，从付款人开户银行发出承付通知次日起算；验货付款承付期限为10天，从运输部门向付款人发出提货通知次日起算。

10.电子支付

电子支付是指单位、个人（以下简称客户）直接或授权他人通过电子终端支付指令，实现货币支付与资金转移的行为。所谓电子终端是指客户可用以发起电子支付指令的计算机、电话、销售点终端、自动柜员机、移动通信工具或其他电子设备等。根据发起电子支付指令的电子终端不同，电子支付可以分为网上支付、电话支付、移动支付、销售点终端支付、自动柜员机交易和其他电子支付等类型。

电子支付包括以下环节：发起、确认、执行、接收。

技能点1-1　货币资金核算与列报

一、库存现金核算

（一）库存现金总分类核算

为总括核算库存现金的收支和结余情况，企业应设置“库存现金”账户。该账户属于资产类账户，借方登记库存现金收入金额，贷方登记库存现金支出金额，期末借方余额表示企业实际持有的库存现金。库存现金总账应由负责总账的财会人员登记，具体登记方法应根据企业选择采用的账务处理程序确定。

【提示】企业内部各部门周转使用的备用金不属于“库存现金”账户核算内容，应通过“其他应收款”账户或“备用金”账户核算。

库存现金核算的主要内容有：

（1）现金收入业务。包括从银行提取现金、职工报销差旅费交回剩余借款、收取结算起点以下的零星收入款、销售给不能转账的集体或个人的销货款、收取对个人的罚款、无法查明原因的现金溢余等。企业收到现金时，借记“库存现金”账户，贷记相关账户。

（2）现金支出业务。包括缴存现金、发放工资或奖金、职工借款以及零星报销等。企业支付现金时，借记相关账户，贷记“库存现金”账户。

【做中学1-1】宏业公司为增值税一般纳税人（本书以后相同），2019年5月上旬发生如下与库存现金相关的业务：5月2日，开出现金支票一张，从银行提取现金3 000元备用；5月5日，将库存现金8 900元送存银行；5月7日，销售货物出借包装物收取押金现款400元。

宏业公司账务处理如下：

5月2日，根据现金支票存根联编制会计分录：

借：库存现金　　3 000

　贷：银行存款　　3 000

5月5日，根据现金缴款单编制会计分录：

借：银行存款　　8 900

　贷：库存现金　　8 900

5月7日，根据收款收据编制会计分录：

借：库存现金　　400

　贷：其他应付款　　400

【想一想1-1】采用专用记账凭证的企业，从银行提取现金应编制哪种记账凭证？将现金存入银行又应编制哪种记账凭证？

答案

【知识拓展】填制现金支票、进账单和收款收据。

（二）库存现金序时核算

为了系统、连续、详细地反映库存现金的收支和结存情况，企业应设置“库存现金日记账”进行库存现金的序时核算。库存现金日记账外表形式为订本式，账页通常选用三栏式。库存现金日记账由出纳员登记，记账依据为涉及现金收付的记账凭证。每日业务终了应结出现金余额，并与实际库存现金核对，保证账实相符。月度终了，库存现金日记账余额应与库存现金总账余额核对，做到账账相符。

【想一想1-2】采用专用记账凭证的企业，下列各项属于库存现金日记账登记依据的记账凭证有（　　）。

A.现金收款凭证　　B.现金付款凭证

C.银行收款凭证　　D.银行付款凭证

答案

【练一练1-1】佳好有限责任公司核定的库存现金限额为5 000元，2019年5月1日库存现金日记账期初余额为758元。5月份发生下列现金收支业务：

3日，从银行提取现金4 000元以备零星开支用。

6日，以现金购买办公用品，取得的增值税专用发票上注明金额560元、税额72.8元，办公用品当即交付各部门使用。

22日，出租包装物一批，收到押金2 000元。

23日，填制现金缴款单，将押金2 000元送存银行。

28日，以现金支付特困职工生活补助费1 500元。

要求：根据上述经济业务编制会计分录，并登记库存现金日记账。教学建议：根据教学需要选择采用专用记账凭证或通用记账凭证。

答案

（三）现金清查账务处理

现金清查是指对库存现金的盘点，包括出纳人员每日终了前进行的现金账款核对和清查小组进行的定期或不定期的现金盘点。库存现金清查采用实地盘点法。清查小组清查内容主要是审核现金收付款凭证和有关账簿等资料及现金收付业务的合理性和合法性，包括账簿资料是否完整、齐全，有无遗漏、多计、计算错误，是否有挪用现金、白条顶库，超限额留存的现金是否及时送存银行等。清查结果应编制“现金清查盘点报告表”（见表1-1）。对有待查明原因的库存现金短缺或溢余，应先记入“待处理财产损溢”账户，待按管理权限报批后分不同情况处理。

1.现金短缺的账务处理

微课：库存现金盈亏的账务处理

清查结果账存金额大于实存金额，为现金短缺，应由责任人赔偿的部分，记入“其他应收款——应收现金短缺款（××个人）”账户；应由保险公司赔偿的部分，记入“其他应收款——应收保险赔款”账户；无法查明原因的，记入“管理费用——现金短缺”账户。

【做中学1-2】2019年5月15日，宏业公司进行现金清查，发现库存现金短缺200元，编制“现金清查盘点报告表”见表1-1。

表1-1　现金清查盘点报告表

2019年5月15日　　编号：××

账存数	实存数	清查结果		备注
		溢余	短缺	
3 520.00	3 320.00		200.00	出纳员工作差错

监查人：李平　　盘点人：王芳

宏业公司账务处理如下：

5月15日，根据“现金清查盘点报告表”编制会计分录：

借：待处理财产损溢——待处理流动资产损溢　　200

　　贷：库存现金　　200

5月17日，公司对库存现金盘亏作如下处理意见：5月15日库存现金短缺人民币贰佰元整，经核查为出纳员王芳工作失职造成，经研究决定，由王芳个人赔偿人民币壹佰伍拾元整，其余部分由公司承担，计入当期损益。编制会计分录：

借：其他应收款——应收现金短缺款（王芳）　　150

　　管理费用——现金短缺　　50

　　贷：待处理财产损溢——待处理流动资产损溢　　200

2.现金溢余的账务处理

清查结果账存金额小于实存金额，为现金溢余，属于应支付给有关人员或单位的，记入“其他应付款——应付现金溢余（个人或单位）”账户；属于无法查明原因的，记入“营业外收入——现金溢余”账户。

【做中学1-3】2019年5月25日，宏业公司进行现金清查，发现库存现金溢余200元。

宏业公司账务处理如下：

5月25日，根据“现金清查盘点报告表”编制会计分录：

借：库存现金　　200

　　贷：待处理财产损溢——待处理流动资产损溢　　200

5月27日，公司对库存现金盘盈作如下处理意见：5月25日库存现金盘盈人民币贰佰元整，其中出纳员在支付工资时少支付李军人民币陆拾元整，其余部分无法查明原因，经研究决定计入当期损益。编制会计分录：

借：待处理财产损溢——待处理流动资产损溢　　200

　　贷：其他应付款——李军　　60

　　　　营业外收入——现金溢余　　140

【知识拓展】《小企业会计准则》规定，无法查明原因的现金溢余，批准后记入“营业外收入”科目；无法查明原因的现金盘亏，批准后记入“营业外支出”科目。

（四）备用金账务处理

备用金是企业拨付给内部各部门或个人周转备用的现金。

备用金核算制度有核定备用金和实报实销两种。核定备用金制度的特点是先核定备用金定额并拨付，用后报销补足定额，备用金额度保持不变；实报实销制度的特点是先借后用，用后报销并结清借款。

微课：备用金账务处理

无论哪种方式，企业内部各部门的备用金既可以单独设立“备用金”账户核算，也可在“其他应收款”账户核算。

【做中学1-4】2019年5月1日，宏业公司研究决定，对销售部实行定额备用金制度，核定额度为每月10 000元，当日拨付现金。月底销售部报销日常业务开支6 000元，补足备用金。

宏业公司账务处理如下：

5月1日，根据拨付文件及支付凭证编制会计分录：

借：备用金（或其他应收款）——销售部　　10 000

　　贷：库存现金　　10 000

月底根据费用报销凭证编制会计分录：

借：销售费用等　　6 000

　　贷：库存现金　　6 000

【做中学1-5】2019年5月8日，宏业公司办公室李敏外出采购借支差旅费5 000元，以库存现金支付；25日李敏报销差旅费6 000元，其中可抵扣增值税120元，以现金补足差额。

宏业公司账务处理如下：

5月8日，根据现金支付凭证编制会计分录：

借：其他应收款——李敏　　5 000

　　贷：库存现金　　5 000

5月25日，根据差旅费报销凭证编制会计分录：

借：管理费用　　5 880

　　应交税费——应交增值税（进项税额）　　120

　　贷：其他应收款——李敏　　5 000

　　　　库存现金　　1 000

【想一想1-3】沿用【做中学1-5】资料，如果宏业公司采用专用记账凭证，月底报销差旅费的记账凭证应如何填制？

答案

二、银行存款核算

（一）银行存款总分类核算

1.账户设置

为核算银行存款的收入、支出和结存情况，企业应设置“银行存款”账户。本账户属于资产类账户，借方登记银行存款的增加额，贷方登记银行存款的减少额，期末借方余额反映银行存款的结存金额。该账户应按不同银行及存款类别（基本存款、一般存款、临时存款及专用存款）设置明细账户核算。

2.银行结算流程及账务处理

（1）支票。

①支票结算流程。以转账支票为例，支票结算流程图如图1-1所示。

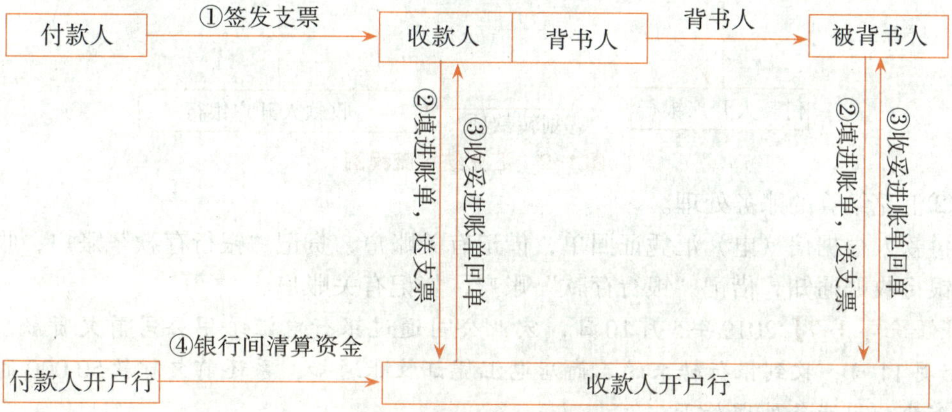

图1-1　支票结算流程图

②支票结算的账务处理。

付款人签发支票后，根据支票存根，借记“在途物资”“库存现金”等账户，贷记“银行存款”账户。

收款人将进账单及支票送存银行后，根据进账单回单及有关原始凭证，借记“银行存款”账户，贷记“主营业务收入”等账户。

【做中学1-6】2019年5月8日，宏业公司向甲企业购入材料一批，取得的增值税专用发票上注明金额3 000元、税额390元，签发转账支票支付款项，材料验收入库。5月9日，销售A商品一批，开具增值税专用发票，注明金额10 000元、税额1300元，收到转账支票一张送银行办理进账。

宏业公司账务处理如下：

5月8日，根据支票存根联、购货发票、材料入库单编制会计分录：

借：原材料　　3 000

　　应交税费——应交增值税（进项税额）　　390

　　贷：银行存款　　3 390

5月9日，根据进账单回单及销货发票编制会计分录：

借：银行存款　　11 300

　　贷：主营业务收入　　10 000

　　　　应交税费——应交增值税（销项税额）　　1 300

【技能拓展】填制转账支票和进账单。

（2）汇兑。

①汇兑结算流程图如图1-2所示。

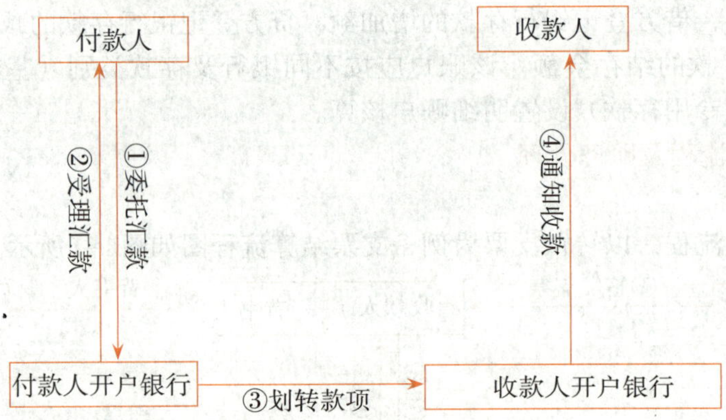

图1-2　汇兑结算流程图

②汇兑结算的账务处理。

付款人根据信（电）汇凭证回单，借记有关账户，贷记“银行存款”账户；收款人根据银行收账通知，借记“银行存款”账户，贷记有关账户。

【做中学1-7】2019年5月10日，宏业公司通过银行电汇给甲公司前欠货款50 000元。5月11日，收到银行转来的乙商店电汇凭证收账通知，系还前欠货款50 000元。

宏业公司账务处理如下：

5月10日，根据电汇受理回单编制会计分录：

借：应付账款　　50 000

　　贷：银行存款　　50 000

5月11日，根据收账通知编制会计分录：

借：银行存款　　50 000

　　贷：应收账款　　50 000

（3）委托收款。

①委托收款结算流程图如图1-3所示。

②委托收款结算账务处理。

付款人付出款项后，根据银行付款通知及有关原始凭证，借记有关账户，贷记“银行存款”账户。

收款人办妥托收手续后，根据委托收款受理回单及有关原始凭证，借记“应收账款”账户，贷记有关账户；收到款项后，根据收账通知，借记“银行存款”账户，贷记“应收账款”账户。

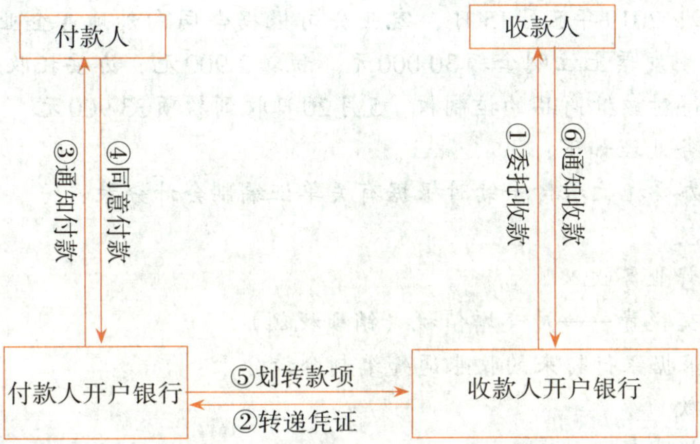

图1-3　委托收款结算流程图

【做中学1-8】2019年5月20日，宏业公司收到银行转来的委托收款付款通知及增值税专用发票，支付电费1 980元、增值税257.4元。

宏业公司账务处理如下：

5月20日，根据付款通知编制会计分录：

借：应付账款　　1 980

　　应交税费——应交增值税（进项税额）　　257.4

　　贷：银行存款　　2 237.4

（4）托收承付结算。

①托收承付结算流程图如图1-4所示。

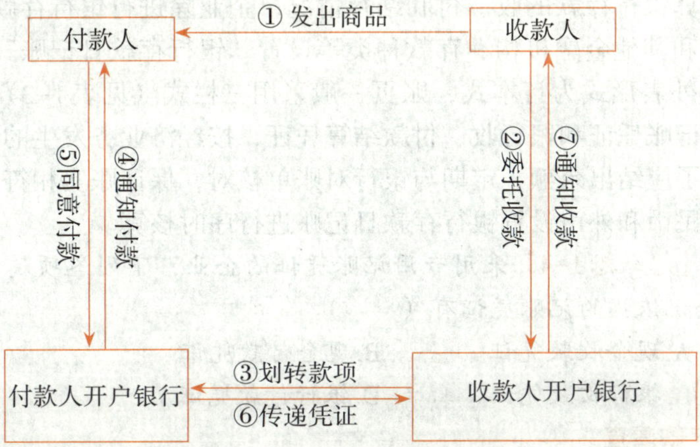

图1-4　托收承付结算流程图

②托收承付结算的账务处理。

收款人办妥托收手续后，根据托收承付结算受理回单，借记“应收账款”账户，贷记“主营业务收入”等账户。收到款项时，根据收账通知，借记“银行存款”账户，贷记“应收账款”账户。

付款人承付货款后，根据银行转来的付款通知及有关原始凭证，借记“在途物资”等账户，贷记“银行存款”账户。

【做中学1-9】2019年5月15日，宏业公司根据合同向外地A企业发出商品一批，开具的增值税专用发票上注明金额30 000元、税额3 900元，办妥托收手续，并有依据确定A企业已获得对该批商品的控制权。5月20日收到款项33 900元。

宏业公司账务处理如下：

5月15日，办妥托收承付手续时根据有关单证编制会计分录：

借：应收账款　　33 900
　　贷：主营业务收入　　30 000
　　　　应交税费——应交增值税（销项税额）　　3 900

5月20日，根据银行转来的收账通知编制会计分录：

借：银行存款　　33 900
　　贷：应收账款　　33 900

【做中学1-10】2019年5月16日，宏业公司收到银行转来的甲公司托收承付结算凭证付款通知，增值税专用发票上注明金额30 000元、税额3 900元，验单后给予承付货款。

宏业公司账务处理如下：

5月16日，根据购货发票等凭证编制会计分录：

借：在途物资　　30 000
　　应交税费——应交增值税（进项税额）　　3 900
　　贷：银行存款　　33 900

（二）银行存款序时核算

为了及时核算银行存款的收、付和结存情况，企业除进行银行存款总分类核算外，还要按开户银行和其他金融机构、存款种类等设置“银行存款日记账”进行序时核算。银行存款日记账外表形式为订本式，账页一般采用三栏式（见表1-3）。银行存款日记账由出纳员根据记账凭证和银行收、付款结算凭证，按经济业务发生的先后顺序逐日逐笔登记，每日终了应结出余额，定期与银行对账单核对，保证账实相符。有外币业务的企业应分别按人民币和外币设置银行存款日记账进行序时核算。

【想一想1-4】采用专用记账凭证的企业，下列各项属于银行存款日记账登记依据的记账凭证有（　　）。

A.现金收款凭证　　B.现金付款凭证
C.银行收款凭证　　D.银行付款凭证

答案

（三）银行存款清查

银行存款清查是指企业将银行存款日记账的账面记录及余额与开户银行转来的对账单的记录及余额进行核对。在实际工作中，企业银行存款日记账的记录与银行对账单往往不一致，其原因除记账错误外，主要是存在未达账项。

未达账项是指企业与银行之间由于取得有关凭证的时间不同而发生的一方已入账，另一方由于凭证未达而未入账的款项。未达账项有如下四种情况：

微课：银行存款清查

企业已收款入账而银行未收款入账的事项；企业已付款入账而银行未付款入账的事项；银行已收款入账而企业未收款入账的事项；银行已付款入账而企业未付款入账的事项。

为了消除各种未达账项的影响，企业应将银行存款日记账和银行对账单逐笔核对，并通过编制“银行存款余额调节表”（格式见表1-2）来试算平衡。

表1-2　银行存款余额调节表

编制单位：宏业公司　　2019年5月31日　　单位：元

项　目	金　额	项　目	金　额
银行存款日记账余额	228 992.00	银行对账单余额	244 816.00
加：银行已收、企业未收款	27 468.00	加：企业已收、银行未收款	28 854.00
减：银行已付、企业未付款	4 000.00	减：企业已付、银行未付款	21 210.00
调节后的存款余额	252 460.00	调节后的存款余额	252 460.00

经调节后的存款余额如果相等，表示调节前双方余额不符是未达账项造成的，属于正常情况，一般无须继续核查；如果经调节后的存款余额仍不相等，表示调节前后双方余额不相等除了未达账项的原因外，还存在错账或其他原因，必须进一步核查。

【提示】对银行存款余额进行调节只是企业与银行进行账实核对的一种手段，目的是检查账实是否相符，企业不能依据银行存款余额调节表调整银行存款日记账记录。

【做中学1-11】宏业公司2019年5月28日至31日银行存款日记账和银行对账单记录见表1-3和表1-4。

表1-3　银行存款日记账　　单位：元

2019年		凭证字号	对方科目	票据编号	摘要	收入	支出	余额
月	日							
5	28				承前页			177 640.00
	28	（略）	（略）	转支65432	支付材料款		√37 522.00	140 118.00
	29			托收承付	收到货款	√91 800.00		231 918.00
	29			转支79268	收到货款	√41 720.00		273 638.00
	29			商业承兑汇票	兑付设备款		√51 420.00	222 218.00
	30			转支87812	收到货款	28 854.00		251 072.00
	30			转支65433	支付材料款		21 210.00	229 862.00
	31			现支34520	提取现金		√870.00	228 992.00

表1-4 银行对账单（简化） 单位：元

2019年		凭证字号	对方科目	票据编号	摘要	借方	贷方	余额
月	日							
5	28				承前页			177 640.00
	28	（略）	（略）	托收承付	收到货款		√91 800.00	269 440.00
	29			转支65432	支付材料款	√37 522.00		231 918.00
	29			商业承兑汇票	兑付设备款	√51 420.00		180 498.00
	29			托收承付	收到货款		27 468.00	207 966.00
	30			转支79268	收到货款		√41 720.00	249 686.00
	30			委托收款	水电费	4 000.00		245 686.00
	31			现支34520	提取现金	√870.00		244 816.00

根据上述资料逐笔核对银行存款日记账与银行对账单，确定未达账项，并编制银行存款余额调节表。

（1）确定未达账项共4项：

①企业已收、银行未收货款28 854.00元；②企业已付、银行未付材料款21 210.00元；③银行已收、企业未收货款27 468.00元；④银行已付、企业未付水电费4 000.00元。

（2）编制银行存款余额调节表（见表1-2）。经调节后的银行存款日记账余额和银行对账单余额相等，表明双方银行存款账户记录正确。

三、其他货币资金核算

（一）其他货币资金定义

其他货币资金是指企业除现金、银行存款以外的各种货币资金，主要包括银行本票存款、银行汇票存款、信用卡存款、信用证存款、外埠存款、存出投资款、微信存款、支付宝存款等。其中银行本票存款、银行汇票存款、信用卡存款及信用证存款此前已作介绍，此处只介绍外埠存款和存出投资款。

（二）其他货币资金核算账户设置

为核算银行本票存款、银行汇票存款、信用卡存款、信用证存款、存出投资款、外埠存款、微信存款、支付宝存款等其他货币资金，企业应设置“其他货币资金”账户。本账户属于资产类账户，借方登记其他货币资金的增加额，贷方登记其他货币资金的减少额，期末借方余额反映企业持有的其他货币资金余额。该账户应分别“银行本票存款”“银行汇票存款”“信用卡存款”“信用证存款”“存出投资款存款”“外埠存款”“微信存款”“支付宝存款”设置明细账户核算。

【提示】商业汇票结算方式核算通过“应收票据”“应付票据”账户。

(三) 其他货币资金账务处理

1. 银行本票

(1) 银行本票结算流程图如图1-5所示。

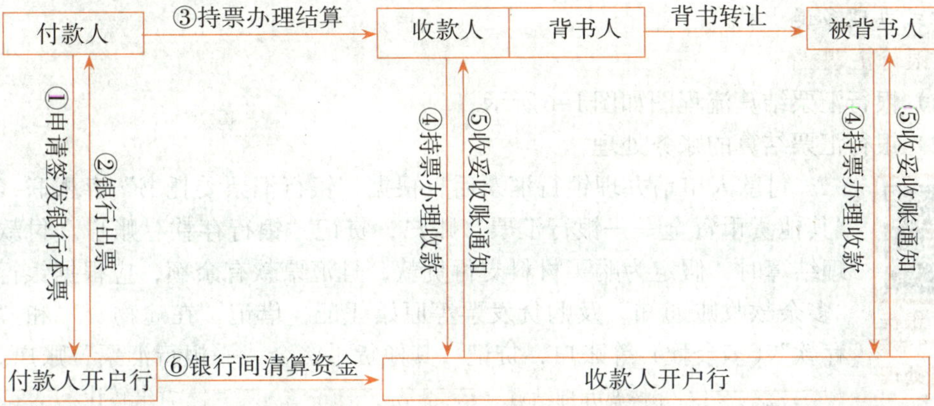

图1-5　银行本票结算流程图

(2) 银行本票结算的账务处理。

付款人将款项交存银行，申请并取得银行本票时，根据“银行本票申请书”存根联，借记“其他货币资金——银行本票”账户，贷记“银行存款”账户。付款人持票与收款人结算后，根据发票账单等有关凭证，借记“在途物资”等账户，贷记“其他货币资金——银行本票”账户。

微课：银行本票结算流程及账务处理

收款人收到银行本票后，连同进账单一并送交银行办理进账，根据进账单回单等凭证，借记“银行存款”账户，贷记“主营业务收入”等账户。

【做中学1-12】2019年5月8日，宏业公司申请办理面额95 000元的银行本票。5月12日，采购员持银行本票到甲企业购买材料后回公司报销，提供的增值税专用发票上注明金额80 000元、税额10 400元，多余款4 600元收到转账支票，材料验收入库。

宏业公司账务处理如下：

5月8日，根据“银行本票申请书”存根联编制会计分录：

借：其他货币资金——银行本票　　95 000

　　贷：银行存款　　95 000

5月12日，根据购货发票、进账单和材料入库单编制会计分录：

借：原材料　　80 000

　　应交税费——应交增值税（进项税额）　　10 400

银行存款 4 600

贷：其他货币资金——银行本票 95 000

甲企业账务处理如下：

5月12日，根据进账单回单和销货发票等编制会计分录：

借：银行存款 90 400

贷：主营业务收入 80 000

应交税费——应交增值税（销项税额） 10 400

【技能拓展】填制银行本票申请书。

【提示】采用银行本票结算时，如果实际结算金额与票面金额不一致，双方应以支票等方式办理多退少补。

2. 银行汇票

（1）银行汇票结算流程图如图1-6所示。

（2）银行汇票结算的账务处理。

微课：银行汇票结算流程及账务处理

付款人申请办理银行汇票后，根据“银行汇票委托书”存根联，借记“其他货币资金——银行汇票”账户，贷记“银行存款”账户。付款人办理结算时，假定为购买材料支付货款，且汇票款有余额，应根据银行汇票“多余款收账通知”及购货发票等原始凭证，借记“在途物资”和“银行存款”（多余款）等账户，贷记“其他货币资金——银行汇票”账户。

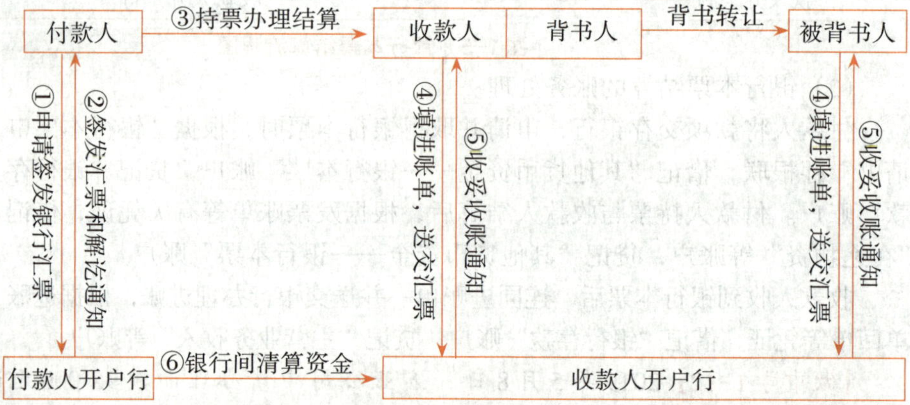

图1-6 银行汇票结算流程图

收款人受理银行汇票后，填制进账单，连同银行汇票和解讫通知一并送交银行，根据进账单回单及有关凭证，借记“银行存款”账户，贷记“主营业务收入”等账户。

【做中学1-13】2019年5月9日，宏业公司向开户银行申请办理面额95 000元的银行汇票，取得银行汇票。采购员持银行汇票到乙企业采购A材料，5月15日报销提供的增值税专用发票上注明金额80 000元、税额10 400元，材料验收入库。

宏业公司账务处理如下：

5月9日，根据“银行汇票申请书”存根联编制会计分录：

借：其他货币资金——银行汇票 95 000

贷：银行存款　95 000

5月15日，根据多余款收账通知、购货发票和材料入库单编制会计分录：

借：银行存款　4 600

原材料　80 000

应交税费——应交增值税（进项税额）　10 400

贷：其他货币资金——银行汇票　95 000

【技能拓展】填制银行汇票委托书。

【提示】采用银行汇票结算时，实际结算金额低于出票金额的多余款，应由签发银行退回付款人。付款人根据银行汇票"多余款收账通知"，借记"银行存款"账户，贷记"其他货币资金——银行汇票"账户。

3. 信用卡

（1）信用卡结算流程图如图1-7所示。

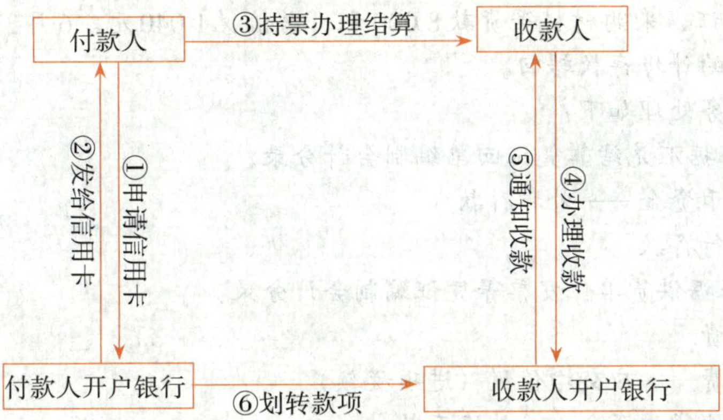

图1-7　信用卡结算流程图

（2）信用卡结算的账务处理。

付款人办理信用卡，存入备用金时，根据支票存根等原始凭证，借记"其他货币资金——信用卡"账户，贷记"银行存款"账户。付款人凭卡消费后，根据发票等原始凭证，借记"在途物资"等账户，贷记"其他货币资金——信用卡"账户。信用卡使用过程中续存资金时，借记"其他货币资金——信用卡"账户，贷记"银行存款"账户。

收款人销售商品或提供服务后，划卡结算收取款项后，借记"银行存款"账户，贷记有关账户。

【做中学1-14】2019年5月11日，宏业公司办公室主任持长城卡结算业务招待费2 500元，当日续存资金10 000元，暂不考虑其他因素。

宏业公司账务处理如下：

5月11日，续存资金时，根据银行支付凭证编制会计分录：

借：其他货币资金——信用卡　10 000

贷：银行存款　10 000

办理费用报销时，根据发票账单及开户银行转来的有关凭证编制会计分录：

借：管理费用　　2 500

　　贷：其他货币资金——信用卡　　2 500

4.外埠存款

外埠存款是指企业到外地进行临时或零星采购时，汇往采购地银行开设临时采购专户的款项。采购专户不计利息，只付不收，付完清户，除了采购人员可从中提取少量现金外，一律用于转账结算。

外埠存款的核算程序可分为三步：①汇出资金并开户时，借记“其他货币资金——外埠存款”账户，贷记“银行存款”账户；②采购付款时，借记“在途物资”等账户，贷记“其他货币资金”账户；③余额转回时，借记“银行存款”账户，贷记“其他货币资金——外埠存款”账户。

【做中学1-15】2019年5月5日，宏业公司委托开户银行将10 000元采购资金汇往外地某银行开设采购专户，收到汇兑结算凭证回单。6月1日收到采购员转来的供货单位发票等原始凭证，采购材料等货款8 000元，增值税1 040元。6月3日收到开户银行收账通知，多余的外埠存款转回。

宏业公司账务处理如下：

5月5日，根据汇兑结算凭证回单编制会计分录：

借：其他货币资金——外埠存款　　10 000

　　贷：银行存款　　10 000

6月1日，根据供货单位发票等凭证编制会计分录：

借：在途物资　　8 000

　　应交税费——应交增值税（进项税额）　　1 040

　　贷：其他货币资金——外埠存款　　9 040

6月3日，根据银行收账通知编制会计分录：

借：银行存款　　960

　　贷：其他货币资金——外埠存款　　960

5.存出投资款

存出投资款是指企业为购买股票、债券、基金等根据有关规定存入证券公司指定银行开立的投资款专户的款项。

企业向证券公司划出资金时，借记“其他货币资金——存出投资款”账户，贷记“银行存款”账户；企业购买股票、债券时，借记“交易性金融资产”等账户，贷记“其他货币资金——存出投资款”账户。

【做中学1-16】2019年5月5日，宏业公司将100 000元存入证券公司投资账户。5月10日买入股票88 000元，暂不考虑相关税费，公司将该购入股票作为交易性金融资产管理。

宏业公司账务处理如下：

5月5日，根据银行付款通知编制会计分录：

借：其他货币资金——存出投资款　　100 000

　　贷：银行存款　　100 000

5月8日，根据购买股票凭证编制会计分录：

借：交易性金融资产——股票（成本）　　88 000

　　贷：其他货币资金——存出投资款　　88 000

四、货币资金列报

货币资金在资产负债表中的列示见表1-5。

表1-5　资产负债表

编制单位：宏业公司　　2019年12月31日　　单位：元

资　产	期末余额	上年年末余额	负债和所有者权益（或股东权益）	期末余额	上年年末余额
流动资产					
货币资金	1 963 247.50				

资产负债表各项目分为“期末余额”和“上年年末余额”两栏，其中“上年年末余额”栏填列参见本教材项目六相关内容（以后各项目相同），这里仅介绍“期末余额”栏填列方法。

“货币资金”项目，反映企业库存现金、银行存款、外埠存款、银行汇票存款、银行本票存款、信用卡存款、信用证存款等的合计数。本项目应根据“库存现金”“银行存款”“其他货币资金”账户期末余额的合计数填列。

【做中学1-17】2019年12月31日，宏业公司货币资金相关账户余额见表1-6。

表1-6　宏业公司货币资金相关账户余额

2019年12月31日

单位：元

总账账户	明细账户	余额		备注
		借方	贷方	
库存现金		982.50		
银行存款		1 934 265.00		
其他货币资金		28 000.00		
	信用卡存款	28 000.00		

2019年12月31日，宏业公司上述货币资金账户信息应该在资产负债表中“货币资金”项目列报。

“货币资金”项目金额=982.50+1 934 265+28 000=1 963 247.50（元）

任务内容导图

本任务内容导图如图1-8所示。

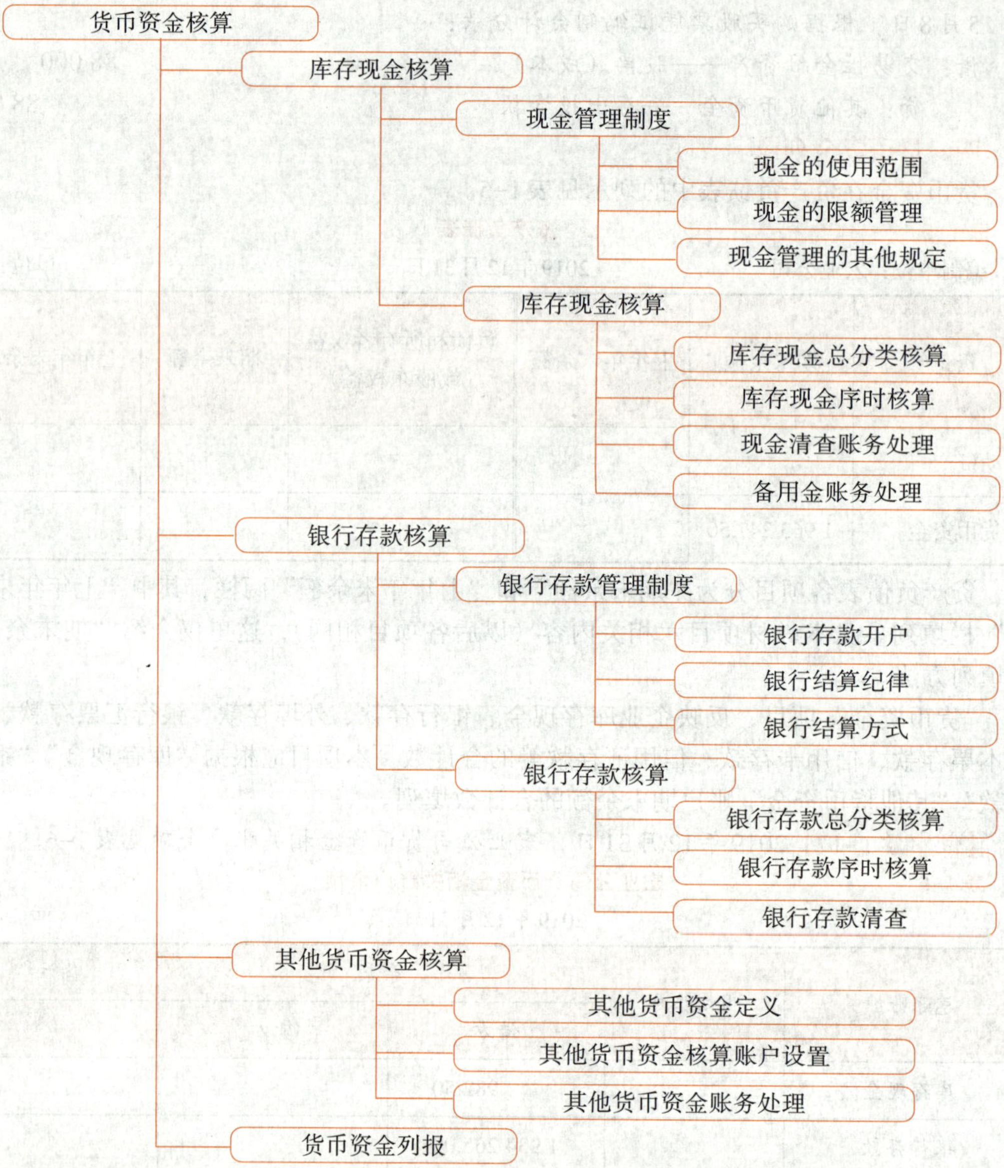

图1-8 本任务内容导图

复习思考题

1. 什么是货币资金？货币资金包括哪些内容？
2. 现金管理制度的具体内容有哪些？
3. 如何进行库存现金收付、清查短缺与溢余的账务处理？
4. 如何登记库存现金日记账？
5. 备用金核算方法有哪几种？账务处理有何区别？
6. 银行结算账户有哪些种类？
7. 银行支付结算方式有哪几种？有何特点？如何办理？

8. 如何进行银行存款收付业务的账务处理？
9. 如何登记银行存款日记账？
10. 如何进行银行存款的清查核对？
11. 什么是未达账项？未达账项有几种类型？
12. 如何编制银行存款余额调节表？
13. 其他货币资金包括哪些内容？如何进行账务处理？
14. 资产负债表中“货币资金”项目如何填列？

任务二 交易性金融资产核算

知识点1-2 金融资产认知

一、金融资产判定

根据《企业会计准则第22号——金融工具确认与计量》（财会〔2017〕7号）规定，金融资产是指企业持有的现金、其他方的权益工具以及符合下列条件之一的资产：

（1）从其他方收取现金或其他金融资产的合同权利。例如，企业的银行存款、应收账款、应收票据和贷款等均属于金融资产。而预付账款不是金融资产，因其产生的未来经济利益是商品或服务，不是收取现金或其他金融资产的权利。

（2）在潜在有利条件下，与其他方交换金融资产或金融负债的合同权利。例如，企业持有的看涨期权或看跌期权等。

（3）将来须用或可用企业自身权益工具进行结算的非衍生工具合同，且企业根据该合同将收到可变数量的自身权益工具。

（4）将来须用或可用企业自身权益工具进行结算的衍生工具合同，但以固定数量的自身权益工具交换固定金额的现金或其他金融资产的衍生工具合同除外。其中，企业自身权益工具不包括应当按照《企业会计准则第37号——金融工具列报》分类为权益工具的可回售工具或发行方仅在清算时才有义务向另一方按比例交付其净资产的金融工具，也不包括本身就要求在未来收取或交付企业自身权益工具的合同。

二、金融资产分类

金融资产分类是确认与计量的基础，企业应当根据其管理金融资产的业务模式和金融资产的合同现金流量特征，对金融资产进行合理的分类。金融资产一般划分为以下三类：以摊余成本计量的金融资产；以公允价值计量且其变动计入其他综合收益的金融资产；以公允价值计量且其变动计入当期损益的金融资产。具体分类如下：

（一）以摊余成本计量的金融资产

金融资产同时符合下列条件的，应当分类为以摊余成本计量的金融资产：

（1）企业管理该金融资产的业务模式是以收取合同现金流量为目标。

（2）该金融资产的合同条款规定，在特定日期产生的现金流量，仅为对本金和以未偿付本金金额为基础的利息的支付。

例如，银行向企业客户发放的固定利率的贷款，在没有其他特殊安排的情况下，贷款的合同现金流量一般情况下可能符合仅为对本金和以未偿付本金金额为基础的利息的支付的要求。如果银行管理该贷款的业务模式是以收取合同现金流量为目标，则该贷款应当分类为以摊余成本计量的金融资产。

企业一般应当设置“银行存款”“贷款”“应收账款”“债权投资”等账户核算分类为以摊余成本计量的金融资产。

（二）以公允价值计量且其变动计入其他综合收益的金融资产

金融资产同时符合下列条件的，应当分类为以公允价值计量且其变动计入其他综合收益的金融资产：

（1）企业管理该金融资产的业务模式既以收取合同现金流量为目标又以出售该金融资产为目标。

（2）该金融资产的合同条款规定，在特定日期产生的现金流量，仅为对本金和以未偿付本金金额为基础的利息的支付。

例如，企业持有的普通债券的合同现金流量是到期收回的本金及按约定利率在合同期间按时收取的固定或浮动利息。在没有其他特殊安排的情况下，普通债券的合同现金流量一般情况下可能符合仅为对本金和以未偿付本金金额为基础的利息的支付的要求。同时，如果企业管理该债券的业务模式既以收取合同现金流量为目标又以出售该债券为目标，则该债券应当分类为以公允价值计量且其变动计入其他综合收益的金融资产。

企业应当设置“其他债权投资”账户核算分类为以公允价值计量且其变动计入其他综合收益的金融资产。

（三）以公允价值计量且其变动计入当期损益的金融资产

按照上述（一）和（二）分类为以摊余成本计量的金融资产和以公允价值计量且其变动计入其他综合收益的金融资产之外的金融资产，企业应当将其分类为以公允价值计量且其变动计入当期损益的金融资产。例如，企业持有的普通股股票的合同现金流量是收取被投资企业未来股利分配以及其清算时获得剩余收益的权利。由于股利及获得剩余收益的权利均不符合本金和利息的定义，因此，企业持有的普通股股票应当分类为以公允价值计量且其变动计入当期损益的金融资产。

企业应当设置“交易性金融资产”账户核算以公允价值计量且其变动计入当期损益的金融资产。

本任务只介绍交易性金融资产核算的相关内容。

技能点1-2 交易性金融资产核算与列报

一、交易性金融资产核算账户设置

为了反映和监督交易性金融资产的取得、持有期间公允价值变动及收取现金股利或利息、出售等情况，企业应当设置“交易性金融资产”“公允价值变动损益”“投资收益”等账户。

（一）“交易性金融资产”账户

该账户属于资产类账户，借方登记交易性金融资产取得成本、资产负债表日其公允价值高于账面余额的差额，以及出售交易性金融资产时结转的公允价值低于账面余额的变动金额；贷方登记资产负债表日其公允价值低于账面余额的差额，以及出售交易性金融资产时结转的成本和公允价值高于账面余额的变动金额；期末借方余额，反映企业持有交易性金融资产的公允价值。本账户可按交易性金融资产的类别和品种分别设置“成本”“公允价值变动”等明细账户进行核算。

（二）“公允价值变动损益”账户

该账户核算企业交易性金融资产等的公允价值变动形成的应计入当期损益的利得或损失。该账户属于损益类账户，借方登记资产负债表日企业持有的交易性金融资产等的公允价值低于账面余额的差额，贷方登记资产负债表日企业持有的交易性金融资产等的公允价值高于账面余额的差额。

（三）“投资收益”账户

该账户核算企业持有交易性金融资产等期间实现的投资收益以及出售交易性金融资产等实现的投资收益或投资损失。该账户属于损益类账户，借方登记企业取得交易性金融资产时支付的交易费用、出售交易性金融资产等发生的投资损失，贷方登记企业持有交易性金融资产等期间实现的投资收益以及出售交易性金融资产等实现的投资收益。

二、交易性金融资产初始取得

企业取得交易性金融资产时，应当按照其取得时的公允价值作为初始入账金额，记入“交易性金融资产——成本”账户。

微课：交易性金融资产初始计量

【提示】所有的金融资产初始取得时均按照公允价值计量。

这里特别注意以下两点：

（1）取得交易性金融资产所支付的价款中包含的已宣告但尚未发放的现金股利或已到付息期但尚未领取的债券利息，应当单独确认为应收项目（即应收股利或应收利息）。

（2）取得交易性金融资产所支付的相关交易费用应当直接计入当期损益，冲减投资收益，发生交易费用取得增值税专用发票的，进项税额经认证后可从当月的销项税额中扣除。注意：其他类别的金融资产，相关的交易费用应当计入初始确认金额。交易费用是指可直接归属于购买、发行或处置金融工具（指金融资产、金融负债和权益工具，以下相同）的增量费用。增量费用是指企业没有购买、发行或处置相关金融工具就不会发生的费用，包括支付给代理机构、咨询公司、券商、证券交易所、政府相关部门等的手续费、佣金、相关税费以及其他必要支出，不包括债券溢折价、融资费用、内部管理成本和持有成本等与交易不直接相关的费用。

企业取得交易性金融资产时，应按该金融资产取得时的公允价值，借记“交易性金融资产——成本”账户；按发生的交易费用，借记“投资收益”账户，发生的交易费用取得增值税专用发票的，按其注明的增值税税额，借记“应交税费——应交增值税（进项税额）”账户；有已到付息期但尚未领取的利息或已宣告但尚未发放的现金股利的，借记“应收利息”或“应收股利”账户；按实际支付的金额，贷记“银行存款”或“其他货币资金”账户。

【做中学1-18】2019年1月1日，宏业公司从深圳证券交易所购入甲公司债券，支付价款合计1 020 000元（含已到付息期但尚未领取的利息20 000元），另发生交易费用25 000元，取得的增值税专用发票上注明的增值税为1 500元。该债券面值1 000 000元，剩余期限为2年，票面年利率为4%，每半年付息一次。宏业公司根据其管理该债券的业务模式和合同现金流量特征，将其分类为交易性金融资产。

宏业公司账务处理如下：

1月1日，购入甲公司债券时编制会计分录：

借：交易性金融资产——甲公司债券——成本	1 000 000	
应收利息	20 000	
投资收益	25 000	
应交税费——应交增值税（进项税额）	1 500	
贷：其他货币资金——存出投资款		1 046 500

三、交易性金融资产持有期间取得现金股利或利息

企业持有交易性金融资产期间，对被投资单位宣告发放的现金股利，或企业在资产负债表日按分期付息、一次还本债券投资的票面利率计算的利息，应当确认为应收项目，并计入投资收益，即借记“应收股利”或“应收利息”账户，贷记“投资收益”账户；收到现金股利或利息时，借记“银行存款”或“其他货币资金”账户，贷记“应收股利”或“应收利息”账户。

这里要注意，企业只有在同时满足以下三个条件时，才能确认交易性金融资产所取得的现金股利或利息收入并计入当期损益：（1）企业收取现金股利或利息的权利已经确立（例如被投资单位已宣告）；（2）与现金股利或利息相关的经济利益很可能流入企业；（3）现金股利或利息的金额能够可靠计量。

【做中学1-19】沿用【做中学1-18】资料，2019年1月5日，宏业公司收到甲公司债券2018年下半年利息20 000元。

宏业公司账务处理如下：

根据收款通知编制会计分录：

借：其他货币资金——存出投资款	20 000	
贷：应收利息		20 000

【拓展练习】2019年6月30日，计提利息20 000元（1 000 000×4%÷2），编制会计分录：

借：应收利息	20 000	
贷：投资收益		20 000

2019年7月5日，收到甲公司支付的2019年上半年利息时编制会计分录：

借：其他货币资金——存出投资款	20 000	
贷：应收利息		20 000

四、交易性金融资产的期末计量

资产负债表日，交易性金融资产按照公允价值计量，公允价值与账面余额之间的差额计入当期损益（即公允价值变动损益）。企业应当在资产负债表日按照交易性金融资产的公允价值高于其账面余额的差额，借记“交易性金融资产——公允价值变动”账户，贷记“公允价值变动损益”账户；公允价值低于其账面余额的差额做相反会计分录。

微课：交易性金融资产后续计量

【做中学1-20】沿用【做中学1-19】资料，2019年6月30日，甲公司债券的公允价值为1 150 000元（不含利息）。

宏业公司账务处理如下：

确认公允价值变动损益150 000元（1 150 000–1 000 000），编制会计分录：

借：交易性金融资产——甲公司债券——公允价值变动　　150 000

　　贷：公允价值变动损益　　150 000

五、交易性金融资产出售

出售交易性金融资产时，出售所得的价款与其账面价值的差额计入当期损益（即投资收益）。同时，将原计入公允价值变动损益的该金融资产的公允价值变动转为投资收益。

出售交易性金融资产，应按实际收到的金额，借记“银行存款”等账户；按该金融资产的账面余额的成本部分，贷记“交易性金融资产——成本”账户；按该金融资产的账面余额的公允价值变动部分，借记或贷记“交易性金融资产——公允价值变动”账户；按其差额，贷记或借记“投资收益”账户。

微课：交易性金融资产投资收益核算

【做中学1-21】沿用【做中学1-20】资料，2019年11月20日，宏业公司通过二级市场出售甲公司债券，取得价款1 180 000元，暂不考虑相关税费和其他因素。

宏业公司账务处理如下：

11月20日，根据收款通知等凭证编制会计分录：

借：其他货币资金——存出投资款　　1 180 000

　　贷：交易性金融资产——甲公司债券——成本　　1 000 000

　　　　　　　　　　　　　　　　　——公允价值变动　　150 000

　　　　投资收益　　30 000

【做中学1-22】2019年5月7日，网桥科技公司以1 016.06万元从上海证券交易所购入A公司发行的股票200万股（占A公司有表决权股份的0.5%），支付价款中包含已宣告但尚未发放的现金股利15万元及交易费用1万元，取得的增值税专用发票上注明的增值税为600元。网桥科技公司将该股票分类为交易性金融资产。其他相关资料如下：

2019年5月10日，网桥科技公司收到A公司发放的现金股利15万元。

2019年6月30日，该股票市价为每股5.2元。

2019年12月31日，网桥科技公司仍持有该股票，当日该股票市价为每股4.8元。

2020年5月9日，A公司宣告发放现金股利4 000万元。

2020年5月13日，网桥科技公司收到A公司发放的现金股利。

2020年5月20日，网桥科技公司将持有的A公司股票全部出售，售价1 685万元，扣除各项费用实际取得价款1 680万元。

假设不考虑其他因素，网桥科技公司账务处理如下：

2019年5月7日，购入股票时编制会计分录：

借：交易性金融资产——A公司股票——成本　　10 000 000
　　应收股利　　150 000
　　投资收益　　10 000
　　应交税费——应交增值税（进项税额）　　600
　　贷：其他货币资金——存出投资款　　10 160 600

2019年5月10日，收到现金股利时编制会计分录：

借：其他货币资金——存出投资款　　150 000
　　贷：应收股利　　150 000

2019年6月30日，确认股票公允价值变动40万元（（5.2−5）×200），编制会计分录：

借：交易性金融资产——A公司股票——公允价值变动　　400 000
　　贷：公允价值变动损益　　400 000

2019年12月31日，确认股票公允价值变动−80万元（（4.8−5.2）×200），编制会计分录：

借：公允价值变动损益　　800 000
　　贷：交易性金融资产——A公司股票——公允价值变动　　800 000

2020年5月9日，确认应收现金股利20万元（4 000×0.5%），编制会计分录：

借：应收股利　　200 000
　　贷：投资收益　　200 000

2020年5月13日，收到现金股利时编制会计分录：

借：其他货币资金——存出投资款　　200 000
　　贷：应收股利　　200 000

2020年5月20日，出售股票时编制会计分录：

借：其他货币资金——存出投资款　　16 800 000
　　交易性金融资产——A公司股票——公允价值变动　　400 000
　　贷：交易性金融资产——A公司股票——成本　　10 000 000
　　　　投资收益　　72 000 000

六、转让金融商品应交增值税核算

金融商品转让按照卖出价扣除买入价（不需要扣除已宣告但尚未发放的现金股利和已到付息期但尚未领取的利息）后的余额作为销售额计算增值税，即转让金融商品按盈亏相抵后的余额为销售额。若相抵后出现负差，可结转下一纳税期与下期转让金融商品销售额互抵，但年末时仍出现负差的，不得转入下一会计年度。

转让金融资产当月月末，如产生转让收益，则按应纳税额，借记“投资收益”等账户，贷记“应交税费——转让金融商品应交增值税”账户；如产生转让损失，则按可结转下月抵扣的税额，借记“应交税费——转让金融商品应交增值税”账户，贷记“投资收益”等账户。

年末，如果“应交税费——转让金融商品应交增值税”账户有借方余额，说明本年度的金融商品转让损失无法弥补，且本年度的金融资产转让损失不可转入下年度继续抵减转让金融资产的收益，因此，应借记“投资收益”账户，贷记“应交税费——转让金融商品应交增值税”账户，将“应交税费——转让金融商品应交增值税”账户的借方余额转出。

【做中学1-23】沿用【做中学1-22】资料，计算网桥科技公司该项转让金融商品业务应交增值税。

卖出价为1 685万元，买入价为1 015万元（1 016.06-1-0.06），所以：

转让金融商品应交增值税=（1 685-1 015）÷（1+6%）×6%=37.9245（万元）

（注意：买入价不含支付的交易费用。）

网桥科技公司账务处理如下：

借：投资收益　　379 245

　　贷：应交税费——转让金融商品应交增值税　　379 245

七、交易性金融资产列报

交易性金融资产在资产负债表中的列示见表1-7。

表1-7　资产负债表

编制单位：　年　月　日　单位：元

资　产	期末余额	上年年末余额	负债和所有者权益（或股东权益）	期末余额	上年年末余额
流动资产					
货币资金					
交易性金融资产					
……					

具体填列说明如下：

“交易性金融资产”项目，反映企业资产负债表日分类为以公允价值计量且其变动计入当期损益的金融资产，以及企业持有的直接指定为以公允价值计量且其变动计入当期损益的金融资产的期末账面价值。该项目应根据“交易性金融资产”账户的相关明细账户期末余额分析填列。自资产负债表日起超过一年到期且预期持有超过一年的以公允价值计量且其变动计入当期损益的非流动金融资产的期末账面价值，在“其他非流动金融资产”项目反映。

任务内容导图

本任务内容导图如图1-9所示。

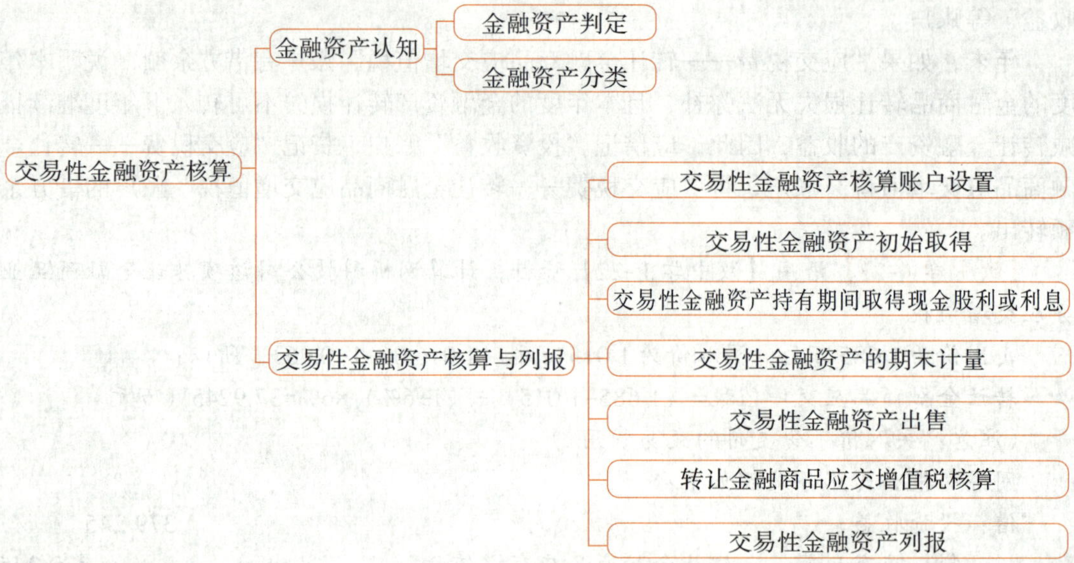

图1-9 本任务内容导图

复习思考题

1. 什么是金融资产？根据企业管理金融资产的业务模式和金融资产的合同现金流量特征，金融资产可以怎样分类？

2. 核算金融资产可以设置哪些账户？

3. 核算交易性金融资产应设置哪些主要账户？说明其结构。

4. 交易性金融资产初始入账金额怎样确定？取得交易性金融资产所支付的价款中包含的已宣告但尚未发放的现金股利或已到付息期但尚未领取的债券利息应怎样进行账务处理？

5. 什么是交易费用？取得交易性金融资产所发生的交易费用该怎样进行账务处理？

6. 交易性金融资产持有期间取得现金股利和债券利息应如何进行账务处理？

7. 交易性金融资产的公允价值在会计期末发生变动应作怎样的账务处理？

8. 交易性金融资产出售时的收益或损失如何确认？应作怎样的账务处理？

9. 交易性金融资产在资产负债表中如何列报？

任务三　应收及预付款项核算

知识点1-3　应收及预付款项认知

应收及预付款项是指企业在日常生产经营过程中发生的各项债权，包括应收票据、应收账款、预付账款、应收股利、应收利息和其他应收款。随着市场经济的发展，社会竞争的加剧，企业为了扩大市场占有率，越来越多地运用商业信用进行促销，由此应收及预付款项这一资产形式应运而生，且其在企业总资产中所占的比例越来越大。由于应收及预付款项具有应收未收的特点，存在日后无法收回的可能，因此，企业必须及时掌握应收及预付款项的有关信息，严格控制应收及预付款项的限额和回收时间，提高资金的使用效率。

一、应收票据

应收票据是指企业因销售商品、提供劳务等收到的商业汇票。商业汇票与支票、银行本票、银行汇票相同，均属于债权凭证，但支票、银行本票、银行汇票均为见票即付票据，收到这种票据可视同收到货币资金，而商业汇票是一种远期票据，企业取得商业汇票时只是取得了一项债权，会计上应先计入应收票据。应收票据在企业收到商业汇票时确认。

商业汇票的期限不得超过6个月，利息金额相对较小，企业收到商业汇票，无论是否带息，一般按其面值作为应收票据的初始入账价值。带息商业汇票期末按票据票面金额和票面利率计提的利息，也计入应收票据。

二、应收账款

应收账款是指企业因销售商品、提供劳务等经营活动应向购货单位或接受劳务单位收取的款项。也就是说，应收账款只反映企业因销售商品或提供劳务而形成的债权，即凡不是因销售活动、提供劳务而发生的应收款项不应列为应收账款，如应收取的各种赔款和罚款、应向职工收取的各种垫付款、应收利息、应收已宣告分配的股利、企业付出的存出保证金、预付款项等均不属于应收账款核算内容。

应收账款是因企业赊销业务而产生的，因此，应收账款的确认时间通常与销售收入的确认时间一致。应收账款通常应以从购货方应收的合同或协议价款为初始计量金额，包括销售货物或提供劳务应收的价款、增值税，以及代买方垫付的包装费、运费等。若存在商业折扣或现金折扣，在确认应收账款的入账价值时，还应当考虑商业折扣和现金折扣等因素。

（1）商业折扣。商业折扣是指企业为促进商品销售而在商品标价上给予的价格扣除。商业折扣通常以百分比表示，如折扣10%，表示在销售商品时购货方按标价的90%付款。对于商业折扣，购货方是按商品售价扣除折扣后的实际金额付款，销货方按折扣后的售价确认收入，因此，对于商业折扣，购销双方在会计上均无须作单独账务处理。

（2）现金折扣。现金折扣是指销货方为了鼓励购货方在规定的期限内早日付款而给予的现金优惠。现金折扣通常以“折扣比例/付款时间”的形式表示，如“2/10，n/30”表示购货方在10天之内付款可享受应付金额2%的折扣，10天之后30天之内付款无折扣优惠，最长信用期为30天。从上面分析可以看出，销售货物时购货方未来会享受的现金折扣金额并不确定，现金折扣的多少视购货方付款时间的长短不同有差异，由此产生了应收账款发生时以什么金额计价入账的问题。会计理论上有两种可供选择的方法，即总价法和净价法。

①总价法，是指将扣除现金折扣前的金额作为应收账款的入账价值，现金折扣只有

购货方在折扣期限内支付货款时才予以确认。销货方对给予购货方的现金折扣，作为理财费用计入当期的财务费用；购货方对实际享受的现金折扣，作为理财收益计入当期收益，冲减财务费用。

②净价法，是指将扣除折扣后的金额作为应收账款的入账价值。把购货方取得现金折扣视为正常现象，认为其一般都会提前付款；对于购货方超过折扣期限而多付的金额，视为提供信贷获得的收益，冲减财务费用。

例如，企业销售货物价款为100 000元（不考虑增值税），合同约定现金折扣条件为“2/10，1/20，n/30”。则在总价法下应收账款的入账价值为100 000元；在净价法下应收账款的入账价值为98 000元（100 000−100 000×2%）。

我国企业会计准则规定，应收账款采用总价法核算。

三、预付账款

预付账款是指企业按照合同规定预先支付给供货单位或劳务提供单位的款项。预付账款与应收账款都是企业的短期债权，但两者又有区别。应收账款是企业因销售商品或提供劳务而产生的债权；而预付账款是企业因购货或接受劳务而产生的债权，是预先付给供货方或劳务提供方的款项。因此，两者应分别进行核算。

预付账款通常在企业支付预付款时按实际预付金额计量。

四、应收股利和应收利息

应收股利是指企业应收取的现金股利和应收取其他单位的利润。应收利息是指企业根据合同或协议规定应向债务人收取的利息。

五、其他应收款

其他应收款是指企业发生的非购销业务的应收债权，主要指除应收票据、应收账款、预付账款、应收股利和应收利息以外的其他各种应收暂付款项。其他应收款包括应收的各种赔款、罚款，应收的出租物租金，应向职工收取的各种垫付款项，存出保证金，向企业职能科室等拨付的备用金及其他各种应收暂付款。

技能点1-3 应收及预付款项核算与列报

一、应收票据核算

（一）应收票据核算账户设置

为了核算商业汇票取得、票款收回等情况，企业应设置“应收票据”账户。该账户属于资产类账户，借方登记取得商业汇票的面值和带息商业汇票期末计提的利息，贷方登记到期收回票款或向银行贴现商业汇票的账面余额，期末借方余额反映企业持有商业汇票的账面余额。

本账户可按开出、承兑商业汇票的单位进行明细核算。同时，还应设置“应收票据备查簿”，逐笔登记商业汇票的种类、号数和出票日、票面金额、交易合同号和付款人、承兑人、背书人的姓名或单位名称、到期日、背书转让日、贴现日、贴现率和贴现净额以及收款日和收回金额、退票情况等资料。

（二）商业汇票结算流程

1. 商业承兑汇票结算流程

采用商业承兑汇票结算方式，收款人收到承兑的商业承兑汇票，审核无误后按合同发运商品。汇票到期前，收款人应将商业承兑汇票和委托收款凭证送交开户银行办理委托收款手续。付款人应于汇票到期前将款项足额存到银行，银行在到期日将票款从付款人账户划转到收款人开户银行，并向付款人发出付款通知。收款人开户银行收到票款后，将委托收款凭证收账通知加盖“转讫”章交收款人，告知款项已收妥。汇票到期日付款人账户存款不足支付票款的，开户银行不承担付款责任，将汇票退给收款人或被背书人，由其自行处理。商业承兑汇票结算流程图如图1-10所示。

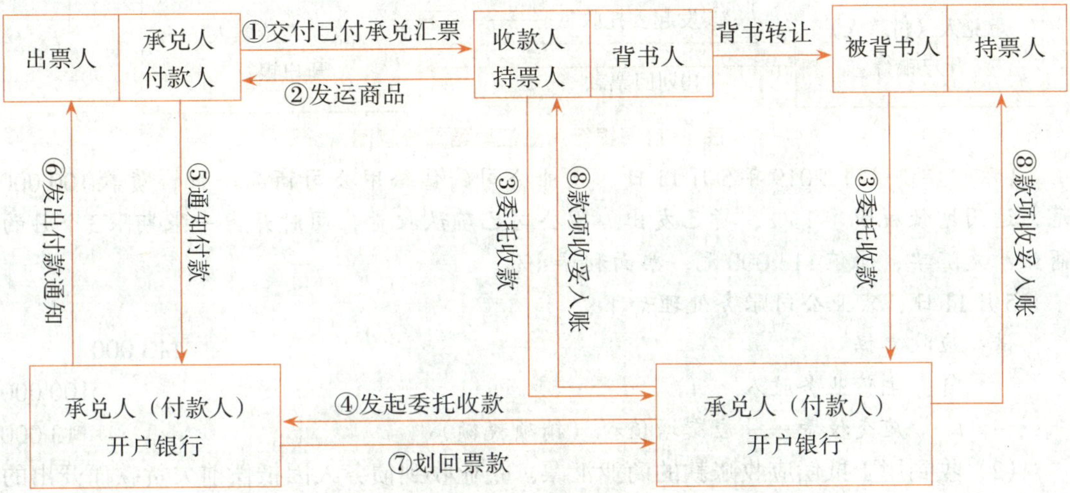

图1-10　商业承兑汇票结算流程图

2. 银行承兑汇票结算流程

采用银行承兑汇票结算方式，收款人收到经银行承兑的银行承兑汇票，审核无误后按合同发运商品。汇票到期前，收款人应将银行承兑汇票和委托收款凭证送交开户银行办理委托收款手续。承兑申请人应于汇票到期前将票款足额交存银行以备支付。承兑银行在汇票到期日凭票将款项划转收款人开户银行，并向付款人发出付款通知。承兑申请人到期未能存足票款的，承兑银行除凭票向收款人、被背书人或贴现银行无条件支付款项外，还将按承兑协议的规定，对承兑申请人执行扣款，并按未扣回的承兑金额作逾期贷款处理。银行承兑汇票结算流程图如图1-11所示。

（三）应收票据账务处理

1. 商业汇票取得

（1）企业销售商品、提供劳务收到商业汇票。企业应在销售商品、提供劳务收到商业汇票时，按商业汇票的面值，借记“应收票据”账户；按实现的销售收入额，贷记“主营业务收入”账户；按应交增值税税额，贷记“应交税费——应交增值税（销项税额）”账户。

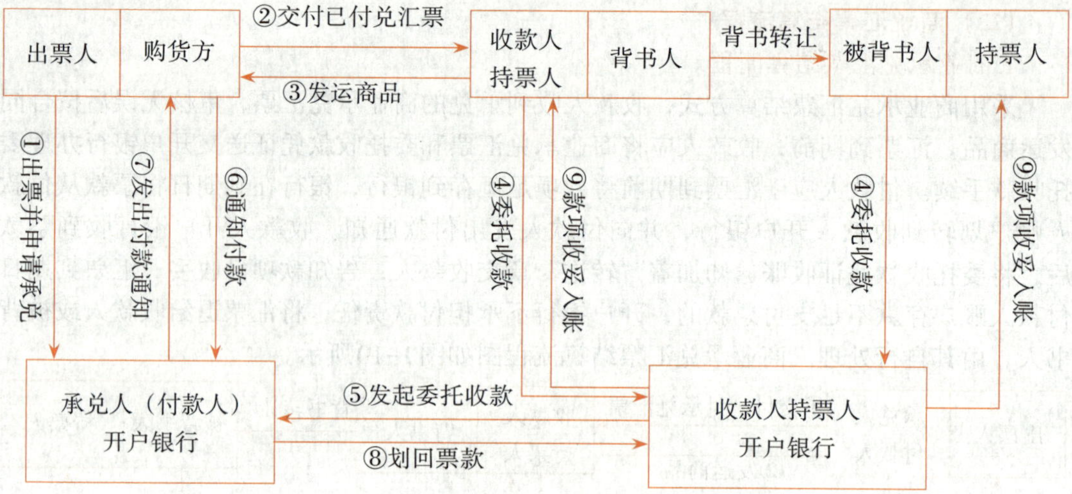

图1-11　银行承兑汇票结算流程图

【做中学1-24】2019年5月11日，宏业公司销售给甲公司商品一批，货款100 000元，适用增值税税率13%，货已发出。甲公司已确认收货，同时开出一张期限3个月的商业承兑汇票，面值113 000元，票面利率4%。

5月11日，宏业公司账务处理如下：

借：应收票据　　113 000

　　贷：主营业务收入　　100 000

　　　　应交税费——应交增值税（销项税额）　　13 000

（2）收到用于抵偿应收账款的商业汇票。企业收到债务人因抵偿前欠货款而开出的商业汇票时，借记“应收票据”账户，贷记“应收账款”账户。

2.期末计提利息

带息商业汇票期末应计提票据利息。为简化核算，不跨年度的带息商业汇票，可以不计提利息，但跨年度时，必须在年末计提票据利息，并按应计的利息金额，借记“应收票据”账户，贷记“财务费用”账户。如【做中学1-24】中的商业汇票，由于不跨年度，各月可不计提利息，待票据到期一并计算确认。

3.商业汇票到期

商业汇票到期，应分别以下两种情况处理：

（1）商业汇票到期能够收到票款。不带息票据的到期值等于面值，带息票据的到期值等于面值与利息之和。企业收回票款时，按实际收到的款项，借记“银行存款”账户；对于带息汇票，按计提的利息，贷记“财务费用”账户；按应收票据账面余额，贷记“应收票据”账户。

【做中学1-25】沿用【做中学1-24】资料，商业汇票到期，宏业公司收到票款114 130元（113 000×（1+4%×3÷12））。

8月11日，宏业公司账务处理如下：

借：银行存款　　114 130

　　贷：应收票据　　113 000

贷：财务费用　　1 130

（2）商业汇票到期出票人无力支付或拒付。银行承兑汇票到期，承兑银行负有无条件支付票款的责任，因此，持票人到期一定能收到款项。商业承兑汇票到期，若承兑人拒付或无力偿还票款，持票人应将“应收票据”账面余额转为“应收账款”。

【做中学1-26】沿用【做中学1-24】资料，若到8月11日，商业承兑汇票到期，甲公司无力支付票款。宏业公司账务处理如下：

借：应收账款　　113 000

　贷：应收票据　　113 000

4.应收票据背书转让

应收票据背书转让，是指持票人因偿还前欠货款等原因，将未到期的商业汇票背书转让给其他单位或个人的行为。企业为取得所需物资将持有的商业汇票背书转让时，按应计入物资成本的金额，借记“在途物资”或“原材料”等账户；按增值税专用发票上注明的增值税税额，借记“应交税费——应交增值税（进项税额）”账户；按商业汇票的面值，贷记“应收票据”账户；如有差额，借记或贷记“银行存款”“应付账款”等账户。

【做中学1-27】2019年5月8日，宏业公司向某企业购入材料一批，销货方开具的增值税专用发票上注明金额300 000元、税额39 000元。由于资金紧张，宏业公司以一张面值为300 000元的无息商业汇票背书，余款39 000元开出转账支票支付，材料验收入库。

宏业公司账务处理如下：

借：原材料　　300 000

　　应交税费——应交增值税（进项税额）　　39 000

　贷：应收票据　　300 000

　　　银行存款　　39 000

5.应收票据贴现

（1）应收票据贴现的概念。

应收票据贴现是指企业将持有的未到期商业汇票转让给银行，银行按票据到期值扣除贴现利息后将余款付给企业的一种融资行为。应收票据贴现实质上是一种票据买卖关系，是企业的一种融资方式，是银行对贴现申请人发放的一种短期贷款。贴现利息实行预扣方式，即银行在向贴现申请人支付贴现金额时预先将贴现利息（实质为贷款利息）扣除。

微课：应收票据贴现

（2）应收票据贴现额的计算。

①计算贴现期。票据贴现期为贴现日至票据到期日采用“算头不算尾”或“算尾不算头”的方式确定的实际天数。例如，2月5日（当年2月份为28天）将1月20日签发的期限为60天、到期日为3月21日的商业汇票贴现，则贴现天数为44天（2月份24天+3月份20天）。若承兑方是外埠企业，贴现期再增加3天的收款邮程期。

票据持有期、贴现期与票面期限之间的关系如图1-12所示。

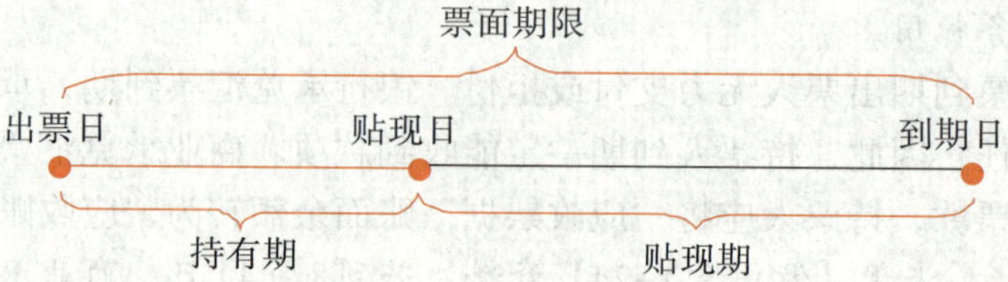

图1-12 票据持有期、贴现期与票面期限之间的关系图

②计算票据到期值。

不带息票据到期值=票据面值

带息票据到期值=票据面值+到期利息=票据面值×（1+票面利率×票面期限）

③计算贴现利息。

票据贴现息=票据到期值×贴现率×贴现期

④计算贴现金额。

票据贴现净额=票据到期值-票据贴现息

（3）应收票据贴现账务处理。

应收票据贴现应按是否有追索权分别进行账务处理。

①不附追索权的应收票据贴现。不附追索权的应收票据贴现，相当于出售应收票据，所有的兑现风险和利益在出售时全部转移给银行，到期承兑人不付款时，贴现银行无权要求申请贴现企业归还贴现款。企业持未到期的应收票据向银行贴现，按实际收到的票据贴现净额，借记“银行存款”账户；按票据贴现息，借记“财务费用”账户；按商业汇票面值，贷记“应收票据”账户。

【做中学1-28】2019年3月5日，宏业公司将一份由外地滨海电器商贸公司于当年1月16日签发的面值30万元、票面利率5%的6个月期带息商业汇票向银行申请贴现，经银行审查同意给予贴现，贴现率为4.5%。假定贴现银行不具追索权。

宏业公司应收的贴现净额计算如下：

贴现天数=26+30+31+30+16+3=136（天）

汇票到期值=300 000+300 000×5%×6÷12=307 500（元）

汇票贴现息=307 500×4.5%×136÷360=5 227.5（元）

汇票贴现净额=307 500-5 227.5=302 272.5（元）

3月5日，收到贴现款时编制会计分录：

借：银行存款	302 272.5	
贷：应收票据		300 000
财务费用		2 272.5

②附追索权的应收票据贴现。附追索权的应收票据贴现，票据到期时如果承兑人无力向贴现银行支付票款，银行将向申请贴现企业提示票据，申请贴现企业负有偿还票款的连带责任。企业持未到期的应收票据向银行贴现，按实际收到的票据贴现净额，借记“银行存款”账户；按票据贴现息，借记“财务费用”账户；按商业汇票面值，贷记“短期借款”账户。

票据到期，如果承兑人支付了票款，申请贴现企业应转销应收票据和短期借款，借记“短期借款”账户，贷记“应收票据”账户；若承兑人无法偿还票款，申请贴现企业要退回款项，借记“短期借款”账户，贷记“银行存款”账户，同时，转销应收票据，借记“应收账款”账户，贷记“应收票据”账户。

【做中学1-29】沿用【做中学1-28】资料，假设银行具有追索权，即宏业公司对票款的偿还承担连带责任。

宏业公司收到贴现款时编制会计分录：

借：银行存款　　302 272.5

　　贷：短期借款　　300 000

　　　　财务费用　　2 272.5

票据到期，如果滨海电器商贸公司如期兑付了票款，则宏业公司编制会计分录：

借：短期借款　　300 000

　　贷：应收票据　　300 000

如果滨海电器商贸公司到期无法兑付票款，应由宏业公司偿付贴现款，编制会计分录：

借：短期借款　　300 000

　　贷：银行存款　　300 000

同时，将应收票据转为应收账款：

借：应收账款　　300 000

　　贷：应收票据　　300 000

如果滨海电器商贸公司与宏业公司都无法兑付票款，则宏业公司编制会计分录：

借：应收账款　　300 000

　　贷：应收票据　　300 000

二、应收账款核算

（一）应收账款核算账户设置

为了核算应收账款的增减变动及其结存情况，企业应设置“应收账款”账户。该账户属于资产类账户，借方登记应收账款的增加，贷方登记应收账款的收回及确认坏账损失冲减的应收账款金额，期末借方余额反映企业尚未收回的应收账款金额，期末贷方余额反映企业预收的账款金额。本账户可按债务人设置明细账核算。

【提示】不单独设置“预收账款”账户的企业预收的账款也可在本账户核算。企业代购货单位垫付的包装费、运杂费，也应通过“应收账款”账户核算。

（二）应收账款账务处理

1.一般销售

【做中学1-30】2019年5月5日，宏业公司采用托收承付结算方式向甲公司销售商品一批，开具的增值税专用发票上注明金额500 000元、税额65 000元，同时开具支票代垫运费5 000元。5月10日，收到银行收款通知。

宏业公司账务处理如下：

5月5日，办妥托收手续时编制会计分录：

借：应收账款　570 000

　　贷：主营业务收入　500 000

　　　　应交税费——应交增值税（销项税额）　65 000

　　　　银行存款　5 000

5月10日，实际收到款项时编制会计分录：

借：银行存款　570 000

　　贷：应收账款　570 000

2.现金折扣条件下销售

【做中学1-31】2019年5月7日，宏业公司向乙公司销售商品一批，货款20 000元，适用增值税税率13%，折扣条件为“2/10，1/20，n/30”。5月16日收到乙公司支付的货款，假设计算现金折扣不考虑增值税。5月16日，收到银行收款通知。

宏业公司账务处理如下：

5月7日，销售商品时编制会计分录：

借：应收账款——乙公司　22 600

　　贷：主营业务收入　20 000

　　　　应交税费——应交增值税（销项税额）　2 600

5月16日，乙公司支付货款，现金折扣和实收金额计算如下：

现金折扣额=20 000×2%=400（元）

应收金额=22 600−400=22 200（元）

实际收到货款时编制会计分录：

借：银行存款　22 200

　　财务费用　400

　　贷：应收账款——乙公司　22 600

【想一想1-5】沿用【做中学1-31】资料，若乙公司在5月26日支付货款，宏业公司实收金额为多少？该作怎样的账务处理？若乙公司6月7日付款结果又如何？

答案

3.以商业汇票抵付应收账款

【做中学1-32】2019年5月7日，宏业公司收到丙公司交来的面值20 000元的商业汇票一张，用以偿还其前欠货款。

宏业公司收到商业汇票时编制会计分录：

借：应收票据　20 000

　　贷：应收账款　20 000

三、预付账款核算

（一）预付账款核算账户设置

为核算预付账款的增减变动及其结存情况，企业应设置“预付账款”账户。该账户属于资产类账户，借方登记按合同规定预付的购货款和补付的购货款，贷方登记收到货物后按价款结转的金额以及收回的多余款，期末借方余额反映企业预付的款项，期末贷方余额反映企业尚未补付的款项。本账户按供货单位设置明细账核算。

【提示】预付款项不多的企业，可以不设“预付账款”账户，而将预付款项直接通过“应付账款”账户核算。

（二）预付账款账务处理

企业因购货而预付的款项，借记“预付账款”账户，贷记“银行存款”账户。收到货物时，按购入货物的成本，借记“在途物资”等账户；按增值税专用发票上注明的税额，借记“应交税费——应交增值税（进项税额）”账户；按应付金额，贷记“预付账款”账户。补付款项时，借记“预付账款”账户，贷记“银行存款”账户；收到供货方退回的多余款项，借记“银行存款”账户，贷记“预付账款”账户。

【做中学1-33】2019年5月10日，宏业公司向乙公司采购单价为1 000元的材料5 000千克，合同约定宏业公司在合同签订日预付合同款的50%，货物验收后补付其余款项。6月5日，收到乙公司发来的5 000千克材料，增值税专用发票上注明金额5 000 000元、税额650 000元，验收无误后入库，同时以银行存款补付余款3 150 000元。

宏业公司账务处理如下：

5月10日，预付货款时编制会计分录：

借：预付账款	2 500 000	
贷：银行存款		2 500 000

6月5日，收到货物验收入库，并补付差价款时编制会计分录：

借：原材料	5 000 000	
应交税费——应交增值税（进项税额）	650 000	
贷：预付账款		5 650 000
借：预付账款	3 150 000	
贷：银行存款		3 150 000

四、应收股利（或应收利润）和应收利息核算

（一）应收股利（或应收利润）核算

为了反映和监督应收股利或利润的增减变动及其结存情况，企业应设置“应收股利（或应收利润）”账户。该账户属于资产类账户，借方登记应收股利或利润的增加金额，贷方登记收到的现金股利或利润，期末借方余额反映企业尚未收到的现金股利或利润。本账户可按不同债务人进行明细核算。

例如，企业持有以公允价值计量且其变动计入当期损益的金融资产期间，被投资单位宣告发放现金股利，按应享有的份额确认当期投资收益时，借记“应收股利”账户，贷记“投资收益”账户。

【做中学1-34】宏业公司持有甲上市公司股票，且作为以公允价值计量且其变动计入当期损益的金融资产进行管理和核算。2019年5月5日，甲公司发放2018年现金股利，宏业公司按其持有甲上市公司股份计算确定应分得的现金股利为100 000元。

假定不考虑相关税费，宏业公司账务处理如下：

借：应收股利	100 000	
贷：投资收益		100 000

【做中学1-35】沿用【做中学1-34】资料，2019年5月25日，宏业公司收到甲上市

公司发放的现金股利。

假定不考虑相关税费，宏业公司账务处理如下：

借：其他货币资金——存出投资款　　100 000

　贷：应收股利　　100 000

【提示】企业收到非上市公司的现金股利或利润时，上述分录借方账户为“银行存款”。

（二）应收利息核算

为了核算应收利息的增减变动及其结存情况，企业应设置“应收利息”账户。该账户属于资产类账户，借方登记应收利息的增加金额，贷方登记收到的利息金额，期末借方余额反映企业应收未收的利息金额。本账户可按不同债务人进行明细核算。

【做中学1-36】宏业公司持有乙公司债券，2019年5月10日收到乙公司通知，乙公司拟向其支付2018年利息500 000元，款项尚未支付。

假定不考虑相关税费，宏业公司账务处理如下：

借：应收利息　　500 000

　贷：投资收益　　500 000

五、其他应收款核算

为核算其他应收款项的增减变动及其结存情况，企业应设置“其他应收款”账户。该账户属于资产类账户，借方登记其他应收款项的增加金额，贷方登记其他应收款项的收回金额，期末余额一般在借方，反映企业尚未收回的其他应收款项金额。本账户可按不同债务人进行明细核算。

【做中学1-37】2019年5月5日，宏业公司租入包装物一批，开具转账支票支付押金15 000元。6月25日，上述租入包装物按期如数退回，宏业公司收到出租方退还的押金15 000元，已存入银行。

宏业公司账务处理如下：

5月5日，支付押金时编制会计分录：

借：其他应收款——存出保证金　　15 000

　贷：银行存款　　15 000

6月25日，收到退还的押金时编制会计分录：

借：银行存款　　15 000

　贷：其他应收款——存出保证金　　15 000

六、应收款项减值核算

（一）应收款项减值损失确认

企业的各项应收款项，可能会因债务人拒付、破产、死亡等原因而无法收回，这类无法收回的应收款项就是坏账。企业因坏账而遭受的损失即为坏账损失或减值损失。企业应当在资产负债表日对应收款项的账面价值进行评估，有客观证据表明该应收款项发生减值的，应将减记金额确认为减值损失。

应收款项减值损失的确认必须有客观证据。一般应收款项符合下列条件之一的，可以判断该项应收款项发生了减值：

（1）债务人发生严重财务困难。

（2）债务人违反了合同条款，如发生违约或逾期等。

（3）债权人出于经济或法律等方面因素的考虑，对发生财务困难的债务人作出让步。

微课：应收款项减值核算

（4）债务人很可能倒闭或进行其他财务重组。

（5）其他表明应收款项发生减值的客观证据。

（二）应收款项减值损失计量

应收款项发生减值时，应当将该应收款项的账面价值减记至预计未来现金流量现值，减记的金额确认为资产减值损失，计入当期损益。

企业可以选用的应收款项减值损失的估计方法有应收款项余额百分比法、账龄分析法和个别认定法三种。减值损失的估计方法一经确定，不得随意变更。

1.应收款项余额百分比法

应收款项余额百分比法是指根据期末应收款项余额和估计的坏账率估计减值损失，计提坏账准备的方法。用公式表示为：

坏账准备期末余额=期末应收款项余额×坏账率

【做中学 1-38】甲公司采用应收款项余额百分比法估计坏账损失，2019年年末甲公司对丙公司的应收账款余额合计为1 000 000元，根据经验和相关资料，甲公司确定计提坏账准备的比例为5%。

甲公司按照应收款项计算坏账准备期末余额=1 000 000×5%=50 000（元）

即2019年年末甲公司1 000 000元的应收账款中估计有50 000元可能发生坏账损失，企业应将应收账款的账面价值减记至950 000元（1 000 000−50 000）。

2.账龄分析法

账龄分析法是指根据应收款项账龄的长短以及当前的具体情况估计坏账损失的方法。账龄是指客户所欠账款的时间。

采用账龄分析法，应先将企业应收款项按账龄长短划分为若干区段，计列各个区段应收款项的金额，并为每一个区段估计一个坏账损失的百分比，在此基础上进行坏账准备的计算。采用账龄分析法时，收到债务单位当期偿还的部分债务后，对账龄再确定应遵循如下原则：

（1）剩余的应收款项不应改变其账龄；

（2）存在多笔应收款项且账龄不同的情况下，应当逐笔认定收到的应收款项；

（3）确实无法认定的，按照先发生先收回的原则确定。

【做中学 1-39】2019年12月31日，A公司的应收账款账龄及坏账损失估算的资料见表1-8。在账龄分析法下，A公司估计的坏账损失金额为64 000元。

表 1-8　应收账款账龄及坏账损失估算表

应收账款账龄	应收账款期末余额（元）	估计坏账率（%）	估计坏账损失金额（元）
未过信用期	1 000 000	1	10 000
逾期1个月	600 000	2	12 000
逾期2个月	500 000	3	15 000
逾期3个月	300 000	4	12 000
逾期3个月以上	150 000	10	15 000
合计	2 550 000		64 000

3.个别认定法

个别认定法是指根据每一应收款项的情况来估计坏账损失的方法。如果某项应收款项的可收回性与其他各项应收款项存在明显的差别（如债务单位所处的特定地区等），导致该项应收款项如果按照与其他应收款项同样的方法计提坏账准备将无法真实地反映其可收回金额的，可对该项应收款项采用个别认定法计提坏账准备。在同一会计期间内运用个别认定法计提坏账准备的应收款项应从按其他方法计提坏账准备的应收款项中剔除。

【做中学1-40】宏业公司采用应收款项余额百分比法计提坏账准备，根据经验和相关资料，公司确定计提坏账损失的比例为5%。假设年初坏账准备余额600 000元，本年发生坏账损失100 000元，本年收回上年已核销的坏账80 000元，年末应收账款余额9 000 000元，其中有一项1 000 000元的应收账款有确凿证据表明只能收回20%。

"坏账准备"年末余额=8 000 000×5%+1 000 000×80%=1 200 000（元）

本年应计提坏账准备=1 200 000－（600 000－100 000＋80 000）=620 000（元）

（三）应收款项减值核算账户设置

1."坏账准备"账户

"坏账准备"账户核算企业应收款项坏账准备的计提、转销等情况。该账户属于资产类账户，是应收款项的备抵调整账户，贷方登记资产负债表日应收款项计提的减值准备及已确认并转销的应收款项收回的数额，借方登记确实无法收回的应收款项按管理权限报经批准后作为坏账的转销数，期末贷方余额反映企业已计提但尚未转销的坏账准备。本账户可按应收款项的类别进行明细核算。

2."信用减值损失"账户

"信用减值损失"账户核算企业根据《企业会计准则第22号——金融工具确认和计量》计提各项资产减值准备所形成的损失。该账户属于损益类账户，借方登记企业根据金融工具确认和计量准则估计资产发生的减值应减记的金额，贷方登记企业计提坏账准备等的相关资产价值得以恢复后在原已计提的减值准备金额内恢复增加的金额，期末本账户余额转入"本年利润"账户后无余额。该账户可按"信用减值损失"的项目进行明细核算。

（四）应收款项减值账务处理

理论上应收款项减值的核算方法有直接转销法和备抵法两种。我国企业会计准则规定只能采用备抵法。

1.直接转销法

采用直接转销法时，日常核算中应收款项可能发生的坏账损失不予考虑，只有在实际发生坏账时才将不可收回的款项作为坏账损失计入当期损益，同时直接冲销应收款项，即借记"信用减值损失"账户，贷记"应收账款"等账户。

【做中学1-41】甲企业有一笔2013年发生的50 000元的应收A公司的账款，现因A公司破产无法收回，2019年年末甲企业将其确认为坏账。

2019年年末甲企业账务处理如下：

借：信用减值损失　　　　50 000

贷：应收账款　　50 000

直接转销法下，虽然账务处理简单，但因只有坏账实际发生时才将其确认为当期费用，不符合权责发生制原则的要求，导致资产和各期损益不实，一定程度上歪曲了期末财务状况，因此，我国企业会计准则规定不予采用。

2.备抵法

备抵法是采用一定的方法按期估计坏账损失，计入当期损益，同时计提坏账准备，待坏账实际发生时，冲销已计提的坏账准备和相应的应收款项。备抵法下账务处理主要内容如下：

（1）计提坏账准备。当期应计提坏账准备的计算公式如下：

$$\text{当期应计提的坏账准备金额} = \text{应收款项的期末余额} \times \text{坏账准备计提比例} - \text{“坏账准备”账户调整前余额（若为借方余额则为负数）}$$

上述计算结果为正数，为应补提坏账准备金额，借记“信用减值损失”账户，贷记“坏账准备”账户；计算结果为负数，为应冲销坏账准备金额，借记“坏账准备”账户，贷记“信用减值损失”账户。

【做中学1-42】假设宏业公司2016年首次对应收账款计提坏账准备。2016年年末应收账款余额为3 000 000元。宏业公司采用应收款项余额百分比法估计坏账损失，计提比例为5%（假定以后年度不发生变化）。

宏业公司账务处理如下：

2016年年末应计提的坏账准备金额=3 000 000×5%=150 000（元）

借：信用减值损失　　150 000

　　贷：坏账准备　　150 000

（2）发生坏账损失。对于确实无法收回的应收款项，按管理权限报经批准后作为坏账，转销应收款项，借记“坏账准备”账户，贷记“应收账款”等账户。

【做中学1-43】沿用【做中学1-42】资料，2017年5月5日，因甲公司破产核销应收账款50 000元。2017年年末宏业公司应收账款的余额为2 500 000元。

宏业公司账务处理如下：

2017年5月5日，确认坏账时编制会计分录：

借：坏账准备　　50 000

　　贷：应收账款　　50 000

2017年年末应计提（调整）的坏账准备=2 500 000×5%-（150 000-50 000）=25 000（元）

2017年年末计提坏账准备时编制会计分录：

借：信用减值损失　　25 000

　　贷：坏账准备　　25 000

（3）已确认为坏账的应收款项又收回。

已确认坏账并转销的应收款项以后又收回的，应按实际收回的金额，借记“应收账款”、“其他应收款”等账户，贷记“坏账准备”账户；同时，借记“银行存款”账户，贷记“应收账款”“其他应收款”等账户。

【做中学1-44】沿用【做中学1-42】和【做中学1-43】资料，2018年5月15日，宏业公司收到2017年已经转销的甲公司坏账12 000元，已存入银行。2018年年末宏业公司应收账款的余额为2 000 000元。

宏业公司账务处理如下：

2018年5月15日，收回已确认为坏账的应收账款时编制会计分录：

借：应收账款　　12 000

　　贷：坏账准备　　12 000

借：银行存款　　12 000

　　贷：应收账款　　12 000

2018年年末应计提（或冲减）的坏账准备金额 =2 000 000×5%−125 000−12 000=−37 000（元），负数表示应冲减坏账准备金额。

2018年年末，公司冲减坏账准备时编制会计分录：

借：坏账准备　　37 000

　　贷：信用减值损失　　37 000

根据宏业公司上述业务，其“坏账准备”账户登记情况如下：

借　　　　坏账准备　　　　贷

		2016年12月31日计提坏账准备	150 000
		（2016年12月31日余额	150 000）
2017年5月5日发生坏账	50 000	2017年12月31日计提坏账准备	25 000
		（2017年12月31日余额	125 000）
2018年12月31日冲销坏账准备	37 000	2018年5月15日已确认坏账又收回	12 000
		（2018年12月31日余额	100 000）

七、应收及预付款项列报

应收及预付款项在资产负债表中的列示见表1−9。

表1−9　　资产负债表

编制单位：　　年　月　日　　单位：元

资　产	期末余额	上年年末余额	负债和所有者权益（或股东权益）	期末余额	上年年末余额
流动资产					
……					
应收票据	800 000.00				
应收账款	2 189 320.00				
应收款项融资					
预付款项					
其他应收款	320 000.00				
……					

具体填列说明如下：

（1）“应收票据”项目，反映资产负债表日以摊余成本计量的、企业因销售商品、提供服务等收到的商业汇票，包括银行承兑汇票和商业承兑汇票。该项目应根据“应收票据”账户的期末余额，减去“坏账准备”账户中相关坏账准备期末余额后的金额填列。

（2）“应收账款”项目，反映资产负债表日以摊余成本计量的、企业因销售商品、提供服务等经营活动应收取的款项。该项目应根据“应收账款”账户的期末余额，减去“坏账准备”账户中相关坏账准备期末余额后的金额填列。其中，“应收账款”期末余额部分应根据“应收账款”和“预收账款”账户所属各明细账户的期末借方余额合计数，减去“坏账准备”账户中相关坏账准备期末余额后的金额填列。

（3）“应收款项融资”项目，反映资产负债表日以公允价值计量且其变动计入其他综合收益的应收票据和应收账款等。

（4）“预付款项”项目。该项目反映企业按照合同规定预付的款项。本项目应根据“预付账款”和“应付账款”账户所属各明细账户的期末借方余额合计数，减去“坏账准备”账户中相关坏账准备期末余额后的金额填列。

（5）“其他应收款”项目，反映企业除应收票据、应收账款、预付款项等以外的其他各种应收、暂付的款项。本项目应根据“应收利息”“应收股利”和“其他应收款”账户的期末余额合计数，减去“坏账准备”账户中相关坏账准备期末余额后的金额填列。其中的“应收利息”仅反映相关金融工具已到期可收取但于资产负债表日尚未收到的利息。

【做中学1-45】2019年12月31日，宏业公司应收及预付款相关账户余额见表1-10。

表1-10 宏业公司应收及预付款相关账户余额

2019年12月31日 单位：元

总账账户	明细账户	余额		备注
		借方	贷方	
应收票据		800 000.00		
	海吉公司	300 000.00		
	恒发公司	500 000.00		
应收账款		2 234 000.00		
	大安公司	234 000.00		
	山海公司	2 000 000.00		
坏账准备	应收账款		44 680.00	
其他应收款		320 000.00		
	包装物押金	200 000.00		
	公司食堂	120 000.00		

2019年12月31日，宏业公司资产负债表应收及预付款项相关项目列报数据计算如下：

“应收票据”项目金额=800 000元

“应收账款”项目金额=234 000+2 000 000−44 680=2 189 320（元）

“其他应收款”项目金额=200 000+120 000=320 000（元）

任务内容导图

本任务内容导图如图1−13所示。

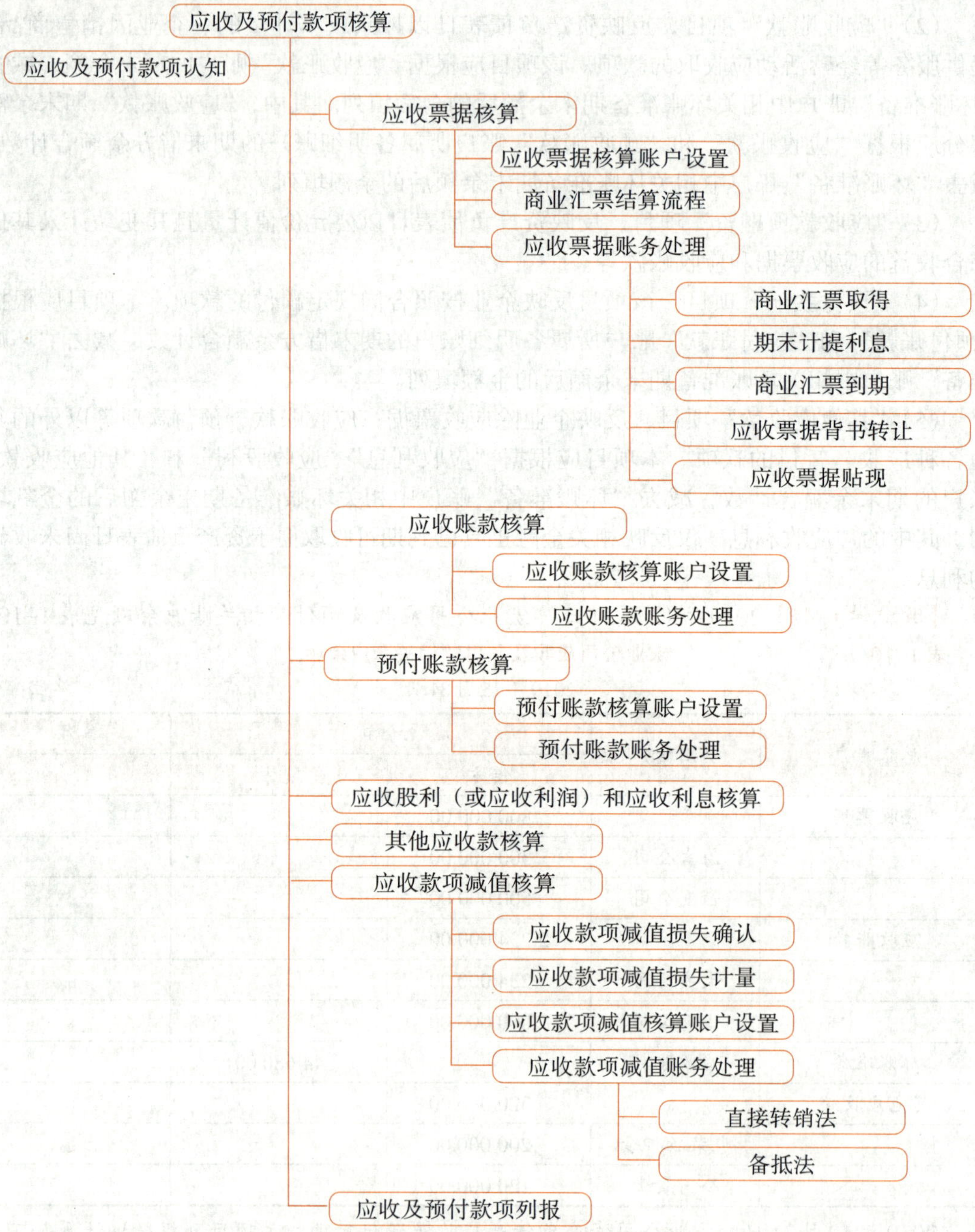

图1−13　本任务内容导图

复习思考题

1. 应收及预付款项的具体内容有哪些？
2. 应收票据在什么情况下使用？怎样进行应收票据的账务处理？
3. 什么是票据贴现？如何计算票据贴现净额并进行账务处理？
4. 应收账款在什么情况下使用？怎样进行应收账款的账务处理？
5. 其他应收款包括哪些内容？
6. 应收票据、应收账款、其他应收款和预付账款在核算内容上有何区别？
7. 应收款项减值损失的估计方法有哪些？如何运用？
8. 应收款项减值如何进行账务处理？
9. 应收及预付款项在资产负债表中应如何列报？

任务四　存货核算

知识点1-4　存货的内容、确认与计量

存货是指企业在日常活动中持有以备出售的产成品或商品、处在生产过程中的在产品、在生产过程或提供劳务过程中将消耗的材料或物料等。存货种类繁多，是企业流动资产的重要组成部分，其周转速度直接影响流动资产的利用效果，进而影响企业经济效益。因此，正确进行存货核算，对于加强企业资产的管理具有十分重要的意义。

一、存货的内容

不同行业存货的经济内容各不相同，归纳起来主要包括：

（1）原材料，指企业在生产过程中经加工改变其形态或性质并构成产品实体的各种原料及主要材料、辅助材料、外购半成品、修理用备件、包装材料、燃料等。

【提示】为建造固定资产等各项工程而储备的各种材料，因用于建造固定资产等各项工程，不符合存货的定义，因此不属于存货核算内容。

（2）在产品，指企业正在制造尚未完工的生产物，包括正在各个生产工序加工的产品和已完工但尚未办理入库手续的产品。

（3）产成品，指已经完成全部生产过程并验收入库，可以对外销售的产品。企业接受来料加工制造的代制品和为外单位加工修理的代修品，制造和修理完成并验收入库后，应视同企业的产成品。

（4）包装物，指为了包装本企业产品而储存的各种包装容器。

（5）低值易耗品，指由于价格低、易损耗等原因不能作为固定资产核算的各种用具物品。

【提示】上述包装物和低值易耗品统称周转材料。

（6）商品，即商品流通企业外购或委托加工完成验收入库，用于销售的各种物品。

（7）委托代销商品，指存放在其他单位并委托其代销的商品。

二、存货的确认

根据《企业会计准则第1号——存货》规定，企业存货在符合其定义的前提下，同时满足下列条件，才能予以确认：

（1）与该存货有关的经济利益很可能流入企业。实务中判断该存货所含经济利益是否很可能流入企业的一个重要标志是企业对该存货是否拥有法定所有权。凡法定所有权属于企业的物品，不论其存放何处或处于何种状态，均应作为该企业的存货确认；凡是法定所有权不属于企业的物品，即使存放于企业，也不应作为该企业的存货确认。

（2）存货的成本能够可靠计量。存货的成本能可靠计量必须取得确凿的、可靠的证据，并且能够合理估计，具有可验证性。

三、存货的初始计量

根据《企业会计准则第1号——存货》规定，存货应按成本进行初始计量。所谓“成本”是指使存货达到目前场所和状态而发生的各种成本，包括采购成本、加工成本和其他成本。通过购买取得的原材料、商品、周转材料等存货的成本是存货的采购成本；通过进一步加工取得的产成品、在产品等存货的成本由采购成本、加工成本以及使存货达到目前场所和状态所发生的其他成本构成。存货成本的构成内容见表1-11。

表1-11 存货成本的构成

存货成本	采购成本	购买价款、相关税费及其他可归属于存货采购成本的费用
	加工成本	直接人工和制造费用
	其他成本	除采购成本、加工成本以外的使存货达到目前场所和状态所发生的其他支出

（一）采购成本

存货的采购成本，包括购买价款、相关税费及其他可归属于存货采购成本的费用。

1.购买价款

包括购入存货的发票账单上注明的价款，但不包括按规定可抵扣的增值税税额。

2.相关税费

包括购买存货支付的进口关税、消费税、资源税、不能抵扣的增值税以及相关的教育费附加等应计入存货采购成本的税费。

3.其他可归属于存货采购成本的费用

采购成本中除上述1、2两项以外的可归属于存货的采购费用，主要包括在存货采购过程中发生的运输费、仓储费、装卸费、保险费，运输途中的合理损耗，入库前的挑选整理费等。此项费用能分清负担对象的，应选择合理的方法分配计入有关存货的采购成本，能取得增值税专用发票等相关扣税凭证的，其增值税不计入存货成本。

应特别注意下列事项：

（1）对于采购过程中发生的物资毁损、短缺等，除合理的损耗应作为存货的其他成本计入采购成本外，对因遭受意外灾害发生的损失和尚待查明原因的途中损耗，不得直接增加存货的采购成本，应先通过“待处理财产损溢”账户进行核算，对应从供应单位、外部运输机构等收回的存货短缺或其他赔偿，应冲减存货的采购成本。

（2）商品流通企业外购存货在采购过程中发生的可归属于存货采购成本的费用，应计入存货采购成本，但对于金额较小的进货费用，也可以在发生时直接计入当期损益。

微课：存货初始计量

（3）企业在存货入库后发生的仓储费用，应在发生时计入当期损益，但在生产过程中发生的为达到下一个生产阶段必须的仓储费用应计入存货成本。

【做中学1-46】（1）某增值税一般纳税人购入免税农产品，收购发票上注明买价100 000元，规定的增值税进项税额扣除率为9%，另支付入库前挑选整理费500元，该批农产品的实际成本为多少元？（2）某小规模纳税人购买原材料，发票上注明的价格为1 000 000元、增值税130 000元，另支付保险费10 000元、增值税600元，则原材料的实际成本为多少？

根据增值税相关法律规定，增值税一般纳税人购进免税农产品，可以按购进金额的9%计算抵扣进项税额，不计入存货成本；入库前挑选整理费应计入存货成本。

农产品实际成本=100 000×（1−9%）+500=91 500（元）

增值税小规模纳税人购进货物支付的增值税不得抵扣，应计入存货成本。

原材料实际成本=1 000 000+130 000+10 000+600=1 140 600（元）

（二）加工成本

加工成本是指在存货加工过程中发生的追加费用，包括直接人工和制造费用。直接人工是指企业在生产产品和提供劳务过程中发生的直接从事产品生产和劳务提供人员的薪酬；制造费用是指企业在生产产品和提供劳务过程中发生的各项间接费用。这里应注意：

（1）非正常消耗（如自然灾害）的直接材料、直接人工和制造费用，应计入当期损益，不计入存货成本。

（2）企业设计产品发生的设计费用通常应计入当期损益，但为特定客户设计产品所发生的、可直接确定的设计费用应计入存货的成本。

（三）其他成本

其他成本是指除采购成本、加工成本以外的，使存货达到目前场所和状态所发生的其他支出。不能归属于使存货达到目前场所和状态的其他支出，应在发生时计入当期损益，不得计入存货成本。

实务中，存货的取得途径不同，其成本的构成内容也有差异，具体确定原则如下：

（1）外购存货的实际成本包括购买价款、相关税费以及其他可归属于存货采购成本的费用（包括运输费、装卸费、包装费、保险费、运输途中的合理损耗和入库前挑选整理费等）。

【知识拓展】《小企业会计准则》规定，小企业（批发业、零售业）在购买商品过程中发生的费用（包括运输费、装卸费、包装费、保险费、运输途中的合理损耗和入库前挑选整理费等），应在“销售费用”科目核算，不计入存货成本。

（2）自制存货的实际成本包括直接材料、直接人工和制造费用等各项实际支出。

（3）委托加工存货的实际成本包括实际耗用的原材料或半成品存货的成本、加工费、运输费、装卸费、保险费及按规定应计入存货成本的相关税费。

（4）投资者投入存货的实际成本应按投资合同或协议约定的价值确定，但合同或协议约定价值不公允的，应按该存货的公允价值作为入账成本。

（5）接受捐赠存货的实际成本，捐赠方提供了有关凭据的，按凭据上标明的金额加上受赠方支付的相关税费为实际成本；捐赠方未提供有关凭据的，按市价或同类存货的市价估计的金额加上受赠方支付的相关税费为实际成本。

（6）盘盈存货的实际成本为该存货的重置成本。

技能点1-4 存货核算与列报

一、原材料核算

企业原材料的日常收发及结存，既可以采用实际成本核算，也可以采用计划成本核算。

（一）原材料按实际成本计价核算

原材料按实际成本核算，是指企业对库存的各种原材料的收、发、存均按实际成本在其总账和明细账中予以登记。它适用于规模较小、材料较少、收发业务不多的企业。

1.账户设置

原材料按实际成本核算涉及的主要账户有：

（1）“在途物资”账户。在途物资是指外购的已付款但仍在运输途中或已到达但尚未验收入库的存货。“在途物资”账户核算企业在实际成本法下外购的尚未验收入库物资的实际成本，属于资产类账户。该账户借方登记发生的在途物资的实际成本，贷方登记已验收入库物资的实际成本，期末借方余额反映企业在途物资的实际成本。本账户可按供应单位和材料品种进行明细核算。

（2）“原材料”账户。在实际成本法下该账户核算企业库存原材料的实际成本，属于资产类账户，借方登记入库材料的实际成本，贷方登记发出材料的实际成本，期末借方余额反映企业库存材料的实际成本。本账户可按材料的具体品种进行明细核算。

2.原材料取得业务账务处理

（1）外购原材料。企业外购材料，由于结算方式和采购地点不同，材料入库和货款支付在时间上不一定完全同步，相应地，会计核算也有差异。

①单货同到业务，即发票账单到达并支付或承付货款与材料验收入库发生在同一日的业务。

企业在原材料验收入库后，根据发票账单等结算凭证确定的材料成本，借记“原材料”账户；根据增值税专用发票上注明的增值税税额，借记“应交税费——应交增值税（进项税额）”账户；按实际支付或应支付的金额，贷记“银行存款”“应付账款”等账户。

如果取得的原材料等存货用于免征增值税项目，或者未按规定取得增值税专用发票，应将支付的增值税税额计入原材料等存货的成本。

【做中学1-47】2019年5月2日，宏业公司购入甲材料一批，取得的增值税专用发票上注明金额500 000元、税额65 000元；销货方代垫包装费3 000元、增值税180元，取得增值税专用发票。宏业公司开出转账支票支付全部款项，同日材料验收入库。

微课：原材料按实际成本核算概览

宏业公司账务处理如下：

5月2日，根据发票账单、支票存根联及材料验收入库单编制会计分录：

借：原材料——甲材料　　503 000

　　应交税费——应交增值税（进项税额）　　65 180

　贷：银行存款　　568 180

②单到货未到业务，即发票账单已到并支付或承付货款，而材料未到或尚未验收入库的业务。

企业应根据发票账单等结算凭证所确定的材料成本及可抵扣增值税，借记“在途物资”“应交税费——应交增值税（进项税额）”账户，贷记“银行存款”等账户。待材料到达验收入库后，再根据收料单，借记“原材料”账户，贷记“在途物资”账户。

【做中学1-48】2019年5月5日，宏业公司采用汇兑结算方式购入乙材料一批，取得的增值税专用发票上注明金额20 000元、税额2 600元。该批材料于5月10日运达企业并验收入库。

宏业公司账务处理如下：

5月5日，根据发票账单和付款凭证编制会计分录：

借：在途物资——乙材料　　20 000

　　应交税费——应交增值税（进项税额）　　2 600

　贷：银行存款　　22 600

5月10日，根据验收入库单编制会计分录：

借：原材料——乙材料　　20 000

　贷：在途物资——乙材料　　20 000

③货到单未到业务，即材料已验收入库，但发票账单等结算凭证未到无法确定其实际成本的采购业务。

为简化核算手续，该类业务发生在月中的，可暂不作账务处理，只将收到的材料登记明细分类账，待收到相关结算凭证后再按“单货同到业务”处理。若到月末仍未收到相关结算凭证，为了全面反映资产及负债情况，企业应按合同价格或类似材料的市场价格暂估入账，借记“原材料”账户，贷记“应付账款——暂估应付款”账户；下月初用红字做同样的会计分录予以冲回（或做相反会计分录），待收到相关结算凭证后再按“单货同到业务”处理。

【做中学1-49】2019年5月9日，宏业公司采用异地托收承付结算方式采购乙材料一批，当日材料验收入库。5月18日收到增值税专用发票，发票上注明金额200 000元、税额26 000元；销货方代垫运费3 270元，其中增值税270元，收到增值税专用发票。该公司于5月20日支付全部款项。

宏业公司账务处理如下：

5月9日，乙材料验收入库时，暂不作账务处理。

5月20日支付货款，视同单货同到业务，根据验收入库单、增值税专用发票、付款通知编制会计分录：

借：原材料——乙材料　203 000

　应交税费——应交增值税（进项税额）　26 270

　贷：银行存款　229 270

【做中学1-50】2019年5月10日，宏业公司采用委托收款结算方式购入甲材料一批，材料已验收入库，月末发票账单仍未收到，按合同该批材料价值为31 000元。6月5日，收到增值税专用发票，发票上注明金额32 000元、税额4 160元，销货方代垫保险费1 000元（未取得增值税专用发票），当日以银行存款支付全部款项。

宏业公司账务处理如下：

5月10日，甲材料验收入库时，暂不作账务处理。

5月31日，按合同价格暂估入账，编制会计分录：

借：原材料——甲材料　31 000

　贷：应付账款——暂估应付款　31 000

6月1日，冲销暂估金额，编制会计分录：

借：应付账款——暂估应付款　31 000

　贷：原材料——甲材料　31 000

6月5日，承付货款，视同单货同到业务，根据验收入库单、增值税专用发票、付款通知编制会计分录：

借：原材料——甲材料　33 000

　应交税费——应交增值税（进项税额）　4 160

　贷：银行存款　37 160

④预付货款购货业务。

以预付货款方式购入材料，应在预付材料价款时，按照实际预付的金额，借记“预付账款”账户，贷记“银行存款”账户；在材料验收入库时，根据发票账单等结算凭证，借记“原材料”“应交税费——应交增值税（进项税额）”账户，贷记“预付账款”账户；预付款项不足，应按补付的货款，借记“预付账款”账户，贷记“银行存款”账户；收到退回的多付款项，借记“银行存款”账户，贷记“预付账款”账户。

【做中学1-51】2019年5月5日，宏业公司为购买钢材与某钢厂签订一份购货合同，合同价款100 000元。根据合同约定，5月5日甲公司通过银行汇出购货定金80 000元。5月18日收到钢厂发运来的材料和相关结算凭证，材料验收入库。增值税专用发票上注明金额100 000元、税额13 000元，销货方代垫包装费3 000元（未取得增值税专用发票）。款项以银行存款付讫。

宏业公司账务处理如下：

5月5日，预付货款时，根据银行汇款凭证编制会计分录：

借：预付账款　80 000

　贷：银行存款　80 000

5月18日，购进货物验收入库时，根据增值税专用发票、入库单等编制会计分录：

借：原材料　　103 000

借：应交税费——应交增值税（进项税额）　　13 000

　　贷：预付账款　　116 000

5月18日，补付货款时，根据付款凭证编制会计分录：

借：预付账款　　36 000

　　贷：银行存款　　36 000

⑤购入材料短缺的核算。

企业外购材料发生的毁损或短缺，必须认真查明原因，分清经济责任，分别不同情况处理：

属于途中合理损耗的，应将损耗材料的采购成本计入验收入库材料的采购成本，相应提高入库材料的实际单位成本，对损耗部分无须另作账务处理。

属于供货单位少发的，应分别两种情况处理：一是，货款未付的情况下，企业应按短缺的数量和发票单价计算拒付金额，填写拒付理由书，向银行办理拒付手续，经银行同意后按实际支付金额记账；二是，货款已付并已记入“在途物资”账户的情况下，企业应将短缺部分的成本和增值税转入“应付账款”或“其他应收款”账户，实际收到的材料成本转入“原材料”账户。

属于尚待查明原因和需要报批才能转销的损失，应先转入“待处理财产损溢”账户，待查明原因后再分别处理：应由供应单位、运输机构、保险公司或其他过失人赔偿的损失，分别记入“应付账款”“其他应收款”等账户；遭受自然灾害等非常原因造成的损失，应将扣除保险赔偿后的净损失转入“营业外支出”账户；无法收回的其他损失，转入“管理费用”账户。

【做中学1-52】2019年5月10日，宏业公司购买丙材料1 000千克，单价45元，增值税专用发票上注明金额45 000元、税额5 850元，全部款项以银行存款支付。5月20日丙材料运到，实收990千克，短少10千克。经查，短少材料属于运输途中的合理损耗。

宏业公司账务处理如下：

5月10日，支付货款时，根据增值税专用发票、付款通知编制会计分录：

借：在途物资　　45 000

　　应交税费——应交增值税（进项税额）　　5 850

　　贷：银行存款　　50 850

5月20日，材料验收入库，短缺材料属运输途中合理损耗，根据验收入库单编制会计分录：

借：原材料　　45 000

　　贷：在途物资　　45 000

【提示】材料总成本不变，单位成本提高，本题入库材料单位成本=45 000÷990=45.45（元）。

【知识拓展】若上述材料运达企业时，企业实收800千克，短缺200千克，其中应由运输部门赔偿100千克，其余100千克，保险公司赔偿50%，净损失经批准作营业外支出处理。

宏业公司账务处理如下：

材料验收入库时，根据验收入库单编制会计分录：

借：原材料　　36 000

　　待处理财产损溢——待处理流动资产损溢　　10 170（200×45+200×45×13%）

　　贷：在途物资　　45 000

　　　　应交税费——应交增值税（进项税额转出）　　1 170（200×45×13%）

对短缺材料查明原因后，根据经批准的处理意见编制会计分录：

借：其他应收款——运输部门　　5 085

　　　　　　　——保险公司　　2 542.5

　　营业外支出　　2 542.5

　　贷：待处理财产损溢——待处理流动资产损溢　　10 170

（2）自制原材料。企业自制原材料完工验收入库，应在月末根据“材料交库单”所列实际成本，编制会计分录：

借：原材料

　　贷：生产成本

3.原材料发出业务账务处理

（1）实际成本法下发出存货的计价。

企业的存货由于进货来源、批次、付款条件等的差异，其单位成本各不相同。尽管同一种存货单价不同，但均能满足生产和销售的需要，一般情况下无须逐一辨认实际发出的是哪一批存货。因此，我们可以首先对存货的成本流转进行假设，在采用这种假设前提下，将存货成本在期末存货和发出存货之间进行分配，即产生了不同的存货成本分配方法，这就是发出存货的计价方法。

发出存货计价方法的选择是制定企业会计政策的一项重要内容，企业应当根据各类存货的实物流转方式、企业管理的要求、存货的性质等实际情况，合理地确定发出存货成本的计算方法。我国现行企业会计准则规定，企业可以采用的发出存货的成本计价方法包括个别计价法、先进先出法、月末一次加权平均法和移动加权平均法等。发出存货的计价方法一经确定，不得随意变更，如需变更，应在财务报表附注中加以说明。对于性质和用途相同的存货，应当采用相同的成本计算方法确定发出存货的成本。

①个别计价法，又称个别认定法，是指以存货实物流转与价值流转相一致为假设前提，通过逐一辨认每一批发出存货和期末存货所属的购进或生产批次，分别按其购入或生产时所确定的单位成本计算各批发出存货和期末存货实际成本的一种方法。计算公式如下：

每批存货发出成本=该批存货发出数量×该批存货取得时的实际单位成本

【做中学1-53】某公司2019年5月份A材料期初结存2 000千克，单价2元。当月发生的与A材料有关的收发业务如下：7日，购进A材料5 000千克，单价2.2元；12日，生产产品领用A材料4 000千克；15日，购进A材料3 000千克，单价2.4元；20日，生产产品领用A材料2 000千克；26日，生产产品领用A材料3 000千克。

若经具体辨认，6月12日发出A材料4 000千克中，有1 000千克为期初结存A材料，3 000千克为7日购进A材料；20日发出A材料2 000千克为7日购进A材料；26日发出A材料3 000千克为15日购进A材料。计算本月发出与月末结存A材料的实际成本。

公司本月发出与月末结存A材料成本计算如下：

本月发出A材料成本=1 000×2.00＋3 000×2.20＋2 000×2.20＋3 000×2.40=20 200（元）

月末结存A材料成本=1000×2.00=2 000（元）

个别计价法下成本计算准确，符合实际情况，但在存货收发频繁的情况下，其发出存货辨认工作量大。因此，该方法一般适用于不能替代使用的存货、为特定项目专门购入或制造的存货以及提供的劳务，如珠宝、名画等贵重物品。

②先进先出法，是指以先入库的存货先发出的存货实物流转假设为前提，对发出存货和期末存货进行计价的方法。具体操作方法：取得存货时，应在存货明细账中逐笔登记每批存货的数量、单价和金额；发出存货时，应按先进先出的原则确定单价，并逐笔登记发出和结存存货的数量、单价和金额。

【做中学1–54】沿用【做中学1–53】资料，采用先进先出法计算本月发出材料和月末结存A材料的实际成本。

公司本月发出与月末结存A材料成本计算如下：

本月发出A材料成本=2 000×2+5 000×2.2+2 000×2.4=19 800（元）

月末结存A材料成本=1 000×2.4=2 400（元）

登记原材料明细账，见表1–12。

表1–12　原材料明细账

材料名称：A材料　　　　计量单位：千克　金额单位：元

2019年		凭证		摘要	收入			发出			结存		
月	日	字	号		数量	单价	金额	数量	单价	金额	数量	单价	金额
5	1			承前页							2 000	2.00	4 000
	7	略	略	购入	5 000	2.20	11 000				2 000 5 000	2.00 2.20	4 000 11 000
	12			发出				2 000 2 000	2. 00 2. 20	4 000 4 400	3 000	2.20	6 600
	15			购入	3 000	2.40	7 200				3 000 3 000	2.20 2.40	6 600 7 200
	20			发出				2 000	2. 20	4 400	1 000 3 000	2.20 2.40	2 200 7 200
	26			发出				1 000 2 000	2.20 2.40	2 200 4 800	1 000	2.40	2 400
	31			本月合计	8 000		18 200	9 000		19 800	1 000	2.40	2 400

采用先进先出法，可以随时结转发出存货成本，有利于加强存货管理，但成本计算和明细账登记工作量大。由于期末存货成本接近于市价，在物价持续上涨时，发出存货成本偏低，会高估企业当期利润和库存存货价值；反之，会低估企业当期利润和库存存货价值。

③月末一次加权平均法，又称加权平均法，是指以月初库存存货成本加上本月取得存货成本，除以月初库存存货数量与本月取得存货数量之和，据以计算存货加权平均单位成本，并以此为基础计算本月发出存货成本和期末库存存货成本的一种方法。计算公式如下：

$$\text{加权平均单位成本}=\left(\text{月初库存存货成本}+\text{本月取得存货成本}\right)\div\left(\text{月初库存存货数量}+\text{本月取得存货数量}\right)$$

月末库存存货成本=月末库存存货数量×加权平均单位成本

本月发出存货成本=本月发出存货数量×加权平均单位成本

如果计算出的加权平均单位成本为近似数，为优先保证结存存货成本的正确性，应采用倒挤法计算发出存货的成本。即：

本月发出存货成本=月初库存存货成本+本月取得存货成本-月末库存存货成本

【做中学1-55】沿用【做中学1-53】资料，采用月末一次加权平均法计算本月发出A材料和月末结存材料的实际成本。

公司本月发出与月末结存A材料成本计算如下：

A材料加权平均单位成本=（4 000＋18 200）÷（2 000＋8 000）=2.22（元/千克）

本月发出A材料成本=9 000×2.22=19 980（元）

月末结存A材料成本=1 000×2.22=2 220（元）

登记原材料明细账，见表1-13。

表1-13 原材料明细账

材料名称：A材料

计量单位：千克

金额单位：元

2019年		凭证		摘要	收入			发出			结存		
月	日	字	号		数量	单价	金额	数量	单价	金额	数量	单价	金额
5	1			承前页							2 000	2.00	4 000
	7	略	略	购入	5 000	2.20	11 000				7 000		
	12			发出				4 000			3 000		
	15			购入	3 000	2.40	7 200				6 000		
	20			发出				2 000			4 000		
	26			发出				3 000			1 000		
	31			本月合计	8 000		18 200	9 000	2.22	19 980	1 000	2.22	2 220

采用加权平均法只需在月末一次计算结转发出存货成本，减少了成本计算工作量，而且在市场价格上涨或下跌时所计算出来的单位成本比较平均，对存货成本的分摊较为折中。但该方法平时无法从账面上提供发出和结存存货的金额，不利于存货的日常管理。

④移动加权平均法，又称移动平均法，是指以每次进货成本加上原有库存存货成本，除以本次进货数量与原有库存存货数量之和，据以计算加权平均单位成本，并以此作为下次进货前计算各次发出存货成本依据的一种方法。计算公式如下：

$$\text{本次存货单位成本}=\left(\text{本次进货成本}+\text{原有库存存货成本}\right)\div\left(\text{本次进货数量}+\text{原有库存存货数量}\right)$$

本次发出存货成本=本次发出存货数量×本次发货前存货单位成本

月末库存存货成本=月末库存存货数量×月末存货单位成本

【做中学1-56】沿用【做中学1-53】资料，采用移动加权平均法计算本月发出材料和月末结存材料的实际成本。

公司本月发出与月末结存A材料成本计算如下：

5月7日：

A材料单位成本=（4 000＋11 000）÷（2 000＋5 000）≈2.14（元/千克）

结存A材料成本=4 000+11 000=15 000（元）

5月12日：

结存A材料成本=3 000×2.14=6 420（元）

发出A材料成本=15 000−6 420=8 580（元）

注意：当移动加权平均单位成本为近似数时，应采用倒挤的方式计算发出存货的成本，以确保结存存货的准确性。

5月15日：

A材料单位成本=（6 420+7 200)÷（3 000+3 000）=2.27（元/千克）

结存A材料成本=6 000×2.27=13 620（元）

5月20日：

发出A材料成本=2 000×2.27=4 540（元）

结存A材料成本=4 000×2.27=9 080（元）

5月26日：

发出A材料成本=3 000×2.27=6 810（元）

结存A材料成本=1 000×2.27=2 270（元）

登记原材料明细账，见表1-14。

表1-14　原材料明细账

材料名称：A材料　　　　计量单位：千克

金额单位：元

2019年		凭证		摘要	收入			发出			结存		
月	日	字	号		数量	单价	金额	数量	单价	金额	数量	单价	金额
5	1			承前页							2 000	2.00	4 000
	7	略	略	购入	5 000	2.20	11 000				7 000	2.14	15 000
	12			发出				4 000	2.14	8 580	3 000	2.14	6 420
	15			购入	3 000	2.40	7 200				6 000	2.27	13 620
	20			发出				2 000	2.27	4 540	4 000	2.27	9 080
	26			发出				3 000	2.27	6 810	1 000	2.27	2 270
	31			本月合计	8 000		18 200	9 000		19 930	1 000	2.27	2 270

采用移动加权平均法能够使企业及时了解存货的结存情况，而且计算的存货平均单

位成本及发出存货和结存存货的成本比较客观。但由于每次收货都要计算一次平均单位成本，工作量大，对收发货频繁的企业不适用。

（2）原材料发出的账务处理。

企业实际生产经营过程中，原材料领用业务频繁，为简化日常核算工作，平时发出材料时一般根据发料凭证在原材料明细账上只登记发出材料的数量，及时反映各种原材料的购入、发出及结存数量情况，月末再根据“领料单”或“限额领料单”等发料凭证，按领料部门及其用途汇总编制“发料凭证汇总表”，据以编制记账凭证，登记总分类账。

企业应根据材料用途和领用部门，将发出材料的成本分别记入相应账户。凡车间生产产品领用的材料，借记“生产成本”账户；车间管理部门一般消耗领用的材料，借记“制造费用”账户；厂部管理部门一般消耗领用的材料，借记“管理费用”账户；专设销售机构领用的材料，借记“销售费用”账户；委托加工发出的材料，借记“委托加工物资”账户；福利部门领用的材料，借记“应付职工薪酬”账户；在建工程领用的材料，借记“在建工程”账户；对外投资领用的材料，借记“长期股权投资”账户；用于销售的材料，借记“其他业务成本”账户。同时，减少的原材料，贷记“原材料”账户。涉及增值税和消费税等相关税费的，还要根据相关税收法律规定进行相应的账务处理。

【做中学1-57】2019年5月31日，宏业公司编制本月“发料凭证汇总表”，见表1-15。

表1-15 发料凭证汇总表

2019年5月

单位：元

会计科目	领用部门及用途	甲材料	乙材料	合计
生产成本——基本生产成本	产品生产耗用	400 000	280 000	680 000
生产成本——辅助生产成本	机修车间耗用	60 000	30 000	90 000
制造费用	车间一般耗用	30 000		30 000
管理费用	行政部门一般耗用	5 000		5 000
销售费用	销售部门耗用	4 000		4 000
合计		499 000	310 000	809 000

宏业公司根据“发料凭证汇总表”编制会计分录：

借：生产成本——基本生产成本——××产品　680 000
　　　　　　——辅助生产成本　90 000
　　制造费用　30 000
　　管理费用　5 000
　　销售费用　4 000
　　贷：原材料——甲材料　499 000
　　　　　　　——乙材料　310 000

4.原材料明细分类核算

原材料的明细分类核算包括数量和金额两个部分。仓库按材料的品种、规格开设“材料卡片”（一般格式见表1-16），对材料的收入、发出和结存进行数量核算；财会部门按材料的品种、规格开设明细账，同时进行材料数量与金额核算。材料卡片应根据收发料凭证逐日逐笔序时登记。材料明细分类账的收入栏根据收料凭证逐日逐笔序时登记；发出栏中的数量可根据发料凭证逐日逐笔序时登记，但单价和金额应根据发出材料计价方法确定登记方法。

上述仓库和财会部门各设一套明细账的方法，可以起到相互核对、制约的作用，但重复记账，工作量大。实际业务中，也可将两套账合并，设立一套数量、金额式明细分类账，由仓库保管员负责登记数量，财会人员定期到仓库稽核收单，并在材料收入凭证上标价，在材料明细分类账上登记收、发、存金额，账册平时放在仓库。

表 1-16 材料卡片

卡片编号：

材料类别： 存放地点：

材料名称： 最高储存量：

材料规格： 计量单位：

年		凭证		收入数量	发出数量	结存数量	稽核	
月	日	名称	编号				日期	签章

（二）原材料按计划成本计价核算

原材料按计划成本核算，是指企业对库存的各种材料的收、发、存均按预先确定的计划成本在其总分类账和明细分类账中予以登记。其主要特点是：首先对各种存货进行分类，确定计划单位成本，形成存货计划成本目录。平时所有收发凭证均按存货的计划成本计价，并登记总分类账及明细分类账，存货的实际成本与计划成本的差异，通过“材料成本差异”账户进行核算。月末，通过分配材料成本差异，将发出和结存存货的计划成本调整为实际成本。

微课：原材料按计划成本计价核算概览

按计划成本计价核算一般适用于存货品种繁多、收发业务频繁，且计划成本资料比较健全的大型企业。

1.账户设置

原材料按计划成本核算涉及的主要账户有：

（1）“材料采购”账户

该账户核算计划成本法下购入材料的采购成本，属于资产类账户。该账户借方登记外购材料的实际成本和结转外购材料的节约差异，贷方登记验收入库材料的计划成本和结转外购材料的超支差异，期末借方余额反映企业在途材料的实际成本。本账户可按供货单位或材料物资类别进行分明细核算。

（2）“原材料”账户

计划成本法下，该账户核算企业库存各种原材料的计划成本，属于资产类账户。该账户借方登记验收入库的原材料的计划成本，贷方登记发出原材料的计划成本，期末借方余额反映库存原材料的计划成本。

(3)“材料成本差异”账户

该账户核算企业已入库各种材料的实际成本与计划成本的差异，属于资产类账户，也是“原材料”账户的备抵附加调整账户。该账户借方登记入库原材料超支差异和发出材料节约差异，贷方登记入库材料节约差异及发出材料超支差异，期末借方余额反映企业库存材料超支差异，贷方余额反映企业库存材料节约差异。本账户可分别“原材料”“周转材料”等存货类别或品种进行明细核算。

2.原材料取得业务账务处理

(1) 外购材料

材料按计划成本核算的一般程序及内容：原材料按计划成本计价核算，不论材料是否入库，取得的原材料都必须先通过“材料采购”账户核算，材料验收入库后，再转入“原材料”账户，同时结转材料成本差异。

与原材料按实际成本核算的账务处理一样，企业外购原材料按计划成本核算时，也要根据进货来源、采用的结算方式等不同情况进行相应账务处理。

①单货同到业务。企业在办理完款项结算并将材料验收入库后，按材料实际成本，借记“材料采购”账户；按可以抵扣的增值税，借记“应交税费——应交增值税（进项税额）”账户；按实际结算金额，贷记“银行存款”等账户。同时，按计划成本，借记“原材料”账户，贷记“材料采购”账户，并结转入库材料的材料成本差异。

【做中学1-58】2019年5月2日，宏业公司购入甲材料一批，取得的增值税专用发票上注明金额500 000元、税额65 000元；销货方代垫包装费3 000元、增值税180元，取得增值税专用发票。宏业公司开出转账支票支付全部款项，同日材料验收入库。假设该批甲材料计划成本总额为500 000元。

宏业公司账务处理如下：

5月2日，支付货款时，根据发票及有关结算凭证编制会计分录：

借：材料采购——甲材料	503 000	
应交税费——应交增值税（进项税额）	65 180	
贷：银行存款		568 180

同时，根据验收入库单结转入库材料成本及材料成本差异，编制会计分录：

借：原材料——甲材料	500 000	
贷：材料采购——甲材料		500 000
借：材料成本差异——甲材料	3 000	
贷：材料采购——甲材料		3 000

注：上述两组分录也可合并处理如下：

借：原材料——甲材料	500 000	
材料成本差异——甲材料	3 000	
贷：材料采购——甲材料		503 000

【提示】本题结转的是超支差异，若是节约差异，会计分录与上述分录相反。

②单到货未到业务。企业应按材料实际成本，借记“材料采购”账户；按允许抵扣的增值税，借记“应交税费——应交增值税（进项税额）”账户；按实际结算金额，贷

记“银行存款”等账户。待材料到达验收入库时，按计划成本，借记“原材料”账户，贷记“材料采购”账户，并结转入库材料的材料成本差异。

【做中学1-59】2019年5月5日，宏业公司采用汇兑结算方式购入乙材料一批，取得的增值税专用发票上注明金额20 000元、税额2 600元。该批材料于5月10日运达企业并验收入库。假设该批乙材料计划成本总额为21 000元。

宏业公司账务处理如下：

5月5日，根据发票账单和付款凭证编制会计分录：

借：材料采购——乙材料　　20 000

　　应交税费——应交增值税（进项税额）　　2 600

　　贷：银行存款　　22 600

5月10日，材料验收入库结转成本和材料成本差异，编制会计分录：

借：原材料——乙材料　　21 000

　　贷：材料采购——乙材料　　20 000

　　　　材料成本差异——乙材料　　1 000

③货到单未到业务。这种情况的处理与原材料按实际成本计价核算类似，月中发生的，可暂不进行账务处理，月末按材料的计划成本暂估入账；下月初用红字冲回，待单到后按单货同到业务处理。

【做中学1-60】2019年5月10日，宏业公司采用委托收款结算方式购入甲材料一批，材料已验收入库，月末发票账单仍未收到，按合同该批材料价值为31 000元。6月5日收到增值税专用发票，发票上注明金额32 000元、税额4 160元，销货方代垫保险费1 000元（未取得增值税专用发票），当日以银行存款支付全部款项。假设该批甲材料计划成本总额为31 000元。

宏业公司账务处理如下：

5月10日，甲材料验收入库，暂不作账务处理。

5月31日，按计划成本暂估价入账，编制会计分录：

借：原材料——甲材料　　31 000

　　贷：应付账款——暂估应付款　　31 000

6月1日，编制相反会计分录予以冲回：

借：应付账款——暂估应付款　　31 000

　　贷：原材料——甲材料　　31 000

6月5日，承付货款时编制会计分录：

借：材料采购——甲材料　　33 000

　　应交税费——应交增值税（进项税额）　　4 160

　　贷：银行存款　　37 160

借：原材料——甲材料　　31 000

　　材料成本差异——甲材料　　2 000

　　贷：材料采购——甲材料　　33 000

【提示】会计实务中，为了简化外购材料成本差异结转的工作量，企业平时可先不记录材料成本差异，待月末将本月已付款或已承付并已验收入库的原材料按实际成本和计划成本分别汇总，一次计算并结转本月材料成本差异。

④外购材料短缺的核算。计划成本法下外购材料短缺的核算与实际成本法下的核算大致相同，只是验收入库的部分应按计划成本计价，短缺部分与实际成本法下的处理原则完全相同。

（2）自制原材料

企业自制原材料完工验收入库应在月末根据“材料交库单”所列计划成本和有关成本计算资料所确定的实际成本，编制如下会计分录：

借：原材料（计划成本）

　　材料成本差异——原材料（超支差异）

　　贷：生产成本（实际成本）

　　　　材料成本差异——原材料（节约差异）

计划成本法下，企业接受捐赠、接受投资收到的原材料的核算与自制材料相似，此处略。

3.原材料发出业务账务处理

（1）计划成本法下发出原材料的计价

在计划成本法下，原材料的收入、发出和结存均采用计划成本进行日常核算，实际成本与计划成本的差异设置“材料成本差异”账户反映，期末计算发出存货与结存存货应分摊的成本差异，将发出存货和结存存货的计划成本调整为实际成本。具体计算公式如下：

$$\text{材料成本差异率}=\left(\begin{matrix}\text{月初结存}\\\text{材料成本差异}\end{matrix}+\begin{matrix}\text{本月入库}\\\text{材料成本差异}\end{matrix}\right)\div\left(\begin{matrix}\text{月初结存}\\\text{材料计划成本}\end{matrix}+\begin{matrix}\text{本月入库}\\\text{材料计划成本}\end{matrix}\right)\times100\%$$

发出材料应分摊的成本差异=发出材料计划成本×材料成本差异率

发出材料的实际成本=发出材料计划成本±发出材料应分摊的成本差异

结存材料的实际成本=结存材料计划成本±结存材料应分摊的成本差异

【提示】上述公式中的“材料成本差异”账户余额，在借方表示超支差异，用“+”；在贷方表示节约差异，用“-”。

如果发出材料需要随时结转材料成本差异，也可按上月材料成本差异率计算。

【做中学1-61】某公司甲材料采用计划成本法核算，2019年5月“原材料——甲材料”账户期初余额35 000元，“材料成本差异——甲材料”期初借方余额1 000元；本月购进甲材料的实际成本67 200元，计划成本65 000元；本月发出甲材料的计划成本80 000元。计算甲材料的成本差异率及本月发出甲材料与月末结存甲材料的实际成本。

公司本月发出与月末结存甲材料成本计算如下：

甲材料成本差异率=（1 000+2 200）÷（35 000＋65 000）×100％=3.2%

发出甲材料应分摊的成本差异=80 000×3.2%=2 560（元）

本月发出甲材料的实际成本=80 000+2 560=82 560（元）

月末结存甲材料应分摊的成本差异=1 000+2 200-2 560=640（元）

月末结存甲材料的实际成本=（35 000+65 000-80 000）+640=20 640（元）

（2）计划成本法下发出原材料账务处理

计划成本法下，原材料发出的总分类核算包括两方面内容。一是按计划成本结转发出材料的成本，借记有关账户，贷记“原材料”账户。二是结转发出材料应分摊的成本差异，如果是超支差异，则借记有关账户，贷记“材料成本差异”账户；如果是节约差异，则做相反会计分录。

材料成本差异必须按月分摊，不得在季末或年末一次结转。

【做中学1-62】若宏业公司对甲材料采用计划成本法核算，2019年5月31日，宏业公司编制的本月“发料凭证汇总表”见表1-17。

表1-17 发料凭证汇总表

2019年5月 金额单位：元

会计科目	领用部门及用途	甲材料计划成本	差异率	差异额
生产成本——基本生产成本	产品生产耗用	410 000	−1%	−4 100
生产成本——辅助生产成本	机修车间耗用	61 000	−1%	−610
制造费用	车间一般耗用	31 000	−1%	−310
管理费用	行政部门一般耗用	5 100	−1%	−51
销售费用	销售部门耗用	4 100	−1%	−41
合计		511 200	−1%	−5 112

宏业公司账务处理如下：

5月31日，根据发料凭证汇总表编制会计分录：

借：生产成本——基本生产成本——××产品 410 000
　　　　　　——辅助生产成本 61 000
　　制造费用 31 000
　　管理费用 5 100
　　销售费用 4 100
　　贷：原材料——甲材料 511 200

结转发出甲材料成本差异，编制会计分录：

借：材料成本差异——甲材料 5 112
　　贷：生产成本——基本生产成本——××产品 4 100
　　　　　　　　——辅助生产成本 610
　　　　制造费用 310
　　　　管理费用 51
　　　　销售费用 41

【拓展练习】

若【做中学1-62】中的材料成本差异率为+1%，宏业公司的账务处理如下：

借：生产成本——基本生产成本——××产品 4 100
　　　　　　——辅助生产成本 610
　　制造费用 310
　　管理费用 51
　　销售费用 41

贷：材料成本差异——甲材料 5 112

4.原材料明细分类核算

（1）原材料明细账

原材料明细分类核算通过设置原材料明细账进行。按计划成本计价的原材料明细账的设置与按实际成本计价的原材料明细账的设置基本相同，所不同的是，由于原材料的收发都按固定的计划成本计价，因此，平时这种材料明细账的收入和发出只记数量不记金额，月终按计划单位成本和结存数量计算出结存金额。

（2）材料采购明细账

材料采购明细分类核算是通过设置和登记材料采购明细账进行的。材料采购明细账可以按供货单位设置，也可以按物资类别或品种设置。材料采购明细账一般采用横线登记法序时逐笔登记，借方根据付款凭证或转账凭证的时间、编号顺序以及发票账单等有关凭证逐笔登记；贷方根据已付款的收料单等有关凭证，按借方登记的同批物资计划成本登记同一行次的“计划成本”栏内，并将入库材料物资的计划成本与实际成本的差额，登记在同一行次的“成本差异”栏内。月终，对已付款但尚未收到的在途物资，应逐笔转入下月的材料采购明细账，待材料物资入库时再登记。

二、周转材料核算

（一）周转材料的内容

周转材料是指企业能够多次使用、逐渐转移其价值但仍保持原有形态，又不确认为固定资产的材料，包括包装物和低值易耗品。

1.包装物

包装物是指为包装本企业产品而储备的各种包装容器，如桶、瓶、袋、箱等。企业的包装物种类繁多，按其用途不同可分为：

（1）生产过程中用于包装产品作为产品组成部分的包装物。

（2）随同商品销售不单独计价的包装物。

（3）随同商品销售单独计价的包装物。

（4）出租或出借给购货单位使用的包装物。

下列各项不属于包装物核算内容：

（1）各种包装材料，如纸、绳、铁丝等。这些属于一次性使用的包装材料，应作为原材料核算。

（2）用于储存和保管产品、材料而不对外出售、出租或出借的包装物。这类包装物应按其价值的大小和使用年限的长短，分别作为固定资产或低值易耗品管理和核算。

（3）计划上单独列作企业商品、产品的自制包装物。这类包装物应作为库存商品核算。

2.低值易耗品

低值易耗品是指单位价值较低、使用年限较短，不能作为固定资产的各种用具物品（如工具、管理用具、玻璃器皿），以及在经营过程中周转使用的包装容器等。

低值易耗品的性质属于劳动资料，可以多次参与生产周转而不改变其原有的实物形态，其价值随实物的不断磨损逐渐转化为成本费用，体现了与固定资产相似的性质。但低值易耗品价值低、易损坏、收发频繁，实际工作中为了简化管理与核算工作，通常将其列入流动资产。低值易耗品按用途一般可分为六大类：

（1）一般工具，指生产上通用的刀具、量具、夹具等生产工具和各种辅助工具。

（2）专用工具，指专门用于制造某一特定产品，或在某一特定工序上使用的工具，如专用模具等。

（3）替换设备，指容易磨损或为制造不同产品需要替换使用的各种设备，如轧钢用的钢辊等。

（4）管理用具，指在管理工作中使用的各种家具和办公用具，如桌椅、柜、计算器等。

（5）劳动保护用品，指为了安全生产而发给工人的工作服、工作鞋和各种防护用品等。

（6）其他，指不属于上述各类的低值易耗品。

（二）周转材料核算账户设置

为了核算周转材料的增减变动及结存情况，企业应设置“周转材料”账户。该账户属于资产类账户，借方登记入库周转材料的实际成本或计划成本，贷方登记发出周转材料的实际成本或计划成本以及在用周转材料的摊余价值，期末借方余额反映企业在库周转材料的计划成本或实际成本以及在用周转材料的摊余价值。“周转材料”账户下可按周转材料的种类设置二级账户“包装物”和“低值易耗品”，并在二级账户下设置“在用”、“在库”和“摊销”三级账户进行明细核算。

企业的包装物、低值易耗品也可单独设置“包装物”“低值易耗品”账户核算。

（三）周转材料账务处理

周转材料可以采用实际成本法核算，也可以采用计划成本法核算，其账务处理与原材料相似。

1.包装物典型业务账务处理

（1）包装物取得

包装物取得方式有购入、自制、委托加工等，其核算原理与原材料取得的核算相同，此处不再重述。

（2）包装物领用

①生产领用包装物。领用包装物时，应按领用包装物的实际成本，借记“生产成本”账户，贷记“周转材料——包装物”账户。采用计划成本计价核算时，应同时结转成本差异。

微课：周转材料——包装物核算

【做中学1-63】宏业公司对包装物采用计划成本核算，2019年5月6日生产产品领用包装物一批，计划成本200 000元，材料成本差异率为-3%。

宏业公司账务处理如下：

借：生产成本　　194 000

　　材料成本差异——包装物　　6 000

贷：周转材料——包装物　200 000

②随同商品销售但不单独计价的包装物。领用包装物时，应按实际成本，借记“销售费用”账户，贷记“周转材料——包装物”账户。采用计划成本计价核算时，应同时结转成本差异。

【做中学1-64】2019年5月7日，宏业公司销售商品领用不单独计价的包装物一批，计划成本为60 000元，材料成本差异率为-3%。

宏业公司账务处理如下：

借：销售费用　58 200

　　材料成本差异——包装物　1 800

　贷：周转材料——包装物　60 000

③随同商品销售并单独计价的包装物。包装物随同商品销售并单独计价，实质上就是出售包装物，其收入作为其他业务收入，其成本列为其他业务成本。即在销售发生时，按包装物实际成本，借记“其他业务成本”账户，贷记“周转材料——包装物”账户。采用计划成本计价核算时，应同时结转成本差异。

【做中学1-65】2019年5月12日，宏业公司销售商品领用单独计价的包装物一批，售价20 000元、增值税2 600元，款项已存入银行。该批包装物计划成本为16 000元，材料成本差异率为3%。

宏业公司账务处理如下：

根据收款通知、销货发票等结算凭证编制会计分录：

借：银行存款　22 600

　贷：其他业务收入　20 000

　　　应交税费——应交增值税（销项税额）　2 600

结转所售包装物成本时，按发货单编制会计分录：

借：其他业务成本　16 480

　贷：周转材料——包装物　16 000

　　　材料成本差异　480

④出租包装物。出租包装物属于企业经营业务，在包装物出租期间，企业应按双方约定收取的租金作为其他业务收入，与之对应的出租包装物的成本列为其他业务成本。

出租包装物的成本摊销一般采用一次摊销法，即包装物一经发出，其成本一次全部转销。

第一次出租包装物时，按出租包装物的实际成本，借记“其他业务成本”账户，贷记“周转材料——包装物”账户；采用计划成本计价核算时，应同时结转成本差异。按收取包装物的租金，借记“银行存款”等账户，贷记“其他业务收入”账户，涉及增值税的还应进行相应的账务处理。

以后将包装物收回再次出租时，只确定租金收入，无须再结转成本。

出租包装物不能继续使用而报废时，按其残料价值，借记“原材料”等账户，贷记“其他业务成本”账户。

【做中学1-66】2019年5月12日，宏业公司随同产品销售出租新包装箱10个，单位成本50元，约定每个包装箱租金20元（不含税）。当天收取全部租金226元（其中增值税26元），存入银行。包装物成本在领用时一次转销。

宏业公司账务处理如下：

5月12日，领用包装物转销成本时编制会计分录：

借：其他业务成本　　500

　　贷：周转材料——包装物　　500

5月12日，确认租金收入时编制会计分录：

借：银行存款　　226

　　贷：其他业务收入　　200

　　　　应交税费——应交增值税（销项税额）　　26

⑤出借包装物。出借包装物是指企业将包装物无偿提供给购货方暂时使用。出借包装物只是企业的一种促销手段，一般不向借方收取使用费，出借包装物的成本应作为销售费用。

出借包装物的成本摊销一般采用一次摊销法。

出借包装物不能继续使用而报废时，按其残料价值，借记“原材料”等账户，贷记“销售费用”账户。

【做中学1-67】2019年5月15日，宏业公司将一批铁桶出借给购货单位暂时使用，该批包装物实际成本为6 000元。出借包装物采用一次摊销法核算。

宏业公司账务处理如下：

5月15日，出借包装物时编制会计分录：

借：销售费用　　6 000

　　贷：周转材料——包装物　　6 000

⑥包装物押金处理。企业出租、出借包装物有时会收取一定的押金，收到押金时，借记“银行存款”等账户，贷记“其他应付款”账户；退回押金时做相反的会计分录。对于逾期未退包装物，按没收的押金，借记“其他应付款”账户，按应交增值税，贷记“应交税费——应交增值税（销项税额）”账户，按其差额，贷记“其他业务收入”账户。

2.低值易耗品典型业务账务处理

（1）低值易耗品取得的账务处理

企业外购、自制、委托加工完成验收入库的低值易耗品的核算，与原材料取得的核算原理相同，这里不赘述。

（2）低值易耗品摊销的账务处理

将低值易耗品价值随生产过程逐渐转移的过程分摊计入相关成本费用就是低值易耗品摊销，其摊销方法有一次摊销法、分次摊销法和五五摊销法。

微课：周转材料——低值易耗品核算

①一次摊销法。也叫一次转销法，是指在领用低值易耗品时，一次将其价值全部转入当期成本费用的摊销方法。采用该方法，在领用低值易耗品时，借记“制造费用”“管理费用”等账户，贷记“周转材料——低值易耗品”账户；如果按计划成本核算，

还应结转材料成本差异。低值易耗品报废时，将其残值冲减当月低值易耗品的摊销额，借记“原材料”等账户，贷记“制造费用”“管理费用”等账户。

【做中学1-68】2019年5月12日，宏业公司基本生产车间领用一般工具一批，实际成本4 000元。

宏业公司账务处理如下：

借：制造费用　　4 000

　　贷：周转材料——低值易耗品　　4 000

采用一次摊销法核算简单，但不能反映低值易耗品的损耗程度，并且会计账簿上一次转销而实际仍在使用中，会形成账外资产，不利于对低值易耗品的实物管理。若领用的低值易耗品价值较大，会使当期成本费用增高，不利于平衡成本费用。因此，该方法主要适用于一次领用数量不多、价值较低、使用期限较短或容易破损的低值易耗品。

②五五摊销法。在该方法下，领用低值易耗品时，先摊销其原值的50%，报废时再摊销剩余的50%。采用该方法，应在“周转材料——低值易耗品”账户下设置“在库”“在用”“摊销”三个明细账户。

【做中学1-69】2019年5月10日，宏业公司基本生产车间领用专用工具一批，实际成本为50 000元；8月16日，该批专用工具报废。假设无残值，成本结转采用五五摊销法。

宏业公司账务处理如下：

5月10日，领用专用工具时编制会计分录：

借：周转材料——低值易耗品（在用）　　50 000

　　贷：周转材料——低值易耗品（在库）　　50 000

同时摊销其50%成本：

借：制造费用　　25 000

　　贷：周转材料——低值易耗品（摊销）　　25 000

8月16日，专用工具报废时，摊销其剩余50%成本，编制会计分录：

借：制造费用　　25 000

　　贷：周转材料——低值易耗品（摊销）　　25 000

同时转销低值易耗品摊销账户，编制会计分录：

借：周转材料——低值易耗品（摊销）　　50 000

　　贷：周转材料——低值易耗品（在用）　　50 000

【提示】若报废低值易耗品有残值，应作为当月低值易耗品摊销额的减少，冲减有关成本费用账户，借记“原材料”等账户，贷记“制造费用”“管理费用”等账户。

采用五五摊销法，能够在账上反映在用低值易耗品的成本，有利于加强财物的管理，但若报废时，有关部门不能及时处理，容易造成账实不符。该方法适用于价值较大的低值易耗品。

三、委托加工物资核算

（一）委托加工物资的核算内容

受工艺、设备条件限制，企业有时需要把某些物资委托外单位加工成另一种性能和用途的物资，如将木材加工成木箱。发往外单位加工的物资，虽然暂时离开了企业，但所有权仍为委托企业，是委托企业的资产。

委托加工物资在加工过程中，既要消耗被加工的物资，还要向加工单位支付加工费和增值税，同时还要支付往返运杂费等。经过加工后，不仅物资的原有实物形态和用途发生变化，价值也相应增加。因此，委托加工物资的核算内容包括耗用物资的实际成本、加工费、加工物资往返的运输费、保险费及相关税金。

微课：委托加工物资核算

（二）委托加工物资核算账户设置

为核算委托加工物资的发出、收回和加工费的结算情况，归集与计算委托加工物资的实际成本，企业应设置“委托加工物资”账户。该账户属于资产类账户，借方登记委托加工物资的实际成本，贷方登记加工完成验收入库物资和退回剩余物资的实际成本，期末借方余额反映企业尚未完工的委托加工物资的实际成本。该账户可按加工合同、受托加工单位及加工物资的品种等进行明细核算。

（三）委托加工物资账务处理

1.发出委托加工材料

委托外单位加工物资，供应部门应与受托加工单位签订合同，规定加工物资的品种、规格、质量、原材料消耗定额、交货日期、加工费标准、结算办法及违约金等，作为双方的执行依据。委托企业发出委托加工材料时，按发出材料的实际成本，借记“委托加工物资”账户，贷记“原材料”账户；采用计划成本计价的还应结转材料成本差异。

【做中学1-70】2019年5月10日，宏业公司发出委托加工材料一批，实际成本6 790 000元，委托甲企业加工应税消费品一批。供应部门根据委托加工合同填制“委托加工物资发料单”，经审核后，由仓库据以发料。

宏业公司账务处理如下：

5月10日，根据“委托加工物资发料单”编制会计分录：

借：委托加工物资　　　　6 790 000

　　贷：原材料　　　　　　　　6 790 000

2.支付加工费及税金

受托加工单位除按照合同规定收取加工费外，还应同时收取增值税；如果委托加工的是应税消费品，还应代收代缴消费税。

委托方对增值税处理原则：加工物资用于应交增值税项目并取得增值税专用发票的一般纳税人企业，应将其作为进项税额核算，不计入委托加工物资的成本；加工物资用于免税项目，以及未取得增值税专用发票的一般纳税人企业和小规模纳税人企业，应将这部分增值税计入委托加工物资的成本。

委托方对消费税处理原则：加工物资收回直接用于销售的，应将受托方代收代缴的消费税计入委托加工物资的成本；加工物资收回后用于连续生产应税消费品的，应将受托方代收代缴的消费税记入“应交税费”账户的借方，在连续生产的消费品加工完成销售后抵减其应交消费税。

【做中学1-71】沿用【做中学1-70】资料，5月25日，支付不含税加工费120 000元，增值税15 600元，同时计算应由受托方代收代缴的消费税660 000元，全部价税款一次性以转账支票付讫。假设委托加工商品收回后用于连续生产应税消费品。

宏业公司账务处理如下：

5月25日，支付加工费、增值税和消费税时编制会计分录：

借：委托加工物资　　120 000

　　应交税费——应交消费税　　660 000

　　　　　　——应交增值税（进项税额）　　15 600

　　贷：银行存款　　795 600

3.支付往返运输费

【做中学1-72】沿用【做中学1-70】资料，5月30日，用银行存款支付往返运输费9 000元，增值税810元，合计9 810元。

宏业公司账务处理如下：

5月30日，支付往返运输费时编制会计分录：

借：委托加工物资　　9 000

　　应交税费——应交增值税（进项税额）　　810

　　贷：银行存款　　9 810

4.委托加工物资收回

【做中学1-73】沿用【做中学1-70】至【做中学1-72】资料，6月5日，上述应税消费品加工完毕，已办理验收入库手续。

宏业公司账务处理如下：

6月5日，委托加工商品验收入库时编制会计分录：

借：库存商品　　6 919 000

　　贷：委托加工物资　　6 919 000

四、库存商品核算

库存商品是指企业已经完成全部生产过程并已验收入库，可以作为商品直接对外出售的产品，以及企业从外部购入直接用于销售的商品。

（一）工业企业库存商品核算

1.库存商品核算账户设置

工业企业库存商品，主要指产成品，即企业已经完成全部生产过程并已验收入库，可以作为商品直接对外出售的产品。企业接受来料加工制造的代制品和为外单位加工修理的代修品视同企业的产成品。

为了反映和监督企业库存商品的增减变动及其结存情况，企业应设置“库存商品”账户。该账户属于资产类账户，借方登记验收入库库存商品的成本，贷方登记发出库存商品的成本，期末借方余额反映库存商品的成本。本账户可按库存商品的种类、品种和规格等进行明细核算。

2.库存商品核算方法

库存商品既可采用实际成本核算，也可以采用计划成本核算，其账务处理与原材料相似。核算方法一经确定，不得随意变更，如需变更，应在财务报表附注中予以说明。

工业企业的产成品一般按实际成本进行核算，产品完工验收入库时，按产成品的成本，借记“库存商品”账户，贷记“生产成本——基本生产成本”账户。销售等发出产成品的实际成本，可以采用先进先出法、月末一次加权平均法、移动加权平均法和个别计价法计算确定，借记“主营业务成本”等账户，贷记“库存商品”账户。盘盈和盘亏的库存商品的核算，比照原材料核算进行账务处理。

产成品种类较多的企业，也可按计划成本进行日常核算，实际成本与计划成本的差异，可以单独设置“产品成本差异”账户，比照“材料成本差异”账户核算。

【做中学1-74】2019年5月31日，宏业公司“产成品入库汇总表”见表1-18。

表1-18　产成品入库汇总表

2019年5月31日　　金额单位：元

产品名称	规格型号	计量单位	数量	单位成本	总成本
甲产品		件	1 000	60	60 000
乙产品		件	2 000	70	140 000
合计					200 000

会计：林森　　复核：赵四　　仓库保管：李红　　制单：王平

宏业公司账务处理如下：

5月31日，产品验收入库时编制会计分录：

借：库存商品——甲产品　　60 000

　　　　　　——乙产品　　140 000

　贷：生产成本——基本生产成本（甲产品）　　60 000

　　　　　　　——基本生产成本（乙产品）　　140 000

【做中学1-75】2019年5月31日，宏业公司“产成品出库汇总表”见表1-19。

表1-19　产成品出库汇总表

2019年5月31日　　金额单位：元

产品用途	产品名称	规格型号	计量单位	数量	单位成本	总成本
销售	甲产品		件	800	60	48 000
	乙产品		件	1 000	70	70 000
合计						118 000

会计：林森　　复核：赵四　　仓库保管：李红　　制单：王平

宏业公司账务处理如下：

5月31日，结转已销商品生产成本时编制会计分录：

借：主营业务成本——甲产品　　48 000

　　　　　　　　——乙产品　　70 000

　贷：库存商品——甲产品　　48 000

　　　　　　　——乙产品　　70 000

（二）商品流通企业库存商品核算

商品流通企业是指所有独立从事商品流通活动的企业，是通过低价购进、高价卖出方式实现商品进销差价，以弥补企业各项费用和支出，获得利润的企业。商品流通企业经营活动的主要内容是商品购销，其核算方法有按进价和售价核算两大类。

1.数量进价金额核算法

（1）数量进价金额核算法的含义

数量进价金额核算法是以实物数量和进价金额两种计量单位，反映商品进、销、存情况的一种方法。在该方法下，财会部门对库存商品总账和明细账的进、销、存金额均按进价记载。该方法一般适用于流通企业的批发业务。

微课：数量进价金额核算法

（2）数量进价金额核算法下账户设置

对已支付货款或已签发商业汇票、但尚未运抵企业验收入库商品的实际成本，应通过“在途物资”账户核算。

核算企业验收入库商品的实际成本，应通过“库存商品”账户核算。

（3）数量进价金额核算法下商品购进与销售成本结转的账务处理

数量进价金额核算法下商品购进业务的核算与实际成本法下原材料购进业务核算原理相似，此处从略。

对于企业已售商品成本结转，除先进先出法、月末一次加权平均法、移动加权平均法和个别计价法外，还可采用毛利率法。批发企业经营的商品品种多，用前四种方法计算商品销售成本工作量大，为简化平时结转商品销售成本的手续，在每个季度的前两个月可以采用毛利率法匡算商品销售成本，在季末最后一个月份，再采用先进先出法或月末一次加权平均法等计算确定商品销售成本，以保证商品销售成本最终计算的准确性。

毛利率法是用本期销售净额乘以上期实际（或本期计划）毛利率匡算本期销售毛利，并据以计算发出存货和期末存货成本的一种方法。计算公式如下：

毛利率=（销售毛利÷销售净额）×100%

销售净额=销售收入-销售退回与折让

本期销售成本=本期销售净额×（1-毛利率）

期末存货成本=期初存货成本+本期购货成本-本期销售成本

【做中学1-76】某企业批发经营甲类商品，2019年一季度的毛利率为20%，二季度的进货成本540万元，4月初甲类商品的结存金额为150万元，4月份、5月份、6月份甲类商品销售额分别为200万元、180万元、250万元。6月份按月末一次加权平均法计算的甲类商品结存金额为165万元。

该公司2019年二季度各月份商品销售成本计算如下：

4月份商品销售成本=2 000 000×（1-20%）=1 600 000（元）

5月份商品销售成本=1 800 000×（1-20%）=1 440 000（元）

6月份商品销售成本=1 500 000+5 400 000-1 600 000-1 440 000=3 860 000（元）

上述计算的6月份商品销售成本386万元中，包含了6月份的实际销售成本，也包含了4、5月份因采用毛利率匡算商品销售成本所产生的误差。

以6月份为例，编制结转商品销售成本的会计分录：

借：主营业务成本　　3 860 000

　　贷：库存商品　　3 860 000

2.售价金额核算法

(1) 售价金额核算法的含义

售价金额核算法是指平时商品的购进与销售均按售价记账，售价与进价的差额通过专设账户“商品进销差价”核算，期末计算进销差价率和本期已售商品应分摊的进销差价，并据以调整本期销售成本的一种方法。售价金额核算法一般适用于零售企业的商品核算。

微课：售价金额核算法

在该方法下，企业应建立实物负责制，将所经营的全部商品按品种、类别及管理的需要划分为若干实物负责小组，确定实物负责人，实物负责人对其所经营的商品负全部经济责任。库存商品总分类账和明细分类账都按商品的售价记账，库存商品明细分类账按实物负责人或小组分户，只记售价金额不记实物数量。对于库存商品进价与售价的差额，应设置“商品进销差价”账户核算，并在期末计算和分摊已售商品的进销差价。

(2) 售价金额核算法下账户设置

售价金额核算法下库存商品核算主要涉及两个账户：

①“库存商品”账户。该账户属于资产类账户，借方登记验收入库商品的售价，贷方登记发出商品的售价，期末借方余额反映库存商品的售价。本账户可按商品类别或实物负责人进行明细核算。

②“商品进销差价”账户。该账户核算库存商品进价与售价的差额。该账户属于资产类账户，也是“库存商品”账户的备抵调整账户，贷方登记购进、加工收回以及销售退回等增加的商品进销差价，借方登记转出已售商品实现的进销差价，期末贷方余额反映库存商品应分担的进销差价。本账户可按商品类别或实物负责人进行明细核算。

(3) 售价金额核算法下商品购进与销售成本结转的账务处理

①商品购进。售价金额核算法与数量进价金额核算法的最大区别在于，库存商品按售价记账，商品验收入库时应确认商品进销差价。

A.单货同到业务。

【做中学1-77】2019年5月2日，中山百货商场购入商品一批，增值税专用发票上注明金额10 000元、税额1 300元，款项以银行存款支付。商品由百货组验收，零售价合计17 000元（含税）。

中山百货商场账务处理如下：

借：库存商品——百货组	17 000	
应交税费——应交增值税（进项税额）	1 300	
贷：银行存款		11 300
商品进销差价——百货组		7 000

B.单到货未到业务。

【做中学1-78】2019年5月5日，中山百货商场从外地购进甲商品，增值税专用发票上注明金额30 000元、税额3 900元；支付进货运费2 300元、增值税207元，取得增值税专用发票。5月10日，商品运达，交由服装组验收入库，计售价43 500元。

中山百货商场账务处理如下：

5月5日，支付货款时编制会计分录：

借：商品采购　　32 300

　　应交税费——应交增值税（进项税额）　　4 107

　　贷：银行存款　　36 407

5月10日，商品验收入库时编制会计分录：

借：库存商品——服装组　　43 500

　　贷：商品采购　　32 300

　　　　商品进销差价——服装组　　11 200

C.货到单未到业务。

【做中学1-79】2019年5月10日，中山百货商场从外地购进商品一批，货物收到并由食品组验收，该批货物售价7 800元。5月20日，收到增值税专用发票，注明金额5 000元、税额650元。5月22日支付全部款项。

中山百货商场账务处理如下：

5月10日，商品验收入库，暂不作账务处理。

5月22日，支付款项时编制会计分录：

借：库存商品——食品组　　7 800

　　应交税费——应交增值税（进项税额）　　650

　　贷：银行存款　　5 650

　　　　商品进销差价——食品组　　2 800

②商品销售成本的计算与结转。企业商品销售实现的同时，必须先按含税价结转商品销售成本，以调整实物负责人的经济责任。但因为商品的售价中包含了商品的采购成本和进销差价，按售价结转的商品销售成本不是真正意义上的商品销售成本，只有将商品进销差价从按售价结转的销售成本中剔除，才能反映真实的商品销售成本。因此，在月末需要通过计算商品进销差价率，确认已销商品的进销差价，并据以调整商品销售成本。计算公式如下：

$$\text{商品进销差价率}=\left(\frac{\text{期初库存}}{\text{商品进销差价}}+\frac{\text{本期购进}}{\text{商品进销差价}}\right)\div\left(\frac{\text{期初库存}}{\text{商品售价}}+\frac{\text{本期购进}}{\text{商品售价}}\right)\times 100\%$$

本期销售商品应分摊的商品进销差价=本期商品销售收入×商品进销差价率

本期销售商品成本=本期商品销售收入–本期销售商品应分摊的商品进销差价

期末库存商品成本=期初库存商品进价成本+本期购进商品进价成本–本期销售商品成本

企业的商品进销差价率各期之间一般是比较均衡的，因此，也可以采用上期商品进销差价率计算分摊本期的商品进销差价。年度终了，应对商品进销差价进行核实调整。

【做中学1-80】中山百货商场2019年5月份期初库存商品进价成本为100万元，售价总额为110万元，本月购进的该商品进价成本为75万元，售价总额为90万元，本月销售收入为120万元。

中山百货商场5月份商品进销差价率及已销商品应分摊的商品进销差价计算如下：

商品进销差价率=（10+15）÷（110+90）×100%=12.5%

已销商品应分摊的商品进销差价=120×12.5%=15（万元）

结转销售成本及进销差价，编制会计分录：

借：主营业务成本　　1 050 000

　　商品进销差价　　150 000

　贷：库存商品　　1 200 000

五、存货清查核算

（一）存货清查的定义

存货清查是指通过对存货的实地盘点，确定存货的实有数量，并与账面结存数核对，从而确定存货实存数与账面结存数是否相符的一种专门方法。由于存货种类繁多、收发频繁，在日常收发过程中可能发生计量计算错误、自然损耗、损坏变质以及贪污盗窃等情况，造成账实不符，形成存货的盘盈、盘亏和毁损。对于存货盘盈、盘亏情况，企业应填写存货盘点报告单，及时查明原因，并按照规定程序报批处理。

（二）存货数量的盘存方法

1.永续盘存制

永续盘存制，也称账面盘存制，是指以账簿记录为依据来确认财产物资结存数量的一种方法。在这种方法下，平时对各项财产物资的增减变动都要根据会计凭证在有关的账簿中进行连续登记，并根据"期初账面余额+本期增加额-本期减少额=期末账面余额"的关系式随时结出期末账面余额。

永续盘存制下，平时对财产物资的收发都有严密的手续，能够及时反映财产物资的增减变动和结存情况，有利于加强财产物资的管理。其不足之处在于核算工作量大，同时由于账簿中记录的财产物资的增减变动及结存情况都是根据有关会计凭证登记的，其账面结存数与实存数有可能不符。因此，采用永续盘存制的企业，仍然需要对各项财产物资进行清查，以确保账实相符。

2.实地盘存制

实地盘存制，是指在会计期末以具体盘点实物的结果为依据来确定财产物资结存数量的一种方法。这种方法下，平时只根据会计凭证在账簿中登记财产物资的增加额，暂不登记减少额，月末通过对财产物资的实地盘点确定期末实存数，以此作为账面余额，然后根据"期初账面余额+本期增加额-期末实存数=本期减少额"的关系式计算出本期减少额，并据以登记账簿。

实地盘存制下，平时对财产物资的减少额不作账簿记录，大大简化了核算手续。但核算手续不严密，不能及时反映财产物资的增减变动和结存情况，所确定的耗用数额也不够准确，对管理中存在的问题不易发现，难以利用账簿记录来加强财产物资的管理。因此，该方法通常只适用于数量较多、变动频繁、平时难以计算耗用数量的财产物资。

企业可以根据存货的类别和管理要求，对有些存货采用永续盘存制，而对另一些存货采用实地盘存制，但不论采用何种方法，前后各期应保持一致。

（三）存货清查核算账户设置

为核算企业在财产清查中发现的各种存货盘点盈亏和毁损情况，企业应设置"待处理财产损溢"账户。该账户属于资产类账户，借方登记存货的盘亏、毁损金额及盘盈的转销金额，贷方登记存货的盘盈金额及盘亏的转销金额。企业清查发现的各种存货损溢，应在期末结账前处理完毕，期末处理后，本账户应无余额。

（四）存货清查结果账务处理

1.存货盘盈

存货盘盈是指存货的实存数大于账存数。企业发生存货盘盈，应及时办理存货入账手续，按重置成本调整账面记录，借记“原材料”“周转材料”等账户，贷记“待处理财产损溢——待处理流动资产损溢”账户；待有关部门批准后，借记“待处理财产损溢——待处理流动资产损溢”账户，贷记“管理费用”账户。

【做中学1-81】2019年5月31日，宏业公司在财产清查中盘盈A材料2 000千克，实际单位成本50元，经查属于材料收发计量错误。

宏业公司账务处理如下：

批准处理前，调整存货账面记录，编制会计分录：

借：原材料——A材料　　100 000

　　贷：待处理财产损溢——待处理流动资产损溢　　100 000

经批准处理后编制会计分录：

借：待处理财产损溢——待处理流动资产损溢　　100 000

　　贷：管理费用　　100 000

2.存货盘亏和毁损

存货盘亏是指存货的实存数小于账存数。存货毁损是指由于自然灾害、人为过失所造成的毁损。企业发生存货盘亏和毁损时，批准前应先按存货的账面价值调整存货的账面记录，借记“待处理财产损溢——待处理流动资产损溢”“存货跌价准备”等账户，按存货的账面余额，贷记“原材料”等账户，涉及增值税的还应进行相应处理。存货盘亏和毁损按规定管理权限报经批准后分别以下不同情况处理：

（1）属于自然损耗产生的定额内损耗，经批准后转作管理费用，即借记“管理费用”账户，贷记“待处理财产损溢——待处理流动资产损溢”账户。

（2）属于收发计量差错和管理不善等原因造成的存货短缺或毁损，应先扣除残料价值、可收回的保险赔偿和过失人的赔偿，然后将净损失计入管理费用。即：按残料价值，借记“原材料”等账户；按可收回的保险赔偿，借记“其他应收款”账户；按“待处理财产损溢”账户余额，贷记“待处理财产损溢——待处理流动资产损溢”账户；按上述借贷方差额，借记“管理费用”账户。

（3）属于自然灾害等不可抗力造成的存货毁损，应先扣除残料价值和可收回的保险赔偿，然后将净损失转作营业外支出。即：按残料价值，借记“原材料”等账户；按可收回的保险赔偿，借记“其他应收款”账户；按“待处理财产损溢”账户余额，贷记“待处理财产损溢——待处理流动资产损溢”账户；按上述借贷方差额，借记“营业外支出——非常损失”账户。

【做中学1-82】2019年6月31日，宏业公司进行期末财产清查，发现毁损B材料200千克，实际单位成本200元，该批材料已抵扣进项税额5 200元。经查毁损属于保管员过失造成，按规定个人赔偿30 000元，残料价值4 000元，已办理入库手续。

宏业公司账务处理如下：

批准处理前，调整存货账面记录，编制会计分录：

借：待处理财产损溢——待处理流动资产损溢 45 200

　　贷：原材料——B材料 40 000

　　　　应交税费——应交增值税（进项税额转出） 5 200

经批准处理后编制会计分录：

借：其他应收款 30 000

　　原材料 4 000

　　管理费用 11 200

　　贷：待处理财产损溢——待处理流动资产损溢 45 200

【练一练1-2】某公司因台风造成一批库存材料毁损，实际成本60 000元，增值税7 800元，根据保险合同规定，应由保险公司赔偿40 000元。

要求：请编制相关会计分录。

答案

【知识拓展】《小企业会计准则》规定，盘盈存货实现的收益应记入“营业外收入”账户，盘亏存货发生的损失应记入“营业外支出”账户。

六、存货期末计量与减值核算

（一）存货期末计量

企业期末存货的价值通常以历史成本计量。由于存货毁损、过时等原因，企业持有存货的可变现净值会下跌到成本以下，如果期末存货仍以历史成本计量，就会出现虚增资产的现象。因此，为了在资产负债表中更合理地反映期末存货的价值，企业应当选择适当的计量方法对期末存货进行计价。

微课：存货期末计量

我国企业会计准则规定，期末存货应按成本与可变现净值孰低法计量。

（二）成本与可变现净值孰低法

成本与可变现净值孰低法是指期末存货按照成本与可变现净值之中的较低者计价的方法。

“成本”是指期末存货的实际成本。“可变现净值”是指存货预计未来净现金流量，即存货估计售价减去至完工时估计将要发生的成本、销售费用以及相关税费后的金额。其中，该存货估计售价的计算确定与是否签订销售合同有关：签有不可撤销合同的，应以合同价格为估计售价；未签销售合同的，应以市场销售价格为估计售价。

存货可变现净值的确定方法如图1-14所示。

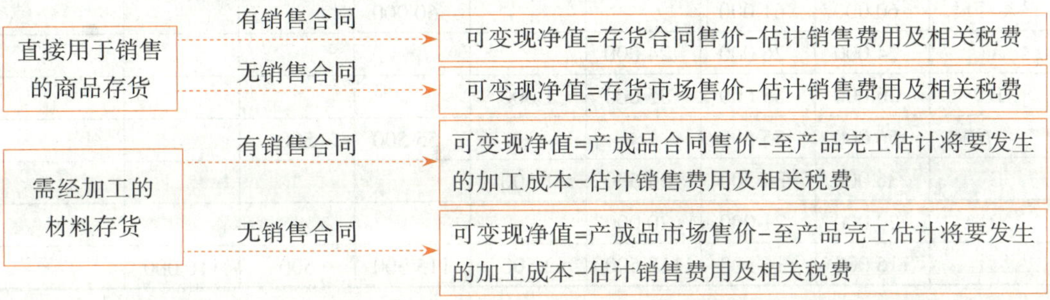

图1-14 存货可变现净值的确定方法

【做中学1-83】2019年6月30日，甲企业有一批库存商品，数量200件，实际成本120元/件，市场不含税售价150元/件，如果销售，估计将要发生的销售费用和相关税费10元/件。假设甲企业曾于5月6日与A公司签订一份不可撤销合同，双方约定：甲企业向A公司销售库存商品120件，合同不含税售价140元/件。

2019年6月30日该批库存商品可变现净值计算如下：

签订合同的120件可变现净值=（140-10）×120=15 600（元）

未签合同的80件可变现净值=（150-10）×80=11 200（元）

【做中学1-84】2019年6月30日，甲公司“原材料——钢材”账户余额600 000元，市场销售价格550 000元。该批钢材可用于生产C型机器1台。由于钢材的市场销售价格下降，以该批钢材为原材料生产的C型机器的市场销售价格由1 500 000元下降为1 350 000元，但其生产成本仍为1 400 000元。估计将该批钢材加工成C型机器尚需投入800 000元，估计销售费用及相关税费50 000元。

2019年6月30日该批钢材的可变现净值计算如下：

可变现净值=1 350 000-800 000-50 000 = 500 000（元）

（三）存货跌价准备的计提

根据成本与可变现净值孰低法，期末是否应计提存货跌价准备，首先应比较期末存货成本与可变现净值。如果存货的成本低于可变现净值，期末存货价值等于存货的账面成本，无须计提存货跌价准备；如果存货的成本高于可变现净值，企业应计提存货跌价准备，将存货的账面成本调整为可变现净值。

企业会计准则规定，期末存货成本与可变现净值的比较方法有单项比较法、分类比较法、总额比较法三种。其中，单项比较法是指将每种存货的成本与可变现净值进行比较；分类比较法是指将每一类存货的成本与可变现净值进行比较；总额比较法是指将全部存货的总成本与可变现净值总额进行比较。

【做中学1-85】宏业公司有A、B、C、D四种存货，按其性质可分为甲、乙两类。2019年12月31日存货的成本与可变现净值，以及不同比较法下，存货的价值及应计提的跌价准备计算见表1-20。

表1-20 期末存货成本与可变现净值比较表 金额单位：元

项目	成本	可变现净值	单项比较法		分类比较法		总额比较法	
			期末计价	应提准备	期末计价	应提准备	期末计价	应提准备
甲类存货	60 000	61 000			60 000			
A	24 000	26 000	24 000					
B	36 000	35 000	35 000	1 000				
乙类存货	56 000	55 500			55 500	500		
C	36 000	34 500	34 500	1 500				
D	20 000	21 000	20 000					
总计	116 000	116 500	113 500	2 500	115 500	500	116 000	

从表1-19的计算结果可以看出，单项比较法计算的期末存货价值最低，分类比较

法次之，总额比较法最高。这说明比较得越细致，结果越准确，越符合稳健性原则，但计算工作量也越大。

企业会计准则规定，企业通常应按单项比较法计提存货跌价准备。与在同一地区生产和销售的产品系列相关、具有相同或类似最终用途或目的，且难以与其他项目分开计量的存货，可以合并计提存货跌价准备；对于数量繁多、单价较低的存货，可以按存货类别计提存货跌价准备。

（四）存货减值账务处理

1.存货减值核算账户设置

为核算存货跌价准备的计提和冲销情况，企业应设置“存货跌价准备”账户。该账户属于资产类账户，贷方登记计提的存货跌价准备金额，借方登记实际转销的存货跌价准备金额及转回的存货跌价准备金额，期末余额贷方反映企业已计提但尚未转销的存货跌价准备金额。“存货跌价准备”账户是有关存货账户的备抵调整账户，有关存货账户的期末借方余额减去本账户的期末贷方余额等于期末存货的账面价值。

微课：存货减值核算

2.存货减值账务处理

（1）存货跌价准备的计提

资产负债表日，当存货可变现净值低于成本时，若存货跌价准备应提数大于已提数，应予补提存货跌价准备，借记“资产减值损失——计提的存货跌价准备”账户，贷记“存货跌价准备”账户。

【做中学1-86】沿用【做中学1-85】资料，以表1-20所列单项比较法确认的跌价损失为基础，首次计提存货跌价准备，应编制会计分录如下：

借：资产减值损失——计提的存货跌价准备　　2 500
　　贷：存货跌价准备——B存货　　1 000
　　　　　　　　　　——C存货　　1 500

（2）存货跌价准备的转回

当以前减记存货价值的影响因素消失，减记的金额应当予以恢复，并在原已计提的存货跌价准备金额内转回（即以“存货跌价准备”余额冲减至零为限），转回金额计入当期损益，借记“存货跌价准备”账户，贷记“资产减值损失”——计提的存货跌价准备账户。

【做中学1-87】某股份公司A存货2017年至2019年年末数量相等，其他资料如下：2017—2019年年末A存货的实际成本均为50 000元，2017年、2018年和2019年年末可变现净值分别为47 000元、43 000元和48 500元。

该股份有限公司各年应提的存货跌价准备金额及账务处理如下：

2017年年末应计提的存货跌价准备=50 000−47 000=3 000（元）

借：资产减值损失——计提的存货跌价准备　　3 000
　　贷：存货跌价准备——A存货　　3 000

2018年年末应计提的存货跌价准备=50 000−43 000−3 000=4 000（元）

借：资产减值损失——计提的存货跌价准备　　4 000

贷：存货跌价准备——A存货　　4 000

2019年年末应计提的存货跌价准备=50 000−48 500−7 000=−5 500（元）（负号表示转回）

借：存货跌价准备——A存货　　5 500

贷：资产减值损失——计提的存货跌价准备　　5 500

（3）存货跌价准备的结转

企业计提了存货跌价准备，如果其中有部分存货已经销售，则企业在结转销售成本时，应同时结转相应已计提存货跌价准备，借记“存货跌价准备”账户，贷记“主营业务成本”“其他业务成本”账户。对于因债务重组、非货币性资产交换转出的存货，也应同时结转已计提的存货跌价准备。

【做中学1-88】甲公司2018年年末库存A机器4台，每台成本为5 000元，存货跌价准备余额为5 000元。2019年该公司将库存的4台机器全部以每台6 000元的价格售出，适用增值税税率13%，货款已收到。

甲公司相关账务处理如下：

收到销货款确认收入时编制会计分录：

借：银行存款　　27 120

贷：主营业务收入　　24 000

应交税费——应交增值税（销项税额）　　3 120

结转销售成本和存货跌价准备时编制会计分录：

借：主营业务成本　　15 000

存货跌价准备——A机器　　5 000

贷：库存商品——A机器　　20 000

七、存货列报

存货在资产负债表中的列示见表1-21。

表1-21　资产负债表

编制单位：　　2019年12月31日　　单位：元

资　产	期末余额	上年年末余额	负债和所有者权益（或股东权益）	期末余额	上年年末余额
流动资产					
……					
存货	4 566 158.00				
……					

“存货”项目，反映企业期末在库、在途和在加工中的各种存货的账面价值。本项目应根据“材料采购（或在途物资）”“原材料”“周转材料”“库存商品”“发出商品”“委托加工物资”“生产成本”“受托代销商品”等账户的期末余额合计，减去“受托代销商品款”“存货跌价准备”账户期末余额后的金额填列。材料采用计划成本核算，以及库存商品采用计划成本核算或售价核算的企业，按在上述基础上加或减“材料成本差

异”“商品进销差价”后的金额填列。

【做中学1-89】2019年12月31日，宏业公司存货相关账户余额见表1-22。

表1-22　宏业公司存货相关账户余额

2019年12月31日　金额单位：元

总账账户	明细账户	余额		备注
		借方	贷方	
在途物资		908 370.00		
	安达公司	908 370.00		B材料30 000千克
原材料		974 000.00		
	A材料	301 200.00		6 000千克，单价50.20元
	B材料	152 500.00		5 000千克，单价30.50元
	C材料	40 000.00		2 000千克，单价20.00元
	其他材料	480 300.00		
周转材料		150 000.00		
	乙产品包装箱	150 000.00		15 000个，单价10.00元
委托加工物资		45 000.00		
	木箱	45 000.00		
库存商品		2 290 000.00		
	甲产品	504 000.00		1 200件，单价420.00元
	乙产品	286 000.00		1 000件，单价286.00元
	其他产品	1 500 000.00		
生产成本		198 788.00		
	基本生产成本——甲产品	115 556.00		月末在产品
	基本生产成本——乙产品	83 232.00		月末在产品

2019年12月31日，宏业公司的上述信息应该在资产负债表“存货”项目中列报。

“存货”项目金额=908 370+974 000+150 000+45 000+2 290 000+198 788

=4 566 158（元）

任务内容导图

本任务内容导图如图1-15所示。

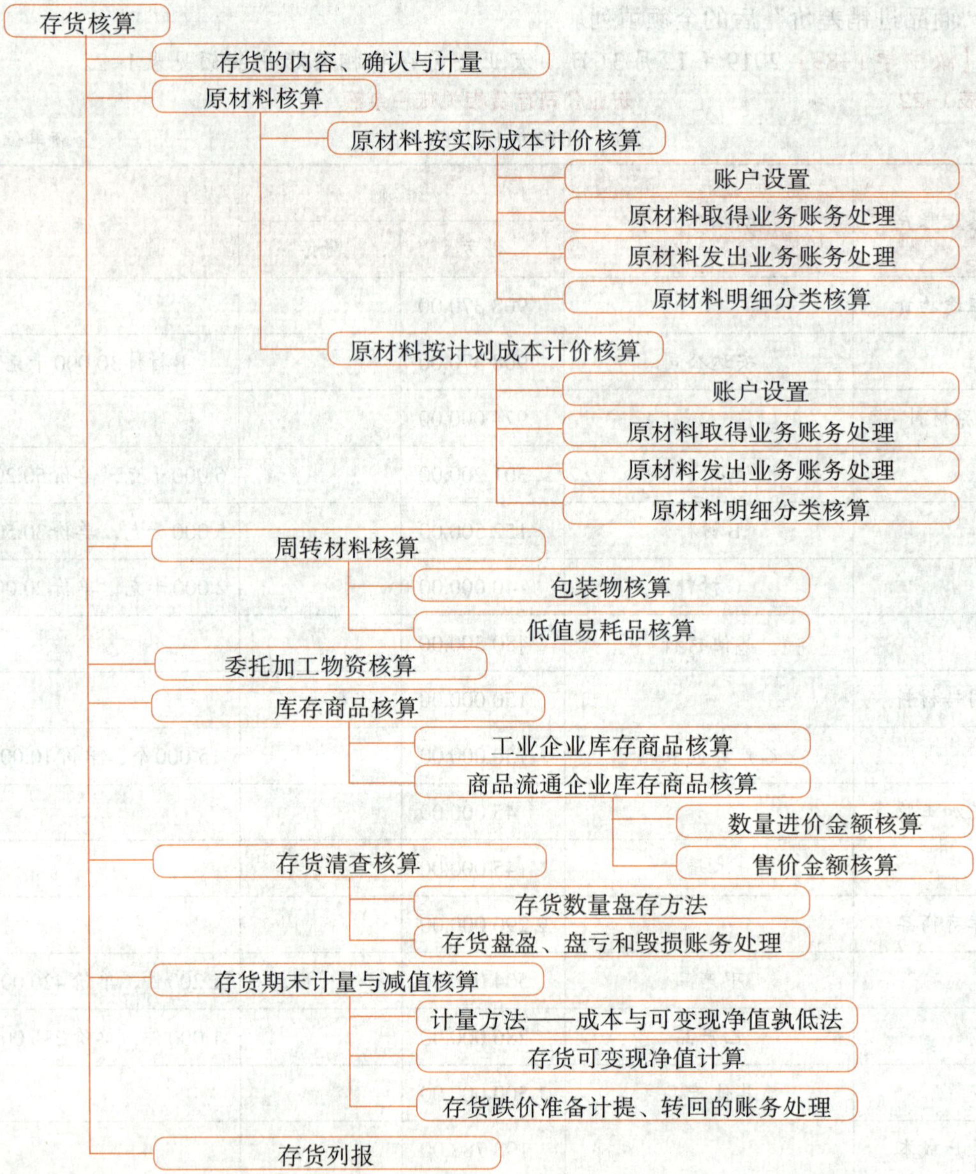

图1-15 本任务内容导图

复习思考题

1. 什么是存货？存货可进行怎样的分类？

2. 不同来源渠道取得的存货实际成本构成内容有什么不同？

3. 实际成本法下原材料发出业务有哪些计价方法？这些计价方法的优缺点和适用范围如何？

4. 按实际成本计价，外购原材料和发出原材料如何进行账务处理？

5. 按计划成本计价，外购原材料和发出原材料如何进行账务处理？

6. 什么是周转材料？周转材料有哪些成本摊销方法？如何进行账务处理？

7. 什么是委托加工物资？委托加工物资成本如何确认？如何进行委托加工物资的账务处理？

8. 商品流通企业库存商品的核算方法有哪些？简要说明其内容。

9. 存货盘盈与盘亏如何进行账务处理？

10. 我国企业会计准则规定的存货期末计量原则是什么？如何确定存货的可变现净值？存货跌价应作怎样的账务处理？

11. 资产负债表中“存货”项目应怎样填列？

任务五　固定资产核算

知识点1-5　固定资产的特征、确认与分类

固定资产是企业在生产经营过程中用来改变和影响劳动对象的劳动资料。在企业的生产经营过程中，有的劳动资料直接参与生产经营过程，如机器设备和工具；有的劳动资料对生产经营起辅助作用，如运输、传导和动力设备；有的劳动资料则作为生产经营必备的物质条件而存在，如房屋、建筑物。固定资产在生产经营过程中无论发挥何种作用，都有其共同的特点，即可持续作用于若干个生产经营过程，并在使用过程中保持其原有的实物形态不变，但其价值随着固定资产的磨损逐步转移到产品成本或各期的费用之中，构成产品制造成本或期间费用，即固定资产的实物形态与其价值形态相背离。

一、固定资产的特征

固定产资是指为生产商品、提供劳务、出租或经营管理而持有的，使用寿命超过一个会计年度，单位价值较高的有形资产。具体来说，固定资产具有以下特征：

（1）为生产商品、提供劳务、出租或经营管理而持有。企业持有固定资产的目的是生产商品、提供劳务、出租或经营管理。这意味着企业持有固定资产是用来作为企业的劳动工具或手段，而不是用于直接出售。

【提示】上述所谓出租的固定资产，仅指以经营租赁方式出租的机器设备类固定资产，不包括建筑物（以经营方式出租的建筑物属于投资性房地产）。

（2）使用寿命超过一个会计年度。固定资产的使用寿命是指企业使用固定资产的预计期间，或者该固定资产所能生产产品或提供劳务的数量。例如，自用房屋建筑物的使用寿命，表现为该建筑物的预计使用年限；机器设备或运输设备等的使用寿命，表现为该固定资产所能生产产品或提供劳务的数量，如发电设备按其预计发电量估计使用寿命，汽车或飞机等按其预计行驶里程估计使用寿命。固定资产的使用寿命超过一个会计年度，意味着固定资产属于非流动资产。

（3）固定资产是有形资产。这一特征将固定资产与无形资产区别开来。

二、固定资产的确认

固定资产在符合其定义的前提下，同时满足以下两个条件，才能加以确认：

（一）与该固定资产有关的经济利益很可能流入企业

在实务中，判断与固定资产有关的经济利益是否很可能流入企业，主要依据为是否取得该固定资产的所有权。但固定资产所有权是否转移不是判断与固定资产所有权相关的风险和报酬是否转移给企业的唯一标志。在有些情况下，固定资产的所有权虽然不属于企业，但企业能够控制与该固定资产有关的经济利益流入企业，这就意味着与该固定资产所有权相关的风险和报酬实质上已转移给企业，这时企业应对该项固定资产予以确认，如融资租入固定资产应视为租入企业的自有固定资产。

（二）固定资产的成本能够可靠计量

企业在确定固定资产成本时必须取得确凿证据。有时，企业需要根据所获得的最新资料对固定资产的成本进行合理的估计。例如，企业对于已达到预定可使用状态但尚未办理竣工决算的固定资产，需要根据工程预算、工程造价或者工程实际发生的成本等资料，按估计价值确定其成本，办理竣工决算后，再按照实际成本调整原来的暂估价值。

在实务中，企业应按固定资产的定义和确认条件，综合考虑企业的具体情况，制定本企业的固定资产目录，对固定资产进行核算。应特别注意以下特殊情况：

（1）环保设备和安全设备的使用虽然不能直接为企业带来经济利益，但有助于企业从相关资产中获得经济利益，或者减少企业未来经济利益的流出，因此，企业应将其确认为固定资产。

（2）固定资产的各组成部分，如果具有不同的使用寿命或者是以不同的方式为企业提供经济利益，从而适用不同的折旧率或者折旧方法，此时，各组成部分实际上是以独立的方式为企业提供经济利益的，企业就应将各组成部分单独确认为固定资产。

（3）工业企业持有的工具、模具、管理用具、玻璃器皿等资产，应当根据实际情况进行核算和管理。如果这些资产项目符合固定资产的定义及其确认条件，应当确认为固定资产；如果不符合固定资产的定义或没有满足固定资产的确认条件，就不应当确认为固定资产，而应当作为流动资产进行核算和管理。

三、固定资产的分类

固定资产种类繁多、规格不一，为了加强管理，有必要对其进行科学、合理的分类。下面介绍两种分类方法。

（一）按经济用途分类

按经济用途，固定资产可分为生产经营用固定资产和非生产经营用固定资产。

（1）生产经营用固定资产，是指直接服务于企业生产经营过程的各种固定资产。如生产经营用房屋、机器、设备、器具、工具等。

（2）非生产经营用固定资产，是指不直接服务于企业生产经营过程的各种固定资产，如食堂、托儿所、医务室、职工宿舍等。

（二）综合分类

综合考虑资产的经济用途和使用情况，固定资产可分为以下七大类：

（1）生产经营用固定资产。

（2）非生产经营用固定资产。

（3）租出固定资产。是指以经营租赁方式出租给外单位使用的固定资产。

（4）不需用固定资产。是指在生产经营中不需用的固定资产。

（5）未使用固定资产。是指已购建但尚未投入使用的固定资产和因改扩建而暂时停止使用的固定资产，但不包括由于季节性或大修理等原因而暂停使用的固定资产。

（6）土地。是指过去已经估价单独入账的土地。

（7）融资租入固定资产，是指企业以融资租赁方式租入的固定资产。

技能点1-5　固定资产核算与列报

一、固定资产取得核算

（一）固定资产取得核算账户设置

固定资产取得核算需要设置“工程物资”“在建工程”“固定资产”等账户。

微课：固定资产取得核算

1.“工程物资”账户

该账户属于资产类账户，核算企业为在建工程准备的各种专用物资的成本。该账户借方登记企业购入工程专用物资的成本，贷方登记领用专用工程物资的成本，期末借方余额反映企业为在建工程准备的各种专用物资的成本。本账户可按“专用材料”“专用设备”“工器具”等进行明细核算。

2.“在建工程”账户

该账户属于资产类账户，核算企业固定资产新建、改造和大修理等工程所发生的实际成本。该账户借方登记企业各项在建工程发生的成本支出，贷方登记完工工程转出的成本，期末借方余额反映企业尚未达到预定可使用状态的在建工程的实际成本。本账户可按“建筑工程”“安装工程”以及单项工程等进行明细核算。

3.“固定资产”账户

该账户属于资产类账户，核算固定资产的原始价值。该账户借方登记企业增加固定资产的原始价值，贷方登记企业减少固定资产的原始价值，期末借方余额反映企业实有固定资产的原始价值。企业应当设置“固定资产登记簿”或“固定资产卡片”，按固定资产类别、使用部门和每项固定资产进行明细核算。

（二）外购固定资产

1.外购固定资产成本构成

企业外购固定资产的成本，包括购买价款、相关税费、使固定资产达到预定可使用状态前发生的可归属于该资产的运输费、装卸费、安装费和专业人员服务费等。其中，相关税费包括企业为取得固定资产缴纳的消费税、关税、契税、耕地占用税、车辆购置税及不得抵扣的增值税等。

【提示】根据增值税相关法律规定，增值税一般纳税人购进或自制固定资产发生的进项税额，可凭增值税扣税凭证从销项税额中抵扣，不计入固定资产的成本，应记入“应交税费——应交增值税（进项税额）”账户。小规模纳税人购进固定资产支付的增值税应计入固定资产的成本。

2.外购固定资产账务处理

（1）购入不需安装的固定资产。不需要安装的固定资产，购入后即可发挥作用，说明购入时就可认为达到预定可使用状态。企业应按实际支付的可归属于该固定资产的实际成本，借记“固定资产”账户；按可抵扣的增值税，借记“应交税费——应交增值税（进项税额）”账户；按实际支付或应支付的金额，贷记“银行存款”等账户。

【做中学1-90】2019年5月1日，宏业公司购入一台不需要安装的设备，增值税专用发票上注明金额30 000元、税额3 900元；支付运输费，取得的增值税专用发票上注明运费700元、税额63元。全部款项以银行存款支付。

宏业公司账务处理如下：

购入固定资产的成本=30 000+700=30 700（元）

购入固定资产，支付货款时编制会计分录：

借：固定资产	30 700	
应交税费——应交增值税（进项税额）	3 963	
贷：银行存款		34 663

（2）购入需要安装的固定资产。购入的固定资产如果需要安装，只有安装调试达到设计要求后才可发挥作用，因此，其成本应在外购成本的基础上，应加上安装调试成本等其他支出。固定资产购入时，先通过“在建工程”账户归集其成本，待安装调试完毕达到预定可使用状态后，再由“在建工程”账户转入“固定资产”账户。

【做中学1-91】2019年5月2日，宏业公司购入一台需要安装的设备，取得的增值税专用发票上注明金额200 000元、税额26 000元；支付运费，取得的增值税专用发票上注明运费10 000元、税额900元。全部款项以银行存款支付。安装该设备领用原材料30 000元，发生本单位安装人员工资10 000元。

宏业公司账务处理如下：

购入设备支付买价与运费时编制会计分录：

借：在建工程	210 000	
应交税费——应交增值税（进项税额）	26 900	
贷：银行存款		236 900

安装过程中领用材料时编制会计分录：

借：在建工程	30 000	
贷：原材料		30 000

结转安装工人工资时编制会计分录：

借：在建工程	10 000	
贷：应付职工薪酬		10 000

设备安装完毕交付使用时，结转在建工程成本：

固定资产成本=210 000＋30 000+10 000=250 000（元）

借：固定资产	250 000	
贷：在建工程		250 000

(三)自行建造固定资产

企业自行建造固定资产有自营和出包两种方式。建造方式不同，会计处理方法也不同。

1.自营建造

自营建造是指企业自行组织工程物资采购，并组织施工人员从事工程施工完成固定资产的建造过程。自营建造固定资产的成本由直接材料、直接人工、直接机械施工费等使该固定资产达到预定可使用状态而发生的支出构成。其主要核算内容有：

(1)采购工程物资。企业购入工程专用物资时，按不含增值税金额，借记“工程物资”账户；按增值税专用发票上注明的增值税税额，借记“应交税费——应交增值税(进项税额)”账户；按实际支付或应支付的金额，贷记“银行存款”“应付账款”等账户。

(2)发生各项工程支出。领用工程物资，借记“在建工程”账户，贷记“工程物资”账户。工程完工，剩余工程物资转为企业存货，借记“原材料”等账户，贷记“工程物资”账户。工程施工领用本企业原材料或库存商品，借记“在建工程”账户，贷记“原材料”“库存商品”等账户。支付工程人员工资等费用，借记“在建工程”账户，贷记“银行存款”“应付职工薪酬”等账户。辅助生产部门为工程提供的水、电、设备安装、修理、运输等劳务，借记“在建工程”账户，贷记“生产成本——辅助生产成本”等账户。在建工程发生的借款费用满足借款费用资本化条件的，借记“在建工程”账户，贷记“长期借款”“应付利息”等账户。

(3)工程完工达到预定可使用状态。在建工程达到预定可使用状态时，按归集的在建工程成本，借记“固定资产”账户，贷记“在建工程”账户。

【做中学1-92】2019年5月份，宏业公司开始自建一条生产线，购入各种工程物资500 000元，支付增值税65 000元，已全部用于工程施工；当月领用生产用原材料一批，实际成本为80 000元；分配工程人员工资100 000元，支付其他费用30 000元。当年5月15日工程完工达到预定可使用状态。

宏业公司账务处理如下：

购入工程物资并验收入库时编制会计分录：

借：工程物资　　500 000
　　应交税费——应交增值税(进项税额)　　65 000
　　贷：银行存款　　565 000

工程施工领用工程物资时编制会计分录：

借：在建工程　　500 000
　　贷：工程物资　　500 000

工程领用生产用原材料时编制会计分录：

借：在建工程　　80 000
　　贷：原材料　　80 000

分配工程人员工资及支付其他费用时编制会计分录：

借：在建工程　　130 000
　　贷：应付职工薪酬　　100 000
　　　　银行存款　　30 000

工程完工并达到预定可使用状态时计算固定资产成本：

固定资产成本=500 000 + 80 000 + 130 000=710 000（元）

结转固定资产成本时编制会计分录：

借：固定资产　　710 000
　　贷：在建工程　　710 000

【知识拓展】根据《财政部 税务总局 海关总署关于深化增值税改革有关政策的公告》（财政部 税务总局 海关总署公告2019年第39号），自2019年4月1日起，《营业税改征增值税试点有关事项的规定》（财税〔2016〕36号文件附件2）第一条（四）项第1点、第二条第（一）项第1点停止执行，纳税人取得不动产或者不动产在建工程的进项税额不再分2年抵扣。此前按照上述规定尚未抵扣完毕的待抵扣进项税额，可自2019年4月1日税款所属期起从销项税额中抵扣。

【做中学1-93】沿用【做中学1-92】资料，假设该企业建造办公楼，其他条件不变。自2019年4月1日起，发生的上述业务，其账务处理与【做中学1-92】完全相同。

2.出包建造

出包建造是指企业通过招标方式将工程项目出包给建造承包商（施工企业），由建造承包商组织工程项目施工，完成固定资产的建造。企业以出包方式建造固定资产的具体支出业务由建造承包商核算。在这种方式下，“在建工程”账户主要反映企业与建造承包商办理工程价款结算的情况。

企业应合理估计工程进度，根据合同规定结算进度款。预付或补付工程款时，按增值税专用发票注明的金额，借记“在建工程”账户；按增值税专用发票注明的税额，借记“应交税费——应交增值税（进项税额）”账户；按实际应支付的金额，贷记“银行存款”等账户。工程达到预定可使用状态时，按其成本，借记“固定资产”账户，贷记“在建工程”账户。

【做中学1-94】宏业公司将一幢厂房的建造工程出包给A公司承建。2019年5月3日，宏业公司按合理估计的工程进度和合同规定向A公司结算进度款，收到的增值税专用发票上注明金额600 000元、税额54 000元。12月15日，工程完工达到预定可使用状态，收到A公司开来的增值税专用发票，发票上注明金额400 000元、税额36 000元，宏业公司补付工程余款。

宏业公司账务处理如下：

5月3日，按合理估计的工程进度和合同规定向A公司结算进度款时编制会计分录：

借：在建工程　　600 000
　　应交税费——应交增值税（进项税额）　　54 000
　　贷：银行存款　　654 000

12月15日，补付工程款时编制会计分录：

借：在建工程　　400 000

　　应交税费——应交增值税（进项税额）　　36 000

　　贷：银行存款　　436 000

工程完工达到预定可使用状态，结转工程成本，编制会计分录：

借：固定资产　　1 000 000

　　贷：在建工程　　1 000 000

二、固定资产折旧核算

（一）影响固定资产折旧的因素

固定资产折旧是指在固定资产使用寿命内，按照确定的方法对应计折旧额进行系统分摊。在数量上，应计折旧额=固定资产原值-预计净残值-固定资产减值准备。根据这一公式，影响固定资产折旧的主要因素有：

微课：固定资产折旧核算

（1）固定资产原值，即固定资产的历史成本。

（2）预计净残值，指假定固定资产预计使用寿命已满并处于使用寿命终了时的预期状态，企业目前从该固定资产处置中获得的扣除预计清理费用后的金额。

（3）固定资产减值准备，指已计提的固定资产减值准备的累计金额。

（4）固定资产使用寿命，即固定资产预计使用年限。对于融资租入的固定资产，应当采用与自有固定资产相一致的折旧政策。其折旧年限按下列规定确定：能够合理确定租赁期届满时将会取得租赁资产所有权的，应当在租赁资产尚可使用年限内计提折旧；无法合理确定租赁期届满时能否取得租赁资产所有权的，应当在租赁期与租赁资产尚可使用年限两者中较短的期间内计提折旧。

（二）计提固定资产折旧的范围

1.空间范围

除下列情况外，企业应当对所有固定资产计提折旧：

（1）已提足折旧仍继续使用的固定资产。

（2）单独估价作为固定资产入账的土地。

实务中还应注意以下情形的处理：

（1）已达到预定可使用状态但尚未办理竣工决算的固定资产，应根据工程预算、造价或工程实际成本等，按暂估价值转入固定资产并计提折旧，待办理竣工决算后再按实际成本调整原暂估价值，但不需调整原已计提的折旧额。

（2）不需用的固定资产、因大修理停用的固定资产、季节性停用的固定资产等均应计提折旧。

（3）处于更新改造过程停止使用的固定资产，应将其账面价值转入在建工程，不再计提折旧。待更新改造项目达到预定可使用状态转为固定资产后，再按照重新确定的折旧方法和该项固定资产尚可使用寿命计提折旧。

（4）以融资租赁方式租入的固定资产和以经营租赁方式租出的固定资产应当计提折旧；以经营租赁方式租入的固定资产和以融资租赁方式租出的固定资产不应计提折旧。

2.时间范围

固定资产应当自达到预定可使用状态时开始计提折旧，终止确认时或划分为持有待售非流动资产时停止计提折旧。

实务中企业一般按月计提折旧，即以月初可提取折旧的固定资产账面价值为依据计提折旧，并根据用途计入相关资产的成本或当期损益。具体来看就是“当月增加的固定资产，当月不计提折旧，从下月起计提折旧；当月减少的固定资产，当月仍计提折旧，从下月起不再计提折旧”。公式如下：

$$当月固定资产折旧额=上月固定资产折旧额+上月增加固定资产折旧额-上月减少固定资产折旧额$$

（三）固定资产折旧方法

企业应当根据与固定资产有关的经济利益的预期实现方式，合理选择固定资产折旧方法。企业会计准则规定可选用的折旧方法包括年限平均法、工作量法、双倍余额递减法和年数总和法。企业选用不同的固定资产折旧方法，将影响固定资产使用寿命期内不同时期的折旧费用，因此，固定资产的折旧方法一经确定，不得随意变更。如果固定资产包含的经济利益的预期实现方式有重大改变，则应当相应改变固定资产折旧方法。

1.年限平均法

年限平均法，是指将固定资产的应计折旧额均衡地分摊到固定资产预计使用寿命各期的一种方法。公式如下：

年折旧额=（原值-预计净残值）÷预计使用年限

在实务中，固定资产折旧额是根据折旧率计算的，公式如下：

年折旧率=（1-预计净残值率）÷预计使用年限×100%

月折旧率=年折旧率÷12

月折旧额=固定资产原值×月折旧率

采用这种方法计算的每期折旧额相等。该方法适用于技术陈旧因素基本可以不考虑的固定资产，如房屋建筑物。

【做中学1-95】宏业公司有一幢厂房，原值为500万元，预计可使用20年，预计净残值率为2%，采用年限平均法计提折旧。计算该厂房的月折旧额。

宏业公司固定资产折旧计算如下：

年折旧率=（1-2%）÷20=4.9%

月折旧率=4.9%÷12≈0.41%

月折旧额=5 000 000×0.41%=20 500（元）

2.工作量法

工作量法是指根据实际工作量计算每期应提折旧额的一种方法。公式如下：

单位工作量折旧额=固定资产原值×（1-预计净残值率）÷预计总工作量

月折旧额=当月工作量×单位工作量折旧额

该方法可以正确地计算各月使用程度变化相对较大的固定资产的折旧，主要适用于车辆、船舶等运输工具。

【做中学1-96】宏业公司的一辆运货卡车的原值为60 000元，预计总行驶里程为

500 000千米，预计报废时净残值率为5%，本月行驶4 000千米。计算该辆卡车的月折旧额。

宏业公司固定资产折旧计算如下：

单位里程折旧额=60 000×（1−5%）÷500 000=0.114（元/千米）

本月折旧额=4 000×0.114=456（元）

3. 双倍余额递减法

双倍余额递减法是指在不考虑固定资产预计净残值的情况下，根据每期期初固定资产原值减去累计折旧后的余额（即固定资产净值）和双倍的直线法折旧率计算固定资产折旧的一种方法。公式如下：

年折旧率=2÷预计使用年限×100%

年折旧额=固定资产年初账面净值×年折旧率

月折旧率=年折旧率÷12

月折旧额=固定资产年初账面净值×月折旧率=年折旧额÷12

采用双倍余额递减法，由于每年年初固定资产净值没有扣除预计净残值，因此，计算折旧额时必须注意不能使固定资产的账面折余价值降低到其预计净残值以下，即对于采用双倍余额递减法计提折旧的固定资产，在其使用期间的最后两年，将其账面净值扣除预计净残值后的余额平均摊销。

【做中学1-97】宏业公司有一台设备，原值80万元，预计使用年限为5年，预计净残值为3.5万元，采用双倍余额递减法计提折旧。计算该设备各年的折旧额。

宏业公司固定资产折旧计算如下：

年折旧率=2÷5×100%=40%

第1年应计提的折旧额=80×40%=32（万元）

第2年应计提的折旧额=（80−32）×40%=19.2（万元）

第3年应计提的折旧额=（80−32−19.2）×40%=11.52（万元）

从第4年起改按年限平均法计提折旧：

第4年、第5年应计提的年折旧额=［（80−32−19.2−11.52）−3.5］÷2=6.89（万元）

为简化计算，每年各月折旧额可根据年折旧额除以12求得。

4. 年数总和法

年数总和法是指将固定资产的原值减去预计净残值后的净额乘以一个以固定资产尚可使用年限为分子、以预计使用年限逐年数字之和为分母的逐年递减的分数计算每年折旧额的一种方法。公式如下：

折旧率=尚可使用年限÷预计使用年限的年数总和×100%

折旧额=（固定资产原值−预计净残值）×折旧率

【做中学1-98】沿用【做中学1-97】资料，若宏业公司采用年数总和法计提折旧，计算每年的折旧额。

宏业公司固定资产折旧计算如下：

年数总和法下固定资产折旧计算表见表1-23。

表1-23 年数总和法下固定资产折旧计算表 金额单位：元

年份	尚可使用年限	应提折旧总额（原价-预计净残值）	年折旧率	年折旧额	累计折旧额
1	5	765 000	5/15	255 000	255 000
2	4	765 000	4/15	204 000	459 000
3	3	765 000	3/15	153 000	612 000
4	2	765 000	2/15	102 000	714 000
5	1	765 000	1/15	51 000	765 000

【知识拓展】双倍余额递减法和年数总和法特点是在固定资产使用的早期多提折旧，后期少提折旧，相对年限平均法相同的期间累计提取的折旧多，故称加速折旧法，其目的是使固定资产成本在预计使用年限内加快得到补偿，体现了会计谨慎性信息质量要求。同时，由于加速折旧法使折旧费用呈递减状态，则企业缴纳的所得税便呈递增的状态，与平均年限法、工作量法比较，企业所得税的现值总和更低，这实质上可以使企业获得一笔无息贷款。

已计提减值准备的固定资产，应当按照该项资产的账面价值（固定资产账面余额扣减累计折旧和减值准备后的金额）以及尚可使用年限重新计算确定折旧率和折旧额。

（四）固定资产折旧的账务处理

1.固定资产折旧核算账户设置

企业核算固定资产折旧需设置“累计折旧”账户。该账户属于资产类账户，是“固定资产”的备抵调整账户。该账户贷方登记企业计提的当期固定资产折旧，借方登记处置固定资产转出的累计折旧，期末贷方余额反映企业固定资产的累计折旧额。本账户可按固定资产的类别或项目进行明细核算。

2.固定资产折旧会计处理

固定资产应当按月计提折旧，并根据用途计入相关资产的成本或当期损益。

（1）企业基本生产车间使用的固定资产计提的折旧，应记入“制造费用”账户。

（2）企业管理部门使用的固定资产计提的折旧，应记入“管理费用”账户。

（3）企业销售部门使用的固定资产计提的折旧，应记入“销售费用”账户。

（4）企业自行建造固定资产过程中使用的固定资产计提的折旧，应记入“在建工程”账户。

（5）企业经营租出固定资产计提的折旧，应记入“其他业务成本”账户。

（6）企业未使用固定资产计提的折旧，应记入“管理费用”账户。

企业计提折旧可编制“固定资产折旧计算表”，格式见表1-24。

【做中学1-99】2019年5月31日，宏业公司编制“固定资产折旧计算表”，见表1-24。

表1-24　　固定资产折旧计算表

2019年5月31日　　单位：元

使用部门	上月折旧额 ①	上月增加固定资产应计提的折旧额 ②	上月减少固定资产应计提的折旧额 ③	本月应计提的折旧额 ④=①+②-③
生产车间	50 000	3 000	1 000	52 000
管理部门	20 000	6 500		26 500
销售部门	10 000		2 000	8 000
经营出租	6 000			6 000
合计	86 000	9 500	3 000	92 500

宏业公司账务处理如下：

借：制造费用　　52 000
　　管理费用　　26 500
　　销售费用　　8 000
　　其他业务成本　　6 000
　　贷：累计折旧　　92 500

三、固定资产后续支出核算

（一）固定资产后续支出处理原则

企业的固定资产投入使用后，为了适应新技术发展的需要，或者为了维护或提高固定资产的使用效能，往往需要对现有的固定资产进行维护、改建、扩建或者改良。固定资产在使用过程中发生的更新改造支出、修理费用等构成固定资产后续支出核算内容。

微课：固定资产后续支出核算

固定资产后续支出按下列原则处理：符合固定资产确认条件的，应计入固定资产成本，有被替换的部分，应扣除被替换部分的账面价值；不符合固定资产确认条件的，应直接计入当期损益。

（二）资本化后续支出账务处理

固定资产发生可资本化后续支出时，会计核算一般分以下几个步骤：

（1）将原固定资产账面价值转入在建工程。企业在对固定资产进行更新改造时，应停止对原固定资产计提折旧，将其原值、已计提的累计折旧和减值准备予以转销，将该固定资产的账面价值转入“在建工程”账户。

（2）发生可资本化后续支出，通过“在建工程”账户归集核算。

（3）固定资产更新改造完工并达到预定可使用状态时，将“在建工程”账户归集的成本转入“固定资产”账户；同时，重新确定该固定资产的原值、使用寿命、预计净残值和折旧方法，并计提折旧。

【做中学1-100】宏业公司2012年12月购入一台设备，总成本800 000元（含发动机），发动机当时的购买价为500 000元。公司未将发动机作为一项单独的固定资产进行核算。2019年6月1日，该设备出现严重故障，公司决定更换一部性能更为先进的发动机。新发动机购价700 000元（不含税，适用增值税税率13%），另需支付安装费用12 000元（不含税，适用增值税税率9%）。假定采用年限平均法计提折旧，年折旧率为3%，不考虑预计净残值。

宏业公司的账务处理如下：

2019年6月1日，设备累计折旧金额=800 000×3%×6.5=156 000（元），将固定资产转入在建工程，编制会计分录：

借：在建工程　　644 000
　　累计折旧　　156 000
　　贷：固定资产　　800 000

支付发动机价款及安装费时编制会计分录：

借：在建工程　　712 000
　　应交税费——应交增值税（进项税额）　　92 080
　　贷：银行存款　　804 080

2019年6月1日，旧发动机账面价值=500 000−500 000×3%×6.5=402 500（元）

终止确认旧发动机的账面价值，编制会计分录：

借：营业外支出　　402 500
　　贷：在建工程　　402 500

新发动机安装完毕投入使用，固定资产的入账价值=644 000＋712 000−402 500=953 500（元）

借：固定资产　　953 500
　　贷：在建工程　　953 500

（三）费用化后续支出账务处理

企业发生的与固定资产有关的修理费用以及更新改造支出等后续支出，不符合固定资产确认条件的，应当根据不同情况分别在发生时计入当期管理费用或销售费用。

企业生产车间（部门）和行政管理部门等发生的固定资产修理费用等后续支出，计入管理费用；企业设置专设销售机构发生的与专设销售机构相关的固定资产修理费用等后续支出，计入销售费用。

【做中学1-101】2019年5月11日，宏业公司对现有的一台管理用设备进行日常修理，发生维修费用20 000元、增值税2 600元，已用银行存款支付。

宏业公司账务处理如下：

借：管理费用　　20 000
　　应交税费——应交增值税（进项税额）　　2 600
　　贷：银行存款　　22 600

四、固定资产清查与减值核算

（一）固定资产清查核算

1.固定资产清查的定义

固定资产是一种单位价值较高、使用期限较长的有形资产，为保证固定资产核算的真实性，充分挖掘企业现有固定资产的潜力，企业应定期或者至少于每年年末对固定资产进行清查盘点。在固定资产清查过程中，如果发现盘盈、盘亏的固定资产，应填制

“固定资产盘盈盘亏报告表”。对清查的固定资产的损溢，应及时查明原因，并按照规定程序报批，在期末结账前处理完毕。

固定资产清查是指对单位实际拥有的固定资产进行实物清查，并与固定资产账簿记录进行核对，确定盘盈、毁损、报废及盘亏资产的行为。

2.固定资产清查账务处理

（1）固定资产盘盈账务处理

企业盘盈固定资产应作为前期差错处理，借记“固定资产”账户，贷记“以前年度损益调整”账户。其入账价值按以下规定处理：

①如果同类或类似固定资产存在活跃市场，按同类或类似固定资产的市场价格减去按该项固定资产新旧程度估计的价值损耗后的余额入账。

②如果同类或类似固定资产不存在活跃市场，按该项固定资产的预计未来现金流量现值入账。

【做中学 1-102】宏业公司在财产清查过程中发现一台设备尚未入账，该设备重置成本为30 000元（假定与其计税基础不存在差异）。

宏业公司账务处理如下：

盘盈固定资产时编制会计分录：

借：固定资产	30 000	
贷：以前年度损益调整		30 000

【知识拓展】假设宏业公司适用所得税税率为25%，按净利润的10%计提法定盈余公积。后续还应作如下账务处理：

调整企业所得税=30 000×25%=7 500（元）

借：以前年度损益调整	7 500	
贷：应交税费——应交所得税		7 500

调整法定盈余公积=（30 000−7 500）×10%=2 250（元）

调整未分配利润=30 000−7 500−2 250=20 250（元）

借：以前年度损益调整	22 500	
贷：盈余公积——法定盈余公积		2 250
利润分配——未分配利润		20 250

（2）固定资产盘亏账务处理

企业在财产清查中盘亏的固定资产，按盘亏固定资产的账面价值，借记“待处理财产损溢”账户；按已计提的累计折旧，借记“累计折旧”账户；按已计提的减值准备，借记“固定资产减值准备”账户；按固定资产原值，贷记“固定资产”账户。

经管理权限批准后，按可收回的保险赔偿或过失人赔偿，借记“其他应收款”账户；按应计入营业外支出的金额，借记“营业外支出——盘亏损失”账户，贷记“待处理财产损溢”账户。

【做中学 1-103】宏业公司进行财产清查时发现短缺一台笔记本电脑。该电脑于2010年购入，取得的增值税专用发票上注明的价款为10 000元，增值税1 300元已抵扣。该电脑已计提折旧7 000元。经查，丢失原因为保管人存放不当及单位安全措施缺失，经批准由保管人赔偿1 000元，其余部分由企业承担。

宏业公司账务处理如下：

盘亏固定资产不得抵扣的进项税额=（10 000−7 000）×13%=390（元）

盘亏固定资产时编制会计分录：

借：待处理财产损溢　　3 390

　　累计折旧　　7 000

　　贷：固定资产　　10 000

　　　　应交税费——应交增值税（进项税额转出）　　390

报经批准转销待处理财产损溢时编制会计分录：

借：其他应收款　　1 000

　　营业外支出——盘亏损失　　2 390

　　贷：待处理财产损溢　　3 390

（二）固定资产减值核算

1. 固定资产减值准备确认与计量的一般原则

固定资产在资产负债表日存在减值迹象，其可收回金额低于账面价值的，应当将该固定资产的账面价值减记至可收回金额，减记的金额确认为减值损失，计入当期损益，同时计提相应的资产减值准备。其中，可收回金额应当按照资产的公允价值减去处置费用后的净额与资产预计未来现金流量的现值两者之中较高者确定。

2. 固定资产减值准备核算账户设置

企业计提固定资产减值准备，应设置“固定资产减值准备”账户。该账户属于资产类账户，也是“固定资产”账户的备抵调整账户，贷方登记计提的固定资产减值准备，借方登记出售、报废等转销的固定资产减值准备，期末贷方余额反映企业已计提但尚未转销的固定资产减值准备。

3. 固定资产减值准备账务处理

当固定资产可收回金额低于其账面价值，就说明该固定资产发生了减值，应根据减值金额，借记“资产减值损失”账户，贷记“固定资产减值准备”账户。固定资产减值损失一经确认，在以后会计期间不得转回，但出售、报废等处置固定资产时应转销。

【做中学1-104】2019年12月31日，宏业公司的某生产线存在减值迹象，经计算，该机器的可收回金额合计为1 230 000元，账面价值为1 400 000元，以前年度未对该生产线计提过减值准备。

宏业公司账务处理如下：

应计提的固定资产减值准备=1 400 000−1 230 000=170 000（元）

借：资产减值损失　　170 000

　　贷：固定资产减值准备　　170 000

固定资产减值损失确认后，应当在固定资产剩余使用年限内按照调整后的固定资产账面价值和预计净残值，重新计算确定折旧率和折旧额。

【做中学1-105】沿用【做中学1-104】资料，假设该固定资产计提减值准备后仍采用年限平均法计提折旧，预计尚可使用年限为5年，预计净残值为30 000元，则以后每年的折旧额计算如下：

年折旧额=（1 230 000−30 000）÷5=240 000（元）

五、固定资产处置核算

（一）固定资产处置核算内容及终止确认的条件

固定资产处置包括因固定资产报废、毁损、出售、对外投资、非货币性资产交换、债务重组等原因减少固定资产的行为。固定资产被处置，必须终止确认该固定资产。具体来说，当固定资产满足下列条件之一时，应当予以终止确认：

微课：固定资产处置核算

（1）该固定资产处于处置状态；

（2）该固定资产预期通过使用或处置不能产生经济利益。

【知识拓展】如果企业拥有的固定资产在管理意图上准备持有待售，这时应将该固定资产转为持有待售资产核算，即将其账面价值转入“持有待售资产”账户。

（二）固定资产处置核算账户设置

1.“固定资产清理”账户

为核算企业因报废、毁损、出售、对外投资、非货币性资产交换、债务重组等原因转出的固定资产价值以及清理过程中发生的费用，企业应设置“固定资产清理”账户。该账户属于资产类账户，借方登记转出固定资产的账面价值、清理过程中应支付的相关税费及其他费用，贷方登记固定资产清理过程中取得的变价收入、赔偿等，期末借方余额反映企业尚未清理完毕的固定资产清理净损失，贷方余额反映企业尚未清理完毕的固定资产清理净收益。该账户可按清理的固定资产项目进行明细核算。

2.“资产处置损益”账户

核算企业出售划分为持有待售的非流动资产（金融工具、长期股权投资和投资性房地产除外）或处置组（子公司和业务除外）时确认的处置利得或损失，以及处置未划分为持有待售的固定资产、在建工程、生产性生物资产及无形资产而产生的处置利得或损失。该账户属于损益类账户，借方登记处置资产产生的净损失，贷方登记处置资产产生的净收益，期末余额转入本年利润。

（三）固定资产处置账务处理

1.固定资产出售、报废或毁损的账务处理

固定资产出售、报废或毁损的账务处理一般有以下几项内容：

（1）固定资产转入清理。固定资产转入清理时，按固定资产账面价值，借记“固定资产清理”账户；按已计提的累计折旧，借记“累计折旧”账户；按已计提的减值准备，借记“固定资产减值准备”账户；按固定资产账面原价，贷记“固定资产”账户。

（2）发生的清理费用。固定资产清理过程中发生的有关费用及应支付的相关税费，借记“固定资产清理”账户，贷记“银行存款”等账户。

（3）出售收入和残料等的处理。按实际收到的出售价款以及残料变价收入等，借记“银行存款”等账户，贷记“固定资产清理”“应交税费——应交增值税”等账户。

（4）保险赔偿。企业计算或收到的应由保险公司或过失人赔偿的损失，借记“其他

应收款”“银行存款”等账户，贷记“固定资产清理”账户。

（5）清理净损益处理。固定资产清理完毕后产生的净损益，依据固定资产处置方式的不同，分别采用不同的处理方法：

①固定资产因已丧失使用价值或自然灾害等原因而报废清理产生的利得或损失应计入营业外收支。属于固定资产清理完毕后实现的净收益，借记“固定资产清理”账户，贷记“营业外收入”账户；固定资产清理完毕后产生的净损失，借记“营业外支出”账户，贷记“固定资产清理”账户。

②因出售、转让等原因产生的固定资产处置利得或损失应计入资产处置损益。产生处置净收益的，借记“固定资产清理”账户，贷记“资产处置损益”账户；产生净损失的，借记“资产处置损益”账户，贷记“固定资产清理”账户。

2.其他方式减少的固定资产

其他方式减少的固定资产，如以固定资产清偿债务、以非货币性资产交换换出固定资产等，分别按债务重组、非货币性资产交换等处理原则进行核算。

【做中学1-106】宏业公司因技术进步准备更新设备，现报废一台旧设备，原价200 000元，已计提折旧180 000元，未计提减值准备；出售残料收入5 000元（含税）。

不考虑增值税以外的相关税费，宏业公司账务处理如下：

将报废固定资产账面价值转出时编制会计分录：

借：固定资产清理　　20 000

　　累计折旧　　180 000

　贷：固定资产　　200 000

出售残料时编制会计分录：

借：银行存款　　5 000

　贷：固定资产清理　　4 425（5000÷1.13）

　　　应交税费——应交增值税（销项税额）　　575

结转报废固定资产净损益，编制会计分录：

借：营业外支出　　15 575

　贷：固定资产清理　　15 575

六、固定资产列报

固定资产相关项目在资产负债表中的列示见表1-25。

表1-25　资产负债表

编制单位：宏业公司　　2019年12月31日　　单位：元

资　产	期末余额	上年年末余额	负债和所有者权益（或股东权益）	期末余额	上年年末余额
流动资产					
……					
固定资产	13 520 000.00				
在建工程	3 655 482.00				
……					

具体填列说明如下：

（1）“固定资产”项目，反映资产负债表日企业固定资产的期末账面价值和企业尚未清理完毕的固定资产清理净损益。该项目应根据“固定资产”账户的期末余额，减去“累计折旧”和“固定资产减值准备”账户的期末余额后的金额，以及“固定资产清理”账户的期末余额填列。

（2）“在建工程”项目，反映资产负债表日企业尚未达到预定可使用状态的在建工程的期末账面价值和企业为在建工程准备的各种物资的期末账面价值。该项目应根据“在建工程”账户的期末余额，减去“在建工程减值准备”账户的期末余额后的金额，以及“工程物资”账户的期末余额，减去“工程物资减值准备”账户的期末余额后的金额填列。

【做中学1-107】2019年12月31日，宏业公司固定资产相关账户余额见表1-26。

表1-26 宏业公司固定资产相关账户余额

2019年12月31日 单位：元

总账账户	明细账户	余额		备注
		借方	贷方	
固定资产		16 000 000.00		
	车间厂房	5 000 000.00		
	车间机器设备	5 000 000.00		
	办公楼	4 200 000.00		
	门市部	800 000.00		
	办公设备	1 000 000.00		
累计折旧			2 480 000.00	
工程物资		20 000.00		
	板钢	20 000.00		5吨，单价4 000.00元
在建工程		3 455 482.00		
	3号厂房	3 455 482.00		

2019年12月31日，宏业公司资产负债表固定资产相关项目信息列报数据计算如下：

“固定资产”项目金额=16 000 000−2 480 000=13 520 000（元）

“在建工程”项目金额=3 455 482+20 000=3 475 482（元）

任务内容导图

本任务内容导图如图1-16所示。

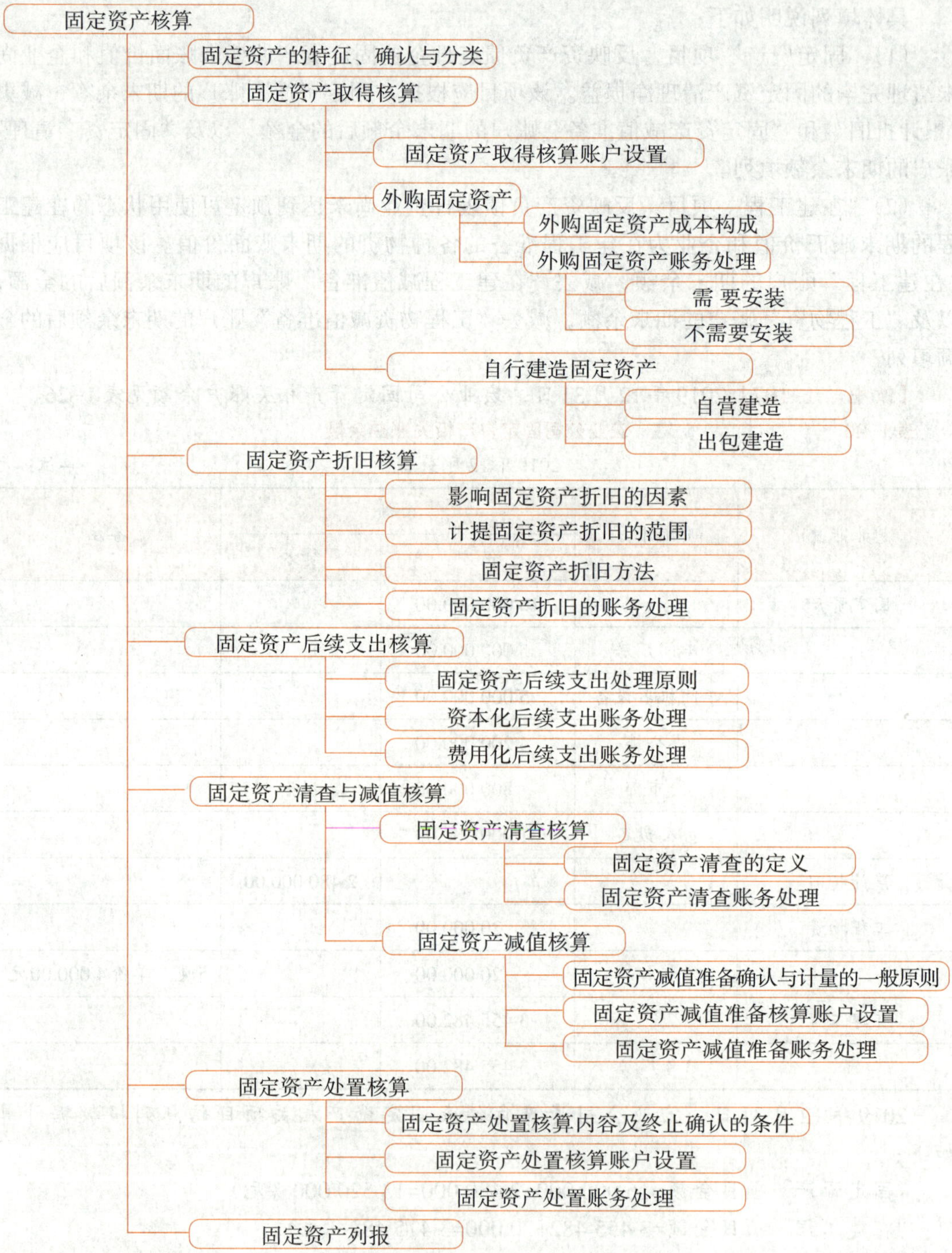

图 1-16 本任务内容导图

复习思考题

1. 什么是固定资产？固定资产如何确认？

2.综合考虑资产的经济用途和使用情况，固定资产可作怎样的分类？

3.企业外购固定资产和自行建造固定资产如何进行账务处理？

4.固定资产折旧范围是什么？

5.固定资产折旧方法有哪些？各有何特点？

6.怎样进行固定资产折旧的账务处理？

7.如何进行固定资产后续支出的账务处理？

8.如何进行固定资产减值的账务处理？

9.如何进行固定资产盘盈、盘亏的账务处理？

10.企业处置固定资产如何进行账务处理？

11.资产负债表中“固定资产”“在建工程”项目如何填列？

任务六 无形资产和长期待摊费用核算

知识点1-6 无形资产的特征、确认与内容

无形资产是指企业拥有或控制的没有实物形态的可辨认的非货币性资产。无形资产虽然不具有实物形态，但它具有一种综合能力，通过与其他资产结合，能在多个会计期间为企业带来经济利益，但它又存在较大的不确定性，因此，其核算内容与方法跟其他资产也有所不同。

一、无形资产的特征

（一）不具有实物形态

无形资产通常表现为某种权利、某项技术或某种获取超额利润的综合能力。它们不具有实物形态，如土地使用权、非专利技术等。无形资产为企业带来经济利益的方式与固定资产不同，通常是通过自身所具有的技术等优势为企业带来经济利益。

实务中，某些无形资产的存在有赖于实物载体，在确定一项同时包含无形和有形要素的资产是属于固定资产还是无形资产时，通常要以哪个要素更重要作为依据来加以确认。例如，由计算机控制的机械设备没有计算机软件就不能运行时，说明该软件是构成相关硬件不可缺少的组成部分，该软件就应作为固定资产核算，如果计算机软件不是相关硬件不可缺少的组成部分，则该软件应作为无形资产核算。

（二）具有可辨认性

作为无形资产核算的资产必须是能区别于其他资产且可单独辨认的。具体来说，满足下列条件之一的资产应当认定其具有可辨认性：

（1）能够从企业分离或划分出来，并能单独或与相关合同、资产或负债一起，用于出售、转移、授予许可、租赁或交换。

（2）源自合同性权利或其他法定权利，无论这些权利是否可以从企业或其他权利和义务中转移或分离。例如，一方通过与另一方签订特许权合同而获得的特许使用权，通过法律程序申请获得的商标权、专利权等。

【提示】商誉通常与企业自身无法分离，不具有可辨认性，不属于本任务所指的无形资产。

（三）属于非货币性长期资产

货币性资产是指企业持有的货币资金和将以固定或可确定的金额收取的资产。非货币性资产是指除货币性资产以外的其他资产。无形资产由于没有发达的交易市场，一般不容易转化为货币资金，在持有过程中为企业带来未来经济利益存在不确定性，也不属于以固定或可确定的金额收取的资产，因此，无形资产属于非货币性资产。“长期”是指无形资产使用年限通常在一年以上，能够在多个会计期间为企业带来经济利益。

（四）持有的目的是企业自己使用而非出售

企业持有无形资产不是为了出售而是为了生产经营，即利用无形资产来提供商品、出租给他人或为企业经营管理服务。

二、无形资产的确认

某项资产在符合无形资产定义的前提下，同时满足以下两个条件，才能确认为无形资产：

（1）与该无形资产有关的经济利益很可能流入企业；

（2）该无形资产的成本能够可靠地计量。

三、无形资产的内容

无形资产主要包括专利权、非专利技术、商标权、著作权、土地使用权、特许权等。

（一）专利权

专利权，是指国家专利主管机关依法授予发明创造专利申请人对其发明创造在法定期限内所享有的专有权利，包括发明专利权、实用新型专利权和外观设计专利权。我国专利法规定，发明专利权的有效期为20年，实用新型专利权和外观设计专利权的有效期为10年，均自申请日起计算。

（二）非专利技术

非专利技术，又称专有技术，是指不为外界所知、在生产经营活动中已采用了的、不享有法律保护的、可以带来经济利益的各种技术和诀窍。非专利技术一般包括工业专有技术、商业贸易专有技术、管理专有技术等。非专利技术可以用蓝图、配方、技术记录、操作方法说明等具体资料表现出来，也可以通过卖方派出技术人员进行指导，或接收买方人员进行技术实习等手段实现。

（三）商标权

商标权，是指企业拥有的专门在某类指定的商品或产品上使用特定的名称或图案的权利。经商标局核准注册的商标为注册商标，包括商品商标、服务商标和集体商标。商标注册人享有专用权，受法律保护。注册商标的有效期为10年，自核准注册之日起计算。注册商标有效期满需要继续使用的，应当在期满前6个月内申请续展注册。

（四）著作权

著作权，又称版权，是指作者对创作的文学、科学和艺术作品依法享有的某些特殊权利。著作权包括作品署名权、发表权、修改权和保护作品完整权。

（五）土地使用权

土地使用权，是指企业经国家土地管理机关批准在一定期间内对国有土地享有的开发、利用、经营的权利。在我国，土地归国家所有，任何单位和个人不得侵占、买卖或以其他形式非法转让土地。企业取得土地使用权的方式有行政划拨、外购、投资者投入等。实务中应注意以下问题：

（1）企业单独估价入账的土地应作为固定资产核算。

（2）一般情况下，企业通过出让或购买方式取得的土地使用权应作为无形资产核算。

（3）企业购入的土地使用权改为出租或用于资本增值的，应作为投资性房地产核算。

（4）房地产开发企业取得的土地使用权用于建造对外出售的房屋建筑物，相关的土地使用权应计入所建造的房屋建筑物的成本；如果是自用的，应单独作为无形资产核算。

（六）特许权

特许权，又称经营特许权、专营权，是指企业在某一地区经营或销售某种特定商品的权利或是一家企业接受另一家企业使用其商标、商号、技术秘密等的权利。特许权通常有两种形式：一种是由政府机构授权，准许企业使用或在一定地区享有经营某种业务的特权，如水电专营权、烟草专卖权等；另一种是指企业之间依照合同，有限期或无限期使用另一家企业的某些权利，如连锁店分店使用总店的名称。

四、无形资产的分类

（一）按是否有使用期限，分为有期限无形资产和无期限无形资产

有期限无形资产是指经过法律程序申请批准，具有法定有效期的无形资产，如专利权、商标权；无期限无形资产是指法律上没有规定有效期限，并且很难确定其存续年限的无形资产，如专有技术。

这种分类的目的在于针对这两种不同类型的无形资产的性质，在确认其成本和摊销其价值时可以考虑不同的影响因素，以便采用相应的会计政策。

（二）按来源不同，分为外来无形资产和自创无形资产

外来无形资产包括购入、接受捐赠、接受投资、以非货币性资产换入和接受债务人抵偿债务等形式取得的无形资产；自创无形资产是企业自行研发而形成的无形资产。

这种分类的目的在于正确计量不同来源取得的无形资产的价值。

技能点1-6　无形资产和长期待摊费用核算与列报

一、无形资产核算账户设置

（一）“无形资产”账户

该账户属于资产类账户，核算企业持有的无形资产的成本。该账户借方登记企业取得无形资产的成本，贷方登记企业处置无形资产转出的无形资产成本，期末借方余额反

映企业留存无形资产的成本。本账户可按无形资产项目进行明细核算。

（二）“研发支出”账户

该账户属于成本类账户，核算企业自行研究与开发无形资产过程中发生的各项支出。该账户借方登记企业自行研发无形资产发生的研发支出，贷方登记研发项目达到预定用途形成无形资产而转出的资本化研发支出或期末转入“管理费用”账户的费用化研发支出，期末借方余额反映企业正在进行无形资产研发项目满足资本化条件的支出。本账户可按研发项目设置“费用化支出”“资本化支出”进行明细核算。

（三）“累计摊销”账户

该账户属于资产类账户，核算使用寿命有限的无形资产的摊销情况，是“无形资产”账户的备抵调整账户。该账户贷方登记企业计提的无形资产摊销额，借方登记处置无形资产转出的累计摊销额，期末贷方余额反映企业无形资产的累计摊销额。本账户可按无形资产项目进行明细核算。

（四）“无形资产减值准备”账户

该账户属于资产类账户，核算无形资产的减值，是“无形资产”账户的备抵账户。该账户贷方登记计提的无形资产的减值准备，借方登记处置无形资产转出的无形资产减值准备，期末贷方余额反映企业已提取的无形资产的减值准备。

二、无形资产取得核算

（一）外购无形资产账务处理

外购无形资产成本包括购买价款、相关税费以及直接归属于使该项资产达到预定用途所发生的其他支出。其中，直接归属于使该项资产达到预定用途所发生的其他支出，是指使无形资产达到预定用途所发生的专业服务费用、测试无形资产是否能够正常发挥作用的费用等。

【提示】为引入新产品进行宣传发生的广告费、管理费用及其他间接费用，无形资产达到预定用途以后发生的费用，不构成无形资产成本，应计入当期损益。

企业购入无形资产，应按无形资产初始成本，借记“无形资产”账户；按可抵扣的增值税税额，借记“应交税费——应交增值税（进项税额）”账户；按实际应支付的款项，贷记“银行存款”等账户。

【做中学1-108】2019年5月5日，宏业公司以2 700万元购入一项专利权，另支付相关税费182万元，其中增值税162万元。

宏业公司账务处理如下：

5月5日，购入专利权支付款项时编制会计分录：

借：无形资产——专利权	27 200 000
应交税费——应交增值税（进项税额）	1 620 000
贷：银行存款	28 820 000

（二）自行研发无形资产账务处理

1.资产形成过程的阶段划分及支出确认

由于确定研发活动发生的各项支出是否符合无形资产定义和相关特征、能否或何时能够为企业带来经济利益，以及成本能否可靠地计量等尚存在不确定因素，为评价自行研发无形资产是否满足确认标准，企业应将资产的形成过程分为研究阶段和开发阶段两部分，只有开发阶段发生的支出，在符合一定条件的情况下才可确认为一项无形资产。

微课：自行研发无形资产核算

（1）研究阶段，是指为获得新技术和新知识等进行的有计划的调研。研究阶段活动基本上是探索性的，是为进一步的开发活动进行资料等方面的准备，已经进行的研究活动将来是否能够转入开发、开发后能否形成无形资产等均具有较大的不确定性。因此，研究阶段的有关支出应当在发生时予以费用化，计入当期损益。

（2）开发阶段，是指在进行商业性生产或使用前，将研究成果或其他知识应用于某项计划或设计，以生产出新的或具有实质性改进的材料、装置、产品等。相对于研究阶段，开发阶段在很大程度上形成一项新产品或新技术的基本条件已经具备，此时如果企业能够证明其满足无形资产的定义及确认条件，所发生的开发支出就可资本化，计入无形资产的成本。

对于无法区分是属于研究阶段还是开发阶段的支出，应当在发生时费用化，计入当期损益。

2. 开发阶段有关支出资本化的条件

开发阶段发生的有关支出同时满足下列条件的，应予以资本化，计入无形资产成本：

（1）完成该无形资产以使其能够使用或出售在技术上具有可行性。

（2）具有完成该无形资产并使用或出售的意图。

（3）有确定的无形资产产生经济利益的方式，包括能够证明运用该无形资产生产的产品存在市场或无形资产自身存在市场，无形资产将在内部使用的，应当证明其有用性。

（4）有足够的技术、财务和其他资源支持，以完成该无形资产的开发，并有能力使用或出售该无形资产。

（5）归属于该无形资产开发阶段的支出能够可靠地计量。

3. 自行研发无形资产成本计量

自行研发无形资产的成本，由可直接归属于该资产的创造、生产并使该资产能够以管理层预定的方式运作的所有必要支出构成。具体包括：开发该无形资产耗费的材料、劳务成本、注册费、在开发该无形资产过程中使用的其他专利权和特许权的摊销额，以及按照借款费用的处理原则可资本化的利息支出等。

在开发无形资产过程中发生的，除上述可直接归属于无形资产开发活动之外的其他销售费用、管理费用等间接费用，无形资产达到预定用途前发生的可辨认的无效和初始运作损失，为运行该无形资产发生的培训支出等，均不构成无形资产的开发成本。

自行研发无形资产的成本包括在满足资本化条件时点至无形资产达到预定用途前发生的支出总和，对于同一项无形资产在开发过程中达到资本化条件之前已经费用化计入当期损益的支出不再进行调整。

4. 自行研发无形资产账务处理

企业自行研发无形资产发生的研发支出，不满足资本化条件的，借记“研发支出——费用化支出”账户，满足资本化条件的，借记“研发支出——资本化支出”账户，贷记“原材料”“银行存款”“应付职工薪酬”等账户。期末，应将“研发支出——费用化支出”账户归集的金额转入管理费用，借记“管理费用”账户，贷记“研发支出——费用化支出”账户。研究开发项目达到预定用途形成无形资产时，应将“研发支出——资本化支出”账户的余额转入无形资产，借记“无形资产”账户，贷记“研发支出——资本化支出”账户。

【做中学1-109】宏业公司为提高技术原创能力，自行研究开发一项技术，截至2018年12月31日，发生研发支出合计200万元。经测试，该项研发活动完成了研究阶段，从2019年1月1日开始进入开发阶段。2019年发生研发支出30万元，假定符合《企业会计准则第6号——无形资产》规定的研发支出资本化条件。2019年6月30日，该项研发活动结束，最终开发形成一项非专利技术。

宏业公司账务处理如下：

2018年发生研发支出，编制会计分录：

借：研发支出——费用化支出　　2 000 000
　　贷：银行存款等　　2 000 000

2018年12月31日，将发生的研发支出转入管理费用，编制会计分录：

借：管理费用　　2 000 000
　　贷：研发支出——费用化支出　　2 000 000

2019年，发生研发支出并满足资本化确认条件，编制会计分录：

借：研发支出——资本化支出　　300 000
　　贷：银行存款等　　300 000

2019年6月30日，该技术研发活动完成并形成无形资产，编制会计分录：

借：无形资产　　300 000
　　贷：研发支出——资本化支出　　300 000

三、无形资产摊销与减值核算

（一）无形资产摊销与减值的选择

按是否有使用期限，无形资产分为使用寿命有限的无形资产和使用寿命不确定的无形资产两类。企业会计准则规定，对使用寿命有期限的无形资产，其成本应在其预计使用寿命期限内采用系统合理的方法进行摊销，计入当期损益；对使用寿命不确定的无形资产，在持有期间内不需要进行成本摊销，但应在每个会计期末进行减值测试，若发生减值，应计提无形资产减值准备。

（二）影响无形资产摊销的因素

1.应摊销金额

无形资产应摊销金额是指无形资产的初始成本扣除残值后的金额，已计提减值准备的，还应扣除已计提的无形资产减值准备金额。

2.残值

无形资产的残值一般为零，但下列情形除外：

（1）有第三方承诺在无形资产使用寿命结束时购买该项无形资产。

（2）可以通过活跃市场得到无形资产使用寿命结束时预计残值信息，并且该市场在该项无形资产使用寿命结束时很可能存在。

企业至少应于每年年末对无形资产的残值进行复核，预计残值与原估计金额不同的，应按会计估计变更处理。

3.摊销期

无形资产的摊销期限自其可供使用时起至终止确认时止，“当月增加的无形资产，当月开始摊销；当月减少的无形资产，当月不再摊销”。无形资产摊销期限的确定一般有以下几种方法：

（1）合同规定受益年限但法律没有规定有效年限的，摊销年限不应超过合同规定的受益年限。

（2）合同没有规定受益年限但法律规定了有效年限的，摊销年限不应超过法律规定的有效年限。

（3）合同规定了受益年限，法律也规定了有效年限的，摊销年限不应超过受益年限和有效年限两者之中的较短者。

（4）如果合同没有规定受益年限，法律也没有规定有效年限，企业应当综合各方面因素判断，以确定无形资产能为企业带来经济利益的期限。具体可以通过与同行业的情况比较、参考历史经验，或聘请相关专家进行论证等方法加以确定。若按上述方法仍无法合理确定无形资产为企业带来经济利益期限的，应当将该项无形资产作为使用寿命不确定的无形资产核算。

4.摊销方法

无形资产的摊销方法有年限平均法（即直线法）、产量法等。企业选择的无形资产摊销方法，应当能够反映与该项无形资产有关的经济利益的预期实现方式，并前后一贯地运用于不同会计期间。无法可靠确定经济利益的预期实现方式的，应当采用直线法进行摊销。

（三）无形资产摊销账务处理

企业应当按月对无形资产进行摊销，摊销金额一般应当计入当期损益。企业自用的无形资产摊销金额借记“管理费用”账户，出租无形资产的摊销金额借记“其他业务成本”账户，无形资产包含的经济利益通过所生产的产品或其他资产实现的也可借记“制造费用”等账户；贷记“累计摊销”账户。

【做中学1-110】2019年5月份，宏业公司发生如下两项与无形资产有关的业务：支付480万元（不含税），取得一项受益年限为10年的特许经营权；将其自行研发完成的非专利技术出租给丁公司，该非专利技术成本为360万元，双方约定的租赁期限为10年。

宏业公司账务处理如下：

特许经营权月摊销金额=4 800 000÷10÷12=40 000（元）

非专利技术月摊销金额=3 600 000÷10÷12=30 000（元）

5月份，计提无形资产摊销额时编制会计分录：

借：管理费用　　　　　　　　　　　　　　　　40 000

借：其他业务成本　　30 000
　　贷：累计摊销　　70 000

以后各月账务处理同上。

（四）无形资产减值账务处理

对于使用寿命不确定的无形资产，在持有期间不需要摊销，但应当在每个会计期间进行减值测试。

无形资产在资产负债表日存在减值迹象，其可收回金额低于账面价值的，企业应当将该无形资产的账面价值减记至可收回金额，减记的金额确认为资产减值损失，计入当期损益，同时计提相应的资产减值准备。

计提无形资产减值准备，借记“资产减值损失”账户，贷记“无形资产减值准备”账户。

无形资产减值损失一经确认，在以后会计期间不得转回，但处置无形资产时应予以转销。

【做中学1-111】2018年8月1日，宏业公司以银行存款购入一项市场畅销产品的商标权，取得的增值税专用发票上注明金额4 000万元、税额240万元。该商标按照法律规定还有5年的使用寿命，在保护期届满时，宏业公司可每10年以较低的手续费申请延期，宏业公司有充分证据表明其有能力申请延期。此外，根据产品生命周期、市场竞争等方面的情况综合判断，该商标权将在不确定的期间内为企业带来现金流量。根据上述情况，该商标权可视为使用寿命不确定无形资产，在持有期间内不需要进行摊销。2019年年底，宏业公司对该商标权进行减值测试，该商标权的公允价值为3 000万元。

宏业公司账务处理如下：

2018年8月，购入商标时编制会计分录：

借：无形资产——商标权　　40 000 000
　　应交税费——应交增值税（进项税额）　　2 400 000
　　贷：银行存款　　42 400 000

2019年发生减值时：

资产减值损失金额=4 000-30 00=1 000（万元）

借：资产减值损失——无形资产减值损失　　10 000 000
　　贷：无形资产减值准备——商标权　　10 000 000

四、无形资产处置核算

无形资产处置主要是指无形资产的出售、对外出租、对外捐赠，或因无法为企业带来未来经济利益予以终止确认。

（一）无形资产出售账务处理

企业出售某项无形资产，表明企业放弃无形资产的所有权，应将取得的价款与该无形资产的账面价值以及相关税费的差额作为无形资产处置利得或损失。

出售无形资产时，应按实际收到的金额，借记“银行存款”等账户；按已计提的累计摊销，借记“累计摊销”账户；按已计提的减值准备，借记“无形资产减值准备”账户；按应支付的相关税费，贷记“应交税费”账户；按其账面余额，贷记“无形资产”账户；按其差额，借记或贷记“资产处置损益”账户。

【做中学1-112】2019年5月1日，宏业公司将其拥有的某项商标权转让给信达公司，开具的增值税专用发票上注明金额200 000元、税额12 000元，全部款项已存银行。该商标权的成本为500 000元，累计摊销300 000元，无形资产减值准备50 000元。不考虑其他税费。

宏业公司账务处理如下：

5月1日，出售商标收讫款项时编制会计分录：

借：银行存款　　212 000
　　累计摊销　　300 000
　　无形资产减值准备　　50 000
　　贷：无形资产——商标权　　500 000
　　　　应交税费——应交增值税（销项税额）　　12 000
　　　　资产处置损益　　50 000

（二）无形资产出租账务处理

企业将拥有的无形资产使用权让渡给他人，并收取租金，属于与企业日常活动相关的其他经营活动，在满足收入确认条件的情况下，应确认相关的收入与成本。

让渡无形资产使用权取得租金收入时，按实际收到的金额，借记“银行存款”等账户；按不含税租金收入，贷记“其他业务收入”账户；按应交增值税，贷记“应交税费——应交增值税（销项税额）”账户。摊销出租无形资产成本、发生与出租无形资产相关的各项费用支出时，借记“其他业务成本”账户，贷记“累计摊销”等账户。

【做中学1-113】2019年1月1日，宏业公司将一项商标权出租给众鑫公司，每年的含税租金收入为95 400元，租期5年。宏业公司在出租期间不再使用该商标权，该商标权的账面余额为900 000元，摊销期限为20年，采用直线法摊销。

宏业公司账务处理如下：

每年取得租金收入时编制会计分录：

借：银行存款　　954 00
　　贷：其他业务收入　　90 000
　　　　应交税费——应交增值税（销项税额）　　54 00

按年对该项商标权进行摊销时编制会计分录：

借：其他业务成本　　45 000
　　贷：累计摊销　　45 000

（三）无形资产报废账务处理

如果无形资产预期不能为企业带来经济利益，应将其报废并予以转销，其账面价值转销。转销无形资产时，按已计提的累计摊销，借记“累计摊销”账户；按其账面余额，贷记“无形资产”账户；按已计提的减值准备，借记“无形资产减值准备”账户；按其差额，借记“营业外支出”账户。

微课：无形资产处置核算

【做中学1-114】2019年6月15日，宏业公司拥有某项非专利技术，有确凿证据表明已经不能为企业带来经济利益，公司决定予以转销。转销时，该项非专利技术的账面余额为900 000元，累计摊销700 000元，已计提的减值准备为100 000元，假定不考虑其他相关因素。

宏业公司账务处理如下：

借：累计摊销　　700 000

　　无形资产减值准备　　100 000

　　营业外支出　　100 000

　　贷：无形资产——非专利技术　　900 000

五、长期待摊费用核算

长期待摊费用是指企业已经发生但应由本期和以后各期负担的分摊期限在1年以上的各项费用，如以经营租赁方式租入的固定资产发生的改良支出等。

企业应设置“长期待摊费用”账户，核算长期待摊费用的发生、摊销和结存等情况。该账户属于资产类账户，借方登记发生的长期待摊费用，贷方登记按期摊销的金额，期末借方余额反映企业尚未摊销完毕的长期待摊费用。本账户可按费用项目进行明细核算。

企业发生长期待摊费用，借记“长期待摊费用”账户，贷记“原材料”“银行存款”等账户。摊销长期待摊费用，借记“管理费用”“销售费用”等账户，贷记“长期待摊费用”账户。

【做中学1-115】2019年4月1日，宏业公司对其以经营租赁方式新租入的办公楼进行装修，发生以下有关支出：领用生产用材料500 000元，购进该批原材料时支付的增值税为65 000元；辅助生产车间为该装修工程提供的劳务为180 000元；有关人员工资等职工薪酬435 000元。2019年11月30日，该办公楼装修完工，达到预定可使用状态并交付使用，按租赁期10年开始进行摊销。

宏业公司账务处理如下：

装修领用原材料时编制会计分录：

借：长期待摊费用　　500 000

　　贷：原材料　　500 000

辅助车间为装修工程提供劳务时编制会计分录：

借：长期待摊费用　　180 000

　　贷：生产成本——辅助生产成本　　180 000

确认相关人员职工薪酬时编制会计分录：

借：长期待摊费用　　435 000

　　贷：应付职工薪酬　　435 000

12月摊销装修支出时编制会计分录：

借：管理费用　　9291.67

　　贷：长期待摊费用　　9291.67

六、无形资产和长期待摊费用列报

无形资产和长期待摊费用在资产负债表的列示见表1-27。

表1-27

资产负债表

编制单位：宏业公司　　　　2019年12月31日　　　　单位：元

资　产	期末余额	上年年末余额	负债和所有者权益（或股东权益）	期末余额	上年年末余额
流动资产					
……					
非流动资产					
……					
无形资产	245 000.00				
开发支出	100 000.00				
商誉					
长期待摊费用					
……					

具体填列说明如下：

（1）“无形资产”项目，反映企业持有无形资产的账面价值。本项目应根据“无形资产”账户的期末余额，减去“累计摊销”和“无形资产减值准备”账户期末余额后的金额填列。

（2）“开发支出”项目，反映企业开发无形资产过程中能够资本化形成无形资产成本的支出部分。本项目应当根据“研发支出”账户所属的“资本化支出”明细账户期末余额填列。

（3）“长期待摊费用”项目，反映企业尚未摊销的推销期在1年以上的各项费用。长期待摊费用中在1年以内（含1年）摊销的部分，在资产负债表“一年内到期的非流动资产”项目填列。本项目应根据“长期待摊费用”账户的期末余额减去将于1年以内（含1年）摊销的数额后的金额填列。

【做中学1-116】2019年12月31日，宏业公司无形资产相关账户余额见表1-28。

表1-28

宏业公司无形资产相关账户余额

2019年12月31日　　　　单位：元

总账账户	明细账户	余额		备注
		借方	贷方	
无形资产		400 000.00		
	1号专利	400 000.00		
累计摊销			150 000.00	
无形资产减值准备			5 000.00	
研发支出		100 000.00		
	资本化支出	100 000.00		

2019年12月31日，宏业公司上述无形资产相关账户信息应该在资产负债表如下项目中列报：

“无形资产”项目金额=400 000-150 000-5 000=245 000（元）

“开发支出”项目金额=100 000（元）

任务内容导图

本任务内容导图如图1-17所示。

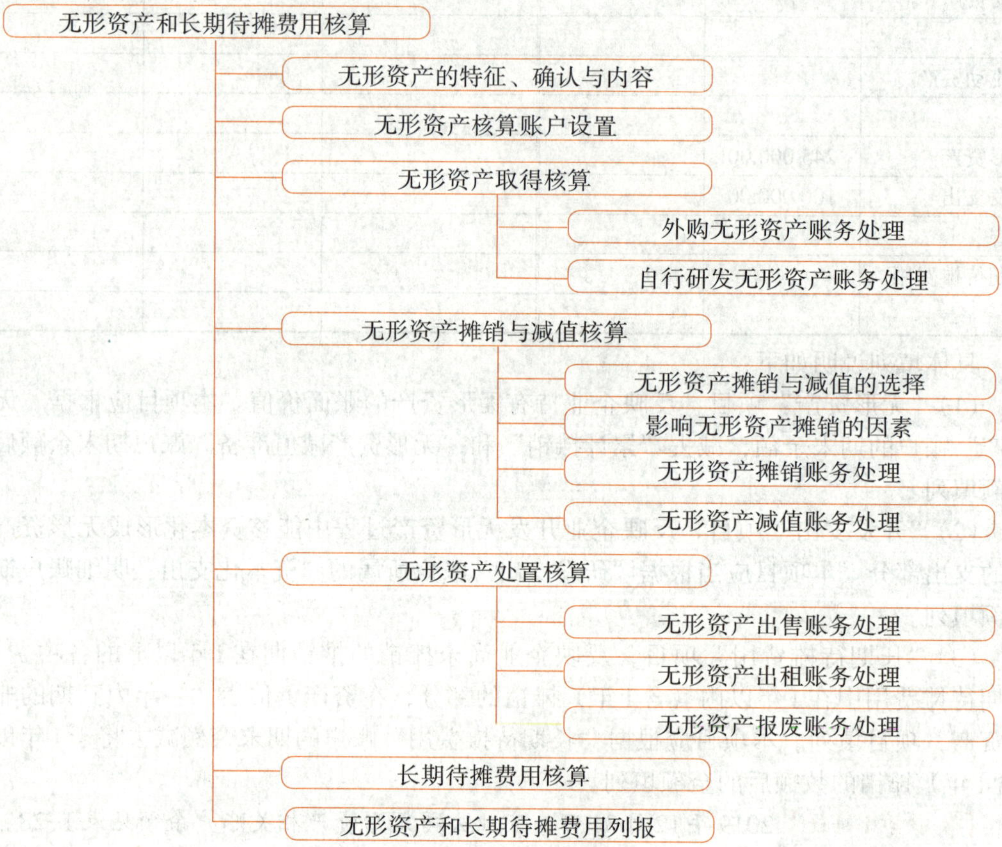

图1-17 本任务内容导图

复习思考题

1. 什么是无形资产？无形资产有何特征？包括哪些内容？
2. 如何确认无形资产？
3. 企业外购无形资产成本如何确认？怎样进行账务处理？
4. 企业自行研发无形资产成本如何确认？怎样进行账务处理？
5. 使用寿命有限的无形资产怎样进行摊销的账务处理？
6. 使用寿命不确定的无形资产怎样进行减值的账务处理？
7. 企业处置无形资产怎样进行账务处理？
8. 什么是长期待摊费用？如何进行账务处理？
9. 资产负债表中无形资产和长期待摊费用项目如何填列？

项目二 负债核算

↘【知识点】

应付职工薪酬核算内容及账户设置

↘【技能点】

1. 短期借款与长期借款定义、账户设置、核算与列报
2. 应付及预收款项定义、账户设置、核算与列报
3. 应付职工薪酬核算与列报
4. 应交增值税核算
5. 应交消费税核算
6. 其他应交税费核算与应交税费列报

引 言

负债是指企业过去的交易或事项形成的、预期会导致经济利益流出企业的现时义务。负债按其偿还期长短可分为流动负债和非流动负债。流动负债是指预计在一个正常营业周期中清偿，或者主要为交易目的而持有，或者自资产负债表日起一年内（含一年）到期应予以清偿，或者企业无权自主地将清偿推迟至资产负债表日后一年以上的负债，主要包括短期借款、交易性金融负债、应付票据、应付账款、预收账款、合同负债、应付职工薪酬、应交税费、应付利息、应付股利、其他应付款等。非流动负债是指流动负债以外的负债，包括长期借款、应付债券、租赁负债、长期应付款、递延收益等。本项目主要介绍除交易性金融负债以外的流动负债及长期借款的确认、计量、账务处理及其在资产负债表中的列报方法。

任务一　短期借款与长期借款核算

技能点 2-1　短期借款与长期借款定义、账户设置、核算与列报

一、短期借款核算

（一）短期借款定义、核算内容及其账户设置

短期借款是指企业向银行或其他金融机构等借入的偿还期限在1年以下（含1年）的各种款项。短期借款一般是企业为满足正常生产经营所需或为抵偿某项债务而借入，主要有经营周转借款、临时借款、结算借款、票据贴现借款等。短期借款的债权人除了银行，还包括非银行金融机构、其他单位和个人。

短期借款核算涉及的账户主要有短期借款、应付利息等。其中：

“短期借款”账户，核算短期借款的取得、偿还等情况。该账户属于负债类账户，贷方登记取得借款的本金，借方登记偿还借款本金，期末贷方余额反映企业尚未偿还的短期借款本金。本账户可按借款种类、贷款人和币种进行明细核算。

（二）短期借款账务处理

1.取得本金

企业从银行或其他金融机构取得短期借款时，根据实际取得金额，借记“银行存款”账户，贷记“短期借款”账户。

2.计算与支付利息

短期借款利息属于筹资费用，一般应当在发生时直接计入当期财务费用。短期借款的利息计算与确认有两种方式：

（1）利息按季度支付或在借款到期时连同本金一起归还，并且数额较大的，应采用“月末预提方式”处理。

企业应当在资产负债表日，按照计算确定的短期借款利息费用，借记“财务费用”账户，贷记“应付利息”账户。实际支付利息时，根据已预提的利息，借记“应付利息”账户；按支付利息当期的应计利息，借记“财务费用”账户；按实际支付的利息总额，贷记“银行存款”账户。

微课：短期借款核算

（2）利息按月支付或在借款到期时连同本金一起归还，但数额不大的，可不采用预提的方式，而是在实际支付或收到银行计息通知时，计入当期损益。实际支付利息时，按实际支付的利息总额，借记“财务费用”账户，贷记“银行存款”账户。

【提示】应付未付的短期借款的利息通过“应付利息”账户核算，不记入“短期借款”账户。

3.偿还本金

企业短期借款到期偿还本金时，借记“短期借款”账户，贷记“银行存款”账户。

【做中学2-1】宏业公司于2019年1月1日向银行借入一笔生产经营用资金，共计120 000元，期限为9个月，年利率为6%。根据与银行签署的借款协议，该项借款的利息按季支付，本金到期一次归还。

宏业公司账务处理如下：

1月1日，取得短期借款时编制会计分录：

借：银行存款　　120 000
　　贷：短期借款　　120 000

1月末，计提当月利息=120 000×6%÷12=600（元）

借：财务费用　　600
　　贷：应付利息　　600

2月末计提利息会计处理与1月份相同（略）。

3月末，支付第一季度银行借款利息，编制会计分录：

借：财务费用　　600
　　应付利息　　1 200
　　贷：银行存款　　1 800

第二、三季度计提与支付利息会计处理与第一季度相同（略）。

10月1日，偿还银行借款本金，编制会计分录：

借：短期借款　　120 000
　　贷：银行存款　　120 000

【拓展练习】如果上述借款期限是8个月，则到期日为9月1日，8月末之前的会计处理与上述相同。

9月1日偿还银行借款本金，同时支付7月和8月已提未付利息，编制会计分录：

借：短期借款　　120 000
　　应付利息　　1 200
　　贷：银行存款　　121 200

二、长期借款核算

（一）长期借款定义、核算内容及其账户设置

长期借款是指企业向银行或其他金融机构借入的期限在1年以上（不含1年）的各种款项。按照利息与本金的偿还方式不同，长期借款可分为分期付息到期还本长期借款、到期一次还本付息长期借款、分期偿还本息长期借款三类。

长期借款筹集的资金一般用于固定资产的购建、改扩建工程、大修理工程、对外投资以及保持长期经营能力等方面。由于长期借款的使用关系到企业生产经营规模和效益，企业除了要遵守有关的贷款规定、编制借款计划并要不同形式的担保外，还应监督借款的使用、按期支付长期借款利息以及按规定的期限归还借款本金等。因此，长期借款核算的基本要求是反映和监督企业长期借款的借入、借款利息的结算和借款本息的归还情况，促使企业遵守信贷纪律、提高信用等级，同时也要确保长期借款发挥效益。

为了核算长期借款的取得、偿还等情况，企业应设置“长期借款”账户。该账户属于负债类账户，贷方登记长期借款本息的增加额，借方登记长期借款本息的减少额，期末贷方余额反映企业尚未偿还的长期借款本息金额。本账户可按贷款单位和贷款种类设置“本金”“利息调整”等账户进行明细核算。

（二）长期借款账务处理

1.取得本金

企业借入长期借款，应按实际收到的金额，借记“银行存款”账户；按借款本金，贷记“长期借款——本金”账户；按其差额，借记“长期借款——利息调整”账户。

【做中学2-2】2019年11月30日，宏业公司从银行借入资金300万元，借款期限为3年，年利率为6.9%，到期一次还本付息，不计复利。公司当日用该借款购买不需安装的设备一台，取得的增值税专用发票上注明金额2 400 000元、税额312 000元。另支付保险费等费用，取得的增值税专用发票上注明金额32 000元、税额1 920元。设备已于当日投入使用。

宏业公司账务处理如下：

2019年11月30日，取得借款时编制会计分录：

借：银行存款	3 000 000	
贷：长期借款——本金		3 000 000

支付设备款及保险费时编制会计分录：

借：固定资产	2 432 000	
应交税费——应交增值税（进项税额）	313 920	
贷：银行存款		2 745 920

2.计算与支付利息

在资产负债表日，企业应按长期借款的摊余成本和实际利率计算确定长期借款的利息费用。实际利率与合同利率差异较小的，也可以采用合同利率计算确定利息费用。

长期借款计算确定的利息费用应当按《企业会计准则第17号——借款费用》有关规定处理：属于筹建期间的，计入管理费用；属于生产经营期间的，计入财务费用。如果长期借款用于购建固定资产等符合资本化条件的资产，在资产达到预定可使用状态前，所发生的应当资本化的利息支出，计入在建工程等相关资产成本，按规定不予资本化的利息支出，计入财务费用；资产达到预定可使用状态后发生的利息支出，计入财务费用。

微课：长期借款核算

企业在计提利息时，按长期借款的摊余成本和实际利率计算确定的利息费用，借记“在建工程”“制造费用”“财务费用”“研发支出”等账户；按借款本金和合同利率计算确定的应付未付利息，分期付息的，贷记“应付利息”账户，一次还本付息的，贷记“长期借款——应计利息”账户；按其差额，借记或贷记“长期借款——利息调整”账户。

【做中学2-3】沿用【做中学2-2】资料，宏业公司2019年12月31日计提长期借款利息。

宏业公司账务处理如下：

2019年12月31日，计提长期借款利息=3 000 000×6.9%÷12=17 250（元）

借：财务费用　　17 250

　　贷：长期借款——应计利息　　17 250

2020年1月至2022年10月每月月末预提利息会计分录同上。

3. 偿还本金

企业归还长期借款，按归还的长期借款本金，借记“长期借款——本金”账户；按转销的利息调整金额，借记“长期借款——利息调整”账户；按实际归还款项（可能包括最后一次支付的利息），贷记“银行存款”账户；按其差额，借记“在建工程”“制造费用”“财务费用”“研发支出”等账户。

如果长期借款到期偿还本金前，利息已计提并全部支付，则按借款本金，借记“长期借款——本金”账户，贷记“银行存款”账户。

【做中学2-4】沿用【做中学2-2】资料，宏业公司2022年11月30日偿还该笔银行借款本息。

宏业公司账务处理如下：

应计利息=3 000 000×6.9%÷12×35=603 750（元）

借：财务费用　　17 250

　　长期借款——本金　　3 000 000

　　　　　　——应计利息　　603 750

　　贷：银行存款　　3 621 000

三、短期借款与长期借款列报

短期借款与长期借款在资产负债表中的列示见表2-1。

具体填列说明如下：

（1）“短期借款”项目，反映企业向银行或其他金融机构等借入的期限在1年以下（含1年）的各种借款。本项目应根据“短期借款”账户的期末余额填列。

表2-1　　　　　　　　　　　　　　资产负债表

编制单位：　　　　　　　　　　　　年　　月　　日　　　　　　　　　　　单位：元

资　产	期末余额	上年年末余额	负债和所有者权益（或股东权益）	期末余额	上年年末余额
			流动负债：		
			短期借款		
			……		
			一年内到期的非流动负债		
			……		
			非流动负债：		
			长期借款		

（2）“长期借款”项目，反映企业向银行或其他金融机构借入的期限在1年以上（不含1年）的各项借款。本项目应根据“长期借款”账户的期末余额扣除“长期借款”账户所属明细账户中将在资产负债表日起1年内到期且企业不能自主地将清偿义务展期的长期借款后的金额计算填列。

【注意】“长期借款”账户所属明细账户中将在资产负债表日起1年内到期且企业不能自主地将清偿义务展期的，应在“一年内到期的非流动负债”项目填列。

任务内容导图

本任务内容导图如图2-1所示。

- 短期借款与长期借款
  - 短期借款核算
    - 短期借款定义、核算内容及账户设置
    - 短期借款取得本金、计算与支付利息、偿还本金账务处理
  - 长期借款核算
    - 长期借款定义、核算内容及其账户设置
    - 长期借款取得本金、计算与支付利息、偿还本金账务处理
  - 短期借款与长期借款列报

图2-1　本任务内容导图

复习思考题

1. 什么是负债？按流动性负债可以怎样分类？

2. 什么是流动负债？流动负债主要有哪些？

3. 什么是非流动负债？非流动负债主要有哪些？

4. 什么是短期借款？短期借款利息计算方式有哪些？短期借款业务如何进行账务处理？

5. 长期借款利息有哪几种计提方式？长期借款利息费用应如何计入有关成本费用中？

6. 长期借款核算内容包括哪些？其账务处理与短期借款有何不同？

7. 短期借款与长期借款在资产负债表中如何列报？

任务二 应付及预收款项核算

技能点 2-2 应付及预收款项定义、账户设置、核算与列报

一、应付及预收款项核算内容及其账户设置

应付及预收款项是与应收及预付款项对应的一个概念，指企业在日常生产经营过程中发生的各项债务，包括应付票据、应付账款、应付股利、应付利息、其他应付款和预收账款。

（一）应付票据定义及其账户设置

应付票据是在采用商业汇票结算方式下产生的一项负债。企业对于因购买商品、接受劳务而开出的商业汇票，应设置“应付票据”账户。该账户属于负债类账户，贷方登记开出并承兑的商业汇票的票面金额，借方登记到期支付的票款或转出的金额，期末贷方余额反映企业尚未到期的商业汇票的票面金额。本账户可按债权人进行明细核算。同时，企业应设置“应付票据备查簿”，详细登记商业汇票的种类、号数和出票日期、到期日、票面金额、交易合同号和收款人姓名或单位名称以及付款日期和金额等资料。

在采用商业承兑汇票结算方式下，付款人为承兑人，对该项债务作出到期支付的承诺，构成企业的一项流动负债；在采用银行承兑汇票结算方式下，付款人申请其开户银行作为承兑人，由银行承兑汇票，这只是为收款人提供可靠的信用保证，对于付款人而言，并未因银行保证到期付款而被免除到期付款的义务，同样应将该项债务作为一项流动负债核算。

应付票据按票面是否带息，分为带息应付票据和不带息应付票据。带息应付票据指票面上注明利率的票据，带息票据到期时，一次性支付面值金额和到期利息；不带息应付票据指票面上未注明利率的票据，不带息票据到期时，按面值偿付。不论哪种应付票据，企业一般都按票据的面值入账。

（二）应付账款定义及其账户设置

应付账款是指企业因购买材料、商品或接受劳务等经营活动产生的应支付给供应商的款项。它是买卖双方在购销活动中因取得物资或接受劳务与款项结算在时间上不一致而产生的负债。应付账款和应付票据虽然都是由购买商品、接受劳务而引起，都属于流动负债，但应付账款属于结清的债务，而应付票据是一种承诺付款的期票，是一种延期付款证明。

为了核算应付账款的发生、偿还、转销等情况，企业应设置"应付账款"账户。该账户属于负债类账户，贷方登记企业购买材料、商品或接受劳务等发生的应付未付的款项，以及因无力支付到期商业承兑汇票而转入的应付票款，借方登记偿还应付账款、开出商业汇票抵付应付账款的款项或冲销无法支付的应付账款，期末贷方余额反映企业尚未支付的应付账款。本账户可按债权人进行明细核算。

应付账款的入账时间应以商品所有权发生转移或已接受劳务为标志确定，即在取得商品所有权时或已接受劳务时确认应付账款。实务中区分两种情况进行处理：第一，货物与发票账单同时到达，应在货物验收入库后确认应付账款。这样做的目的是避免应付账款先入账，但在验收货物时发现货物质量、品种、规格、数量等与合同不符拒付部分或全部货款，而再行调整已入账的应付账款。第二，货物与发票账单未同时到达，一般在收到发票账单时入账。如果月末发票账单仍未到达，为如实反映企业承担的负债，应按暂估价入账，下月初做相反的会计分录冲回。

应付账款按应付金额（到期偿付金额）入账，存在购货折扣的应考虑折扣因素的影响。有商业折扣的，应付账款按发票金额，即扣除商业折扣后的金额入账；有现金折扣的，应付账款应按发票上记载的应付金额全额入账，即不扣除现金折扣，待实际享受现金折扣时，将折扣金额冲减当期的财务费用。

（三）预收账款定义及其账户设置

预收账款是企业按买卖双方协议，预先向购货方或劳务接受方收取一部分货款或定金而形成的负债。与应付账款不同，该项负债将来要用商品或劳务来偿还。

为了核算预收、补收或退回多收货款等情况，企业应设置"预收账款"账户。该账户属于负债类账户，贷方登记企业收到购货方预付的货款及补付的货款；借方登记企业发货后应收的货款及退回多收购货方的货款；期末贷方余额反映企业预收的款项，期末借方余额反映企业尚未转销的款项。本账户可按购货单位进行明细核算。

【提示】预收账款情况不多的企业，可以不设"预收账款"账户，将预收的款项直接通过"应收账款"账户核算。

（四）应付股利定义及其账户设置

应付股利是指企业根据股东大会或类似机构审议批准的利润分配方案确定分配给投资者的现金股利或利润。

为核算和监督应付现金股利或利润的形成和支付业务，企业应设置"应付股利"账户。该账户属于负债类账户，贷方登记应支付的现金股利或利润，借方登记实际支付的现金股利或利润，期末贷方余额反映企业应付未付的现金股利或利润。本账户可按投资者进行明细核算。

（五）应付利息定义及其账户设置

应付利息是指企业按照合同约定应支付的利息，包括分配付息到期还本的长期借款、企业债券等应支付的利息。

为了核算和监督应付利息的计提与支付等情况，企业应设置“应付利息”账户。该账户属于负债类账户，贷方登记按照合同约定计算的应付利息，借方登记实际支付的利息，期末贷方余额反映企业应付未付的利息。该账户可按存款人或债权人进行明细核算。

（六）其他应付款定义及其账户设置

其他应付款是指与企业的购销业务没有直接关系的应付、暂收其他单位或个人的款项。其他应付款包括应付经营租入固定资产的租金、租入包装物的租金、存入保证金、出租出借包装物收取的押金等。

为核算和监督其他应付款的发生和偿还等情况，企业应设置“其他应付款”账户。该账户属于负债类账户，贷方登记发生的各种应付、暂收款项，借方登记偿还或转销的各种应付、暂收款项，期末贷方余额反映企业应付未付的其他应付款项。该账户可按其他应付款的项目和对方单位或个人进行明细核算。

二、应付票据账务处理

（一）开出商业汇票

企业因购买材料、商品或接受劳务等而开出并承兑商业汇票时，应当按其票面金额，借记“材料采购”“库存商品”“原材料”“应交税费——应交增值税（进项税额）”等账户，贷记“应付票据”账户。

企业如果开出银行承兑汇票，还应按票面金额的万分之五向银行支付手续费。根据实际支付的金额，借记“财务费用”账户，贷记“银行存款”账户。

【做中学2-5】2019年5月6日，宏业公司购入原材料一批，增值税专用发票上注明金额60 000元、税额7 800元，材料已验收入库。宏业公司开出商业汇票一张，并经开户银行承兑，面值67 800元，期限5个月。支付承兑手续费33.90元，其中增值税1.92元。假设原材料按实际成本计价核算。

宏业公司账务处理如下：

5月6日，开出并承兑商业汇票购入材料时编制会计分录：

借：原材料	60 000	
应交税费——应交增值税（进项税额）	7 800	
贷：应付票据		67 800

支付商业汇票承兑手续费时编制会计分录：

借：财务费用	31.98	
应交税费——应交增值税（进项税额）	1.92	
贷：银行存款		33.90

（二）应付票据到期

（1）商业汇票到期企业支付票款时，借记“应付票据”账户，贷记“银行存款”账户。

（2）商业汇票到期企业无力支付票款时，企业应按不同种票据分别进行处理：

属于商业承兑汇票的，应将应付票据的账面余额转作应付账款，借记“应付票据”账户，贷记“应付账款”账户。

属于银行承兑汇票的，承兑银行将代为支付票款，并将其转为对付款人的逾期贷款，企业应将应付票据的账面余额转为短期借款，借记“应付票据”账户，贷记“短期借款”账户，并按每天万分之五的利率支付罚息，罚息支出计入财务费用。

【做中学2-6】沿用【做中学2-5】资料，7月6日商业汇票到期，宏业公司收到开户银行的付款通知，核销该应付票据。

宏业公司支付商业汇票款时编制会计分录：

借：应付票据	67 800	
贷：银行存款		67 800

【拓展练习】若宏业公司无力支付票款，开户银行将代为支付。宏业公司账务处理如下：

借：应付票据	67 800	
贷：短期借款		67 800

三、应付账款账务处理

（一）发生应付账款

企业购入材料、商品等验收入库，而货款尚未支付，根据发票账单等有关凭证，借记“材料采购”“在途物资”“原材料”等账户；按可抵扣的增值税，借记“应交税费——应交增值税（进项税额）”账户；按应付价款总额，贷记“应付账款”账户。

企业接受供应单位提供劳务而发生的应付未付款项，根据供应单位的发票账单，借记“生产成本”“管理费用”等账户，贷记“应付账款”账户。

【做中学2-7】2019年5月1日，宏业公司从A公司购入一批材料，价款100 000元，增值税13 000元；对方代垫运费1 000元，增值税90元。材料验收入库，款项尚未支付。假设宏业公司对原材料采用实际成本计价核算。

宏业公司账务处理如下：

材料验收入库时编制会计分录：

借：原材料	101 000	
应交税费——应交增值税（进项税额）	13 090	
贷：应付账款——A公司		114 090

【做中学2-8】2019年5月2日，宏业公司下属非独立核算的商场从A公司购入一批家电产品并验收入库，增值税专用发票上注明金额1 000 000元、税额130 000元。按照购货协议的规定，宏业公司如在15天内付清货款，将获得1%的现金折扣（假定计算现金折扣时需考虑增值税）。

宏业公司账务处理如下：

5月2日，商品验收入库时编制会计分录：

借：库存商品	1 000 000	
应交税费——应交增值税（进项税额）	130 000	

贷：应付账款——A公司 1 130 000

（二）偿还应付账款

企业偿还应付账款或开出商业承兑汇票抵付账款时，借记“应付账款”账户，贷记“银行存款”“应付票据”账户。

【做中学2-9】沿用【做中学2-8】资料，5月10日，宏业公司以银行存款付清了所欠A公司货款共计1 148 400元。

宏业公司账务处理如下：

5月10日，可享受的现金折扣金额=1 130 000×1%=11 300（元）

支付货款时编制会计分录：

借：应付账款——A公司 1 130 000

　　贷：银行存款 1 118 700

　　　　财务费用 11 300

（三）转销应付账款

因债权单位撤销或其他原因企业确实无法支付的应付账款，应按其账面余额转入营业外收入，借记“应付账款”账户，贷记“营业外收入”账户。

【做中学2-10】2019年5月30日，经查，宏业公司一笔应付丙公司的账款4 000元无法支付，经批准予以转销。

宏业公司账务处理如下：

借：应付账款——丙公司 4 000

　　贷：营业外收入 4 000

四、预收账款账务处理

企业向购货单位预收款项时，借记“银行存款”账户，贷记“预收账款”账户。销售实现时，按实现的收入和应交增值税的合计金额，借记“预收账款”账户；按实现的销售收入，贷记“主营业务收入”账户；按应交增值税税额，贷记“应交税费——应交增值税（销项税额）”账户。企业收到购货单位补付款项时，借记“银行存款”账户，贷记“预收账款”账户。企业向购货单位退回多收款项时，借记“预收账款”账户，贷记“银行存款”账户。

【做中学2-11】2019年5月3日，宏业公司与甲公司签订一份销售合同，向甲公司出售一批产品，货款金额共计200 000元，增值税26 000元。根据购货合同的规定，甲公司在购货合同签订后1周内应向宏业公司预付货款120 000元，剩余货款在交货后付清。5月9日，宏业公司收到甲公司预付货款120 000元存入银行。5月19日，宏业公司将货物发往甲公司，开出增值税专用发票，甲公司验收货物后付清剩余货款。

宏业公司账务处理如下：

5月9日，收到甲公司预付货款时编制会计分录：

借：银行存款 120 000

　　贷：预收账款——甲公司 120 000

5月19日，向甲公司发出货物时编制会计分录：

借：预收账款——甲公司 226 000

贷：主营业务收入　　200 000

应交税费——应交增值税（销项税额）　　26 000

5月19日，收到甲公司补付的货款时编制会计分录：

借：银行存款　　106 000

贷：预收账款——甲公司　　106 000

【提示】上述5月19日的两笔业务也可合并处理如下：

借：预收账款——甲公司　　120 000

银行存款　　106 000

贷：主营业务收入　　200 000

应交税费——应交增值税（销项税额）　　26 000

五、应付股利与应付利息账务处理

企业应根据股东大会或类似机构审议批准的利润分配方案，确认应付给投资者的现金股利或利润时，借记“利润分配——应付现金股利或利润”账户，贷记“应付股利”“应付利润”账户；向投资者实际支付现金股利或利润时，借记“应付股利”“应付利润”账户，贷记“银行存款”等账户。

企业分配的股票股利，在正式办理增资手续之前，不需进行正式的账务处理，而只在备查簿中作相应登记。企业董事会或类似机构通过的利润分配方案中拟分配的现金股利或利润，不作账务处理，但应在附注中披露。

【做中学2-12】宏业公司经股东会批准，决定分配现金股利500万元。按股东持股比例计算，A股东应得股利150万元，B股东应得股利350万元。

宏业公司确认应付投资者股利时编制会计分录：

借：利润分配——应付股利　　5 000 000

贷：应付股利——A股东　　150 000

——B股东　　350 000

应付利息账务处理在本项目任务一中已述及，此处不再重复。

六、其他应付款账务处理

企业发生其他各种应付、暂收款项时，借记“管理费用”等账户，贷记“其他应付款”账户；支付或退回其他各种应付、暂收款项时，借记“其他应付款”账户，贷记“银行存款”等账户。

【做中学2-13】宏业公司从2019年7月1日起以经营租赁方式租入办公设备一批，合同约定月租金8 000元，按季支付。9月30日，宏业公司以银行存款支付租金，取得的增值税专用发票上注明金额24 000元、税额3 120元。

宏业公司账务处理如下：

7月1日，计提应付经营租入固定资产租金时编制会计分录：

借：管理费用　　8 000

贷：其他应付款　　8 000

8月末，计提应付经营租入固定资产租金同上。

9月30日，支付租金时编制会计分录：

借：其他应付款　　16 000

　　管理费用　　8 000

　　应交税费——应交增值税（进项税额）　　3 120

　　贷：银行存款　　27 120

七、应付及预收款项列报

应付及预收款项在资产负债表中的列示见表2-2。

表2-2　资产负债表

编制单位：　年　月　日　单位：元

资　产	期末余额	上年年末余额	负债和所有者权益（或股东权益）	期末余额	上年年末余额
			流动负债：		
			……		
			应付票据		
			应付账款		
			预收款项		
			……		
			其他应付款		
			……		

具体填列说明如下：

（1）“应付票据”项目，反映资产负债表日以摊余成本计量的、企业因购买材料、商品和接受服务等开出、承兑的商业汇票。该项目应根据“应付票据”账户的期末余额填列。

（2）“应付账款”项目，反映资产负债表日以摊余成本计量的、企业因购买材料、商品和接受服务等经营活动应支付的款项。该项目应根据“应付账款”和“预付账款”账户所属的相关明细账户的期末贷方余额合计数填列。

（3）“预收款项”项目，反映企业按照销货合同规定预收购货单位的款项。本项目应根据“预收账款”和“应收账款”账户所属各明细账户的期末贷方余额合计数填列；如“预收账款”账户所属各明细账户期末有借方余额，应在资产负债表“应收账款”项目内填列。

（4）“其他应付款”项目，应根据“应付利息”“应付股利”和“其他应付款”账户的期末余额合计数填列。

任务内容导图

本任务内容导图如图2-2所示。

- 应付及预收款项核算
  - 应付及预收款项核算内容及其账户设置
  - 应付票据账务处理
  - 应付账款账务处理
  - 预收账款账务处理
  - 应付股利与应付利息账务处理
  - 其他应付款账务处理
  - 应付及预收款项列报

图2-2 本任务内容导图

复习思考题

1.什么是应付票据？应付票据业务如何进行账务处理？

2.应付账款与应付票据有什么异同点？应付账款应在何时入账？其金额怎样确定？

3.预收账款与应付票据、应付账款的最大区别是什么？如何进行预收账款业务核算？

4.简述其他应付款的定义与内容。

5.应付及预收款项在资产负债表中如何列报？

任务三 应付职工薪酬核算

知识点 2-1 应付职工薪酬核算内容及账户设置

一、应付职工薪酬内容

应付职工薪酬是指企业为获得职工提供的服务或解除劳动关系而给予的各种形式的报酬或补偿。

（一）“职工”的类别

上述“职工”主要包括三类人员：

（1）与企业订立劳动合同的所有人员，包括全职、兼职和临时职工。

（2）未与企业订立劳动合同但由企业正式任命的企业治理层和管理层人员，如董事会成员、监事会成员等。

（3）虽未与企业订立劳动合同或未由其正式任命，但在企业的计划或控制下，为企业所提供的服务与职工所提供的服务类似的人员，如通过中介机构签订用工合同，为企业提供与本企业职工类似服务的人员。

微课：应付职工薪酬核算内容

【提示】企业提供给职工配偶、子女、受赡养人、已故员工遗属及其他受益人等的福利，也属于职工薪酬。

（二）应付职工薪酬核算内容

1. 短期薪酬

短期薪酬是指企业在职工提供相关服务的年度报告期间结束后十二个月内需要全部予以支付的职工薪酬，因解除与职工的劳动关系给予的补偿除外。具体包括：

（1）职工工资、奖金、津贴和补贴。是指按照国家统计局《关于职工工资总额组成的规定》，构成工资总额的计时工资、计件工资、支付给职工的超额劳动报酬和增收节支的劳动报酬，为了补偿职工特殊或额外的劳动消耗和因其他特殊原因支付给职工的津贴，以及为了保证职工工资水平不受物价影响支付给职工的物价补贴等。

（2）职工福利费。是指企业向职工提供的生活困难补助、丧葬补助费、抚恤费、职工异地安家费、因公外地就医费用、职工疗养费用、防暑降温费等职工福利支出。

（3）医疗、工伤和生育等社会保险费。是指企业按照国家规定的基准和比例计算，向社会保险经办机构缴纳的医疗保险费、工伤保险费和生育保险费，以及根据相关规定，向有关单位（企业年金基金账户管理人）缴纳的补充养老保险费。

（4）住房公积金。是指企业按照国家《住房公积金管理条例》规定的基准和比例计算，向住房公积金管理机构缴存的住房公积金。

（5）工会经费和职工教育经费。是指企业为了改善职工文化生活、提高职工业务素质，用于开展工会活动和职工教育及职业技能培训，根据国家规定的基准和比例，从成本费用中提取的金额。

（6）短期带薪缺勤。是指职工虽然缺勤但企业仍向其支付报酬的安排，包括年休假、病假、婚假、产假、丧假、探亲假等。

（7）短期利润分享计划。是指因职工提供服务而与职工达成的基于利润或其他经营成果提供薪酬的协议。长期利润分享计划属于其他长期职工福利，不属于本项目范围。

（8）其他短期薪酬。是指除上述薪酬以外的其他为获得职工提供的服务而给予的短期薪酬。

2. 离职后福利

离职后福利是指企业为获得职工提供的服务而在职工退休或与企业解除劳动关系后，提供的各种形式的报酬和福利（短期薪酬和辞退福利除外）。离职后福利包括退休福利及其他离职后福利，如养老保险和失业保险。

离职后福利计划是指企业与职工就离职后福利达成的协议，或企业为向职工提供离职后福利制定的规章或办法等。企业应将离职后福利计划分类为设定提存计划和设定受益计划。其中，设定提存计划是指向独立的基金缴存固定费用后，企业不再承担进一步支付义务的离职后福利计划；设定受益计划是指除设定提存计划以外的离职后福利计划。

3.辞退福利

辞退福利是指企业在职工劳动合同到期之前解除与职工的劳动关系，或为鼓励职工自愿接受裁减而给予职工的补偿。

4.其他长期职工福利

其他长期职工福利是指除短期薪酬、离职后福利、辞退福利之外所有的职工薪酬，包括长期带薪缺勤、长期残疾福利、长期利润分享计划等。

二、应付职工薪酬核算账户设置

为了核算应付职工薪酬的提取和结算情况，企业应设置“应付职工薪酬”账户。该账户属于负债类账户，贷方登记分配计入有关成本费用的职工薪酬的数额，借方登记实际发放职工薪酬的数额，包括扣还的款项等，期末贷方余额反映企业应付未付的职工薪酬。

本账户可按“短期薪酬”“离职后福利”“辞退福利”“其他长期职工福利”等内容进行二级明细核算，并可根据企业实际业务的需要在二级账户下再开设三级明细账户，如在“短期薪酬”二级明细账户下设“工资”“福利费”“社会保险费”“住房公积金”“工会经费”“职工教育经费”“带薪缺勤”“利润分享计划”等进行明细核算。

技能点2-3 应付职工薪酬核算与列报

一、短期薪酬核算

（一）货币性职工薪酬账务处理

1.货币性职工薪酬计提的账务处理

企业应当在职工为其提供服务的会计期间，将应付的职工薪酬确认为负债，同时根据职工提供服务的受益对象计入当期损益或相关资产成本。具体规定如下：

（1）应由生产产品、提供劳务负担的职工薪酬，借记“生产成本”“制造费用”“劳务成本”等账户，贷记“应付职工薪酬”账户。但非正常消耗的直接生产人员和直接提供劳务人员的职工薪酬，应当在发生时计入管理费用。

（2）应由在建工程、无形资产负担的职工薪酬，借记“在建工程”“研发支出”等账户，贷记“应付职工薪酬”账户。

（3）管理部门人员、销售人员的薪酬，借记“管理费用”“销售费用”账户，贷记“应付职工薪酬”账户。

在计量应付职工薪酬时，国家有明确计提标准的，应当按照规定的计提基础和比例计算确定相应的职工薪酬金额，如“五险一金”、工会经费、职工教育经费等。

在实务中，企业一般由劳动工资部门每月按车间（或部门）根据考勤记录、工时记录、产量记录、工资标准、工资等级等编制“工资结算单”。工资结算单一般一式三份：一份按职工姓名裁成“工资条”连同实发工资一起发给职工，以便职工查对；一份作为劳动工资部门进行劳动工资统计的依据；一份经过职工签收后作为工资结算和付款的原始凭证。企业再根据各车间（或部门）“工资结算单”进行汇总，编制“工资结算汇总表”（格式见表2–3），据以进行工资结算总分类核算。

【做中学2–14】2019年5月31日，宏业公司根据“工资结算单”编制“工资结算汇总表”和“职工薪酬计提汇总表”，详见表2–3和表2–4。

表2–3　　工资结算汇总表

2019年5月　　单位：元

部门		应付工资					代扣款项				实发工资
		计时工资	加班津贴	副食补贴	奖金	应付工资	房租	个人所得税	社会保险费（11%）	住房公积金（12%）	
基本生产车间	生产工人	480 000.00	31 960.00	9 200.00	12 000.00	533 160.00	4 500.00	25 300.00	58 647.60	63 979.20	380 733.20
	管理人员	105 000.00	12 200.00	1 500.00	2 000.00	120 700.00	1 600.00	6 200.00	13 277.00	14 484.00	85 139.00
辅助生产车间		16 350.00	900.00	600.00	1 200.00	19 050.00	700.00	2 800.00	2 095.50	2 286.00	11 168.50
行政管理部门		90 600.00		3 500.00	3 000.00	97 100.00	1 560.00	10 500.00	10 681.00	11 652.00	62 707.00
销售部门		17 400.00		850.00	56 500.00	74 750.00	2 000.00	7 350.00	8 222.50	8 970.00	48 207.50
施工部门		35 000.00	4 500.00	1 000.00	1 500.00	42 000.00	800.00	3 700.00	4 620.00	5 040.00	27 840.00
合计		744 350.00	49 560.00	16 650.00	76 200.00	886 760.00	11 160.00	55 850.00	97 543.60	106 411.20	615 795.20

表2–4　　职工薪酬计提汇总表

2019年5月　　单位：元

部门		应付工资（计提基数）	社会保险（27%）	住房公积金（12%）	工会经费（2%）	职工教育经费（8%）	合计
基本生产车间	生产工人	533 160.00	143 953.20	63 979.20	10 663.20	42 652.80	794 408.40
	管理人员	120 700.00	32 589.00	14 484.00	2 414.00	9 656.00	179 843.00
辅助生产车间		19 050.00	5 143.50	2 286.00	381.00	1 524.00	28 384.50
行政管理车间		97 100.00	26 217.00	11 652.00	1 942.00	7 768.00	144 679.00
销售部门		74 750.00	20 182.50	8 970.00	1 495.00	5 980.00	111 377.50
施工部门		42 000.00	11 340.00	5 040.00	840.00	3 360.00	62 580.00
合计		886 760.00	239 425.20	106 411.20	17 735.20	70 940.80	1 321 272.40

宏业公司根据所在地政府的规定，需要缴纳的社会保险及缴存比例如下：养老保险（单位16%，个人8%）；医疗保险（单位8%，个人2%）；失业保险（单位2%，个人1%）；工伤保险全部由单位承担，比例为0.2%；生育保险全部由单位承担，比例为0.8%。住房公积金缴存比例为单位12%，个人12%。工会经费计提比例为2%，职工教育经费计提比例为8%。实务中缴费基数按当地个人工资水平来确定，本题以月应发工

资为缴费基数计算。

宏业公司分配工资、社会保险、住房公积金、工会经费、职工教育经费等职工薪酬时账务处理如下：

借：生产成本——基本生产成本　　794 408.40
　　　　　　——辅助生产成本　　28 384.50
　　制造费用　　179 843.00
　　管理费用　　144 679.00
　　销售费用　　111 377.50
　　在建工程　　62 580.00
　贷：应付职工薪酬——短期薪酬——工资　　886 760.00
　　　　　　　　　　　　　　　——社会保险费　　239 425.20
　　　　　　　　　　　　　　　——住房公积金　　106 411.20
　　　　　　　　　　　　　　　——工会经费　　17 735.20
　　　　　　　　　　　　　　　——职工教育经费　　70 940.80

2.货币性职工薪酬发放账务处理

企业发放工资时，根据“工资结算汇总表”中的“实发工资”栏的合计数向开户银行提取现金或将会计主管盖章的“工资结算单”交由银行转账支付。

企业向职工支付工资、奖金、津贴等按实发工资金额，借记“应付职工薪酬——短期薪酬——工资”账户，贷记“银行存款”“库存现金”“其他应收款”“其他应付款”“应交税费——应交个人所得税”等账户。

【做中学2-15】2019年6月7日，宏业公司委托银行转账发放工资，并扣除个人负担的社会保险、住房公积金和个人所得税，以及由公司垫付的职工房租。工资结算汇总表见表2-3。

宏业公司账务处理如下：

借：应付职工薪酬——短期薪酬——工资　　886 760.00
　贷：银行存款　　615 795.20
　　　其他应收款——房租　　11 160.00
　　　其他应付款——社会保险　　97 543.60
　　　其他应付款——住房公积金　　106 411.20
　　　应交税费——应交个人所得税　　55 850.00

企业支付工会经费和职工教育经费用于工会活动和职工培训，或按国家规定缴纳企业负担的社会保险费和住房公积金时，借记“应付职工薪酬——工会经费（或职工教育经费、社会保险、住房公积金）”账户，贷记“银行存款”账户。

【做中学2-16】沿用【做中学2-15】资料，宏业公司以银行存款向当地有关机构缴纳公司和个人负担的社会保险、住房公积金，以及工会经费。

宏业公司账务处理如下：

借：应付职工薪酬——短期薪酬——社会保险　　239 425.20
　　　　　　　　　　　　　　——住房公积金　　106 411.20

借：应付职工薪酬——短期薪酬——工会经费 17 735.20

其他应付款——社会保险 97 543.60

——住房公积金 106 411.20

贷：银行存款 567 526.40

3. 带薪缺勤账务处理

带薪缺勤分为累积带薪缺勤和非累积带薪缺勤两类。

（1）累积带薪缺勤，是指带薪缺勤权利可以结转下期的带薪缺勤，本期尚未用完的带薪缺勤权利可以在未来期间使用。企业应当在职工提供了服务从而增加了其未来享有的带薪缺勤权利时，确认与累积带薪缺勤相关的职工薪酬，并按累积未行使权利而增加的预期支付金额计量。确认累积带薪缺勤时，借记“生产成本”“制造费用”“管理费用”等账户，贷记“应付职工薪酬——短期薪酬——短期带薪缺勤”账户。

【做中学2-17】甲企业共有2 000名职工，从2018年1月1日起，该企业实行累积带薪缺勤制度。该制度规定每个职工每年可享受5个工作日带薪年休假，未使用的年休假只能向后结转一个公历年度，超过1年未使用的该权利作废，职工在离开企业时也无权获得现金支付。职工休年休假时，首先使用当年可享受的权利，再从上年结转的带薪年休假中扣除。2018年12月31日，甲企业预计2019年有1 900名职工将享受不超过5天的带薪年休假，剩余100名职工每人将平均享受6.5天年休假，假定这100名职工全部为总部各部门经理，该企业平均每名职工每个工作日工资为300元。不考虑其他相关因素。

甲企业在2018年12月31日由于职工累积未使用的带薪年休假权利而导致的预期2019年将支付的金额，相当于150天［100×（6.5−5）］的年休假工资金额45 000元（150×300）。编制会计分录：

借：管理费用 45 000

贷：应付职工薪酬——短期薪酬——短期带薪缺勤 45 000

（2）非累积带薪缺勤，是指带薪缺勤权利不能结转下期的带薪缺勤，本期尚未用完的带薪缺勤权利将予以取消，并且职工离开企业时也无权获得现金支付。我国企业职工休婚假、产假、丧假、探亲假、病假期间的工资通常属于非累积带薪缺勤。企业确认职工享有的与非累积带薪缺勤权利相关的薪酬，视同职工出勤确认的当期损益或相关资产成本，不必额外作相应的账务处理。

微课：货币性职工薪酬核算

（二）非货币性职工薪酬财务处理

1. 企业以其自产产品作为非货币性福利发放给职工

在这种情况下，企业应当根据受益对象，按照该产品的公允价值，计入相关资产的成本或当期损益，同时确认应付职工薪酬。具体账务处理如下：

确认视同销售收入和增值税，借记“应付职工薪酬——非货币性福利”账户，贷记“主营业务收入”“应交税费——应交增值税（销项税额）”账户。结转产品成本，借记“主营业务成本”账户，贷记“库存商品”账户。确认应付职工薪酬，借记“生产成本”“管理费用”“销售费用”等账户，贷记“应付职工薪酬——非货币性福利”

账户。

【做中学2-18】宏业公司共有职工200名，其中170名为直接从事产品生产的职工，30名为总部管理人员。2018年12月，公司以其生产的单位成本为900元的电暖器作为春节福利发放给公司职工。该型号电暖器市场售价为每台1 000元，适用增值税税率13%。

宏业公司账务处理如下：

确认视同销售收入和增值税时编制会计分录：

借：应付职工薪酬——非货币性福利　　226 000

　贷：主营业务收入　　200 000

　　应交税费——应交增值税（销项税额）　　26 000

结转产品成本时编制会计分录：

借：主营业务成本　　180 000

　贷：库存商品——电暖器　　180 000

确认应付职工薪酬时：

应记入“生产成本”账户的金额=170×1 000×13%+170×1 000=192 100（元）

应记入“管理费用”账户的金额=30×1 000×13%+30×1 000=33 900（元）

借：生产成本　　192 100

　管理费用　　33 900

　贷：应付职工薪酬——非货币性福利　　226 000

2.企业将拥有的房屋等资产无偿提供给职工使用

在这种情况下，企业应根据受益对象，将该住房每期应计提的折旧计入相关资产成本或当期损益，同时确认应付职工薪酬，借记“管理费用”“生产成本”“制造费用”等账户，贷记“应付职工薪酬——非货币性福利”账户；同时，借记“应付职工薪酬——非货币性福利”账户，贷记“累计折旧”账户。

3.企业租赁住房等资产无偿提供给职工使用

在这种情况下，企业应根据受益对象，将每期应付租金计入相关资产成本或当期损益，同时确认应付职工薪酬，借记“管理费用”“生产成本”“制造费用”等账户，贷记“应付职工薪酬——非货币性福利”账户。支付租赁住房租金时，借记“应付职工薪酬——非货币性福利”账户，贷记“银行存款”账户。

【做中学2-19】宏业公司为部门经理（共20人）每人提供一辆桑塔纳汽车免费使用，假定每辆桑塔纳汽车每月计提折旧1 000元；为副总裁以上高级管理人员（共5人）每人租赁一套面积为200平方米的公寓供其免费使用，月租金为每套8 000元。

宏业公司账务处理如下：

提供汽车供职工使用的，计提折旧费时编制会计分录：

借：管理费用　　20 000

　贷：应付职工薪酬——非货币性福利　　20 000

借：应付职工薪酬——非货币性福利　　20 000

　贷：累计折旧　　20 000

租赁住房供职工使用的，支付租金时编制会计分录：

借：管理费用　　40 000

　　贷：应付职工薪酬——非货币性福利　　40 000

借：应付职工薪酬——非货币性福利　　40 000

　　贷：银行存款　　40 000

4. 企业以低于其取得成本的价格向职工提供商品或服务

如以低于成本的价格向职工出售住房等商品或提供医疗保健服务，其实质是企业向职工提供补贴。对此，企业应根据出售商品或服务合同条款的规定分以下两种情况处理：

（1）如果合同规定职工在取得住房等商品或服务后至少应提供服务的年限，企业应将出售商品或服务的价格与其成本间的差额作为长期待摊费用处理，在合同规定的服务年限内平均摊销，根据受益对象分别计入相关资产成本或当期损益。

微课：非货币性职工薪酬核算

（2）如果合同没有规定职工在取得住房等商品或服务后至少应提供服务的年限，企业应将出售商品或服务的价格与其成本间的差额作为对职工过去提供服务的一种补偿，直接计入向职工出售商品或服务当期的损益。

二、设定提存计划核算

对于设定提存计划，企业应当根据在资产负债表日为换取职工在会计期间提供的服务而应向单独主体缴存的提存金，确认应付职工薪酬负债，并计入相关资产成本或当期损益，借记“生产成本”“制造费用”“管理费用”“销售费用”等账户，贷记“应付职工薪酬——设定提存计划”账户。

【做中学2-20】宏业公司根据所在地政府规定，按照职工工资总额的12%计提基本养老保险费，缴存当地社会保险经办机构。2019年7月份，公司缴存的基本养老保险费中，应计入生产成本的金额为57 600元，应计入制造费用的金额为12 600元，应计入管理费用的金额为10 872元，应计入销售费用的金额为2 088元。

宏业公司账务处理如下：

借：生产成本——基本生产成本　　57 600

　　制造费用　　12 600

　　管理费用　　10 872

　　销售费用　　2 088

　　贷：应付职工薪酬——设定提存计划——基本养老保险费　　83 160

三、应付职工薪酬列报

应付职工薪酬在资产负债表中的列示见表2-5。

具体填列说明如下：

“应付职工薪酬”项目，反映企业为获得职工提供的服务或解除劳动关系而给予的各种形式的报酬或补偿。本项目应根据“应付职工薪酬”账户期末贷方余额填列。如“应付职工薪酬”账户期末为借方余额，以“-”号填列。

表2-5　　资产负债表

编制单位：　　　　　　　　　　　　年　　月　　日　　　　　　　　　　　单位：元

资　产	期末余额	上年年末余额	负债和所有者权益（或股东权益）	期末余额	上年年末余额
			流动负债：		
			……		
			应付职工薪酬		
			……		

任务内容导图

本任务内容导图如图2-3所示。

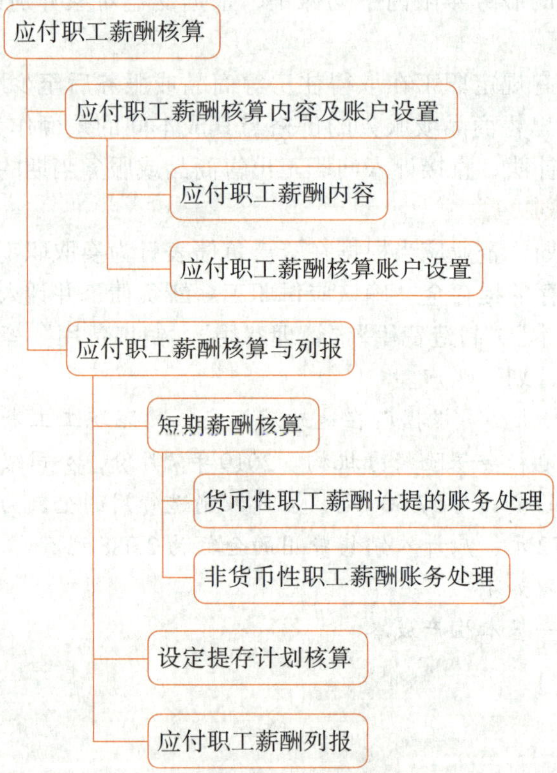

图2-3　本任务内容导图

复习思考题

1. 应付职工薪酬核算中的“职工”包括哪些类型的人员？应付职工薪酬主要核算内容有哪些？
2. 应付职工薪酬核算账户应怎样设置？
3. 货币性短期职工薪酬如何进行账务处理？
4. 非货币性短期职工薪酬如何进行账务处理？

5.设定提存计划如何进行账务处理？

6.应付职工薪酬在资产负债表应如何列报？

任务四　应交税费核算

企业在生产经营过程中经常发生税法规定的纳税义务，如收入的形成、利润的实现、特殊行为的发生等均需缴纳相应的税费。但纳税义务的发生和税款的缴纳大多数情况下并非同步发生。通常税款是定期缴纳的，从纳税义务发生到缴纳税款总会有一定的时间间隔，应交税费就是用来核算企业应交未交税费的一种债务。我国现行征收的税种有增值税、消费税、关税、企业所得税、个人所得税、资源税、房产税、城镇土地使用税、土地增值税、耕地占用税、契税、车船税、车辆购置税、印花税、城市维护建设税、烟叶税、船舶吨税、环境保护税共18种。企业交纳的税金中，除了印花税、耕地占用税、车辆购置税不通过“应交税费”账户核算外，其他税金均通过“应交税费”账户核算。

技能点2-4　应交增值税核算

一、增值税纳税人、征税范围、税率及计税方法

（一）增值税纳税人

增值税纳税人是指在我国境内销售货物、进口货物、提供劳务或服务、转让不动产和无形资产的单位和个人。

微课：初见增值税

按照企业经营规模及会计核算的健全程度，增值税的纳税人分为一般纳税人和小规模纳税人。小规模纳税人是指年应征增值税销售额（以下简称年应税销售额）在规定标准以下，并且会计核算不健全，不能按规定报送有关税务资料的增值税纳税人。一般纳税人是指年应税销售额超过小规模纳税人标准的增值税纳税人。

小规模纳税人认定的年应税销售额标准为500万元（含）以下。

（二）增值税征税范围

根据《中华人民共和国增值税暂行条例》（以下简称《增值税暂行条例》）规定，现行增值税的征税范围包括销售货物、进口货物、提供劳务或服务、转让不动产和无形资产。其中：“货物”指有形动产，包括电力、热力和气体；“劳务”指提供加工、修理修配劳务；“服务”指提供交通运输服务、邮政服务、电信服务、金融服务、现代服务、生活服务等。

（三）增值税税率和征收率

1.增值税税率

增值税税率只适用于增值税一般纳税人，自2019年4月1日起，具体主要有13%、9%、6%及零税率四档。

（1）13%税率。适用于一般纳税人除适用低税率和零税率之外的销售和进口货物、提供加工修理修配劳务、有形动产租赁服务。

（2）9%税率。适用于一般纳税人提供交通运输服务、邮政服务、建筑服务、基础电信服务、不动产租赁服务，销售不动产，转让土地使用权，以及销售或进口下列货物：农产品（含粮食）、自来水、暖气、石油液化气、天然气、食用植物油、冷气、热水、煤气、居民用煤炭制品、食用盐、农机、饲料、农药、农膜、化肥、沼气、二甲醚、图书、报纸、杂志、音像制品、电子出版物。

（3）6%税率。适用于一般纳税人除上述（1）（2）及零税率以外的情形，具体指提供下列服务：现代服务（租赁服务除外）、金融服务、生活服务、增值电信服务，以及销售无形资产（转让土地使用权除外）。

（4）零税率。适用于出口货物及部分跨境应税服务。

2.征收率

小规模纳税人适用3%的征收率。一般纳税人采用简易办法计税的销售不动产、不动产经营租赁，适用5%的征收率，其他情形适用3%的征收率。

（四）增值税应纳税额计算方法

1.一般计税方法

一般计税方法下，增值税应纳税额等于当期销项税额抵扣当期进项税额后的余额，简称购进扣税法。用公式表示为：

应纳税额=当期销项税额-当期进项税额

当期销项税额小于当期进项税额不足抵扣时，其不足部分可以结转下期继续抵扣。

该方法适用于一般纳税人增值税应纳税额的计算。

2.简易计税方法

简易计税方法下，增值税应纳税额为销售额与征收率的乘积。用公式表示为：

应纳税额=销售额×征收率

小规模纳税人增值税应纳税额适用简易计税方法；一般纳税人在特殊情况下也可选择适用简易计税方法计征增值税。

上述两种增值税计税方法中，销售额为不含增值税销售额，无论是一般纳税人还是小规模纳税人，其内涵相同。纳税人采用销售额和应纳税额合并定价方法的，应按照下列公式进行换算：

销售额=含税销售额÷（1+税率或征收率）

二、应交增值税核算账户设置

（一）一般纳税人应交增值税核算账户设置

一般纳税人应交增值税采用间接计算办法，应交增值税的核算内容比较多。根据财会〔2016〕22号文件规定，应当在“应交税费”账户下设置“应交增值税”“未交增值税”“预交增值税”“待抵扣进项税额”“待认证进项税额”“待转销项税额”“增值税留抵税额”“简易计税”“转让金融商品应交增值税”“代扣代交增值税”等二级账户。

1.“应交增值税”明细账户

“应交增值税”明细账户，核算企业应交增值税的计算、解缴、抵扣等内容。一般纳税人在“应交增值税”二级明细账户下还应设置多个专栏（本教材只介绍“进项税额”“已交税金”“销项税额”“进项税额转出”“转出未交增值税”“转出多交增值税”）。“应交税费——应交增值税”账户结构如下：

借方	应交税费——应交增值税　　贷方
进项税额	销项税额
已交税金	出口退税
……	进项税额转出
转出未交增值税	……
	转出多交增值税
期末留抵税额	

（1）“进项税额”专栏，记录一般纳税人购进货物、加工修理修配劳务、服务、无形资产或不动产而支付或负担的、准予从当期销项税额中抵扣的增值税额。企业发生购货退回应冲销的进项税额，用红字登记本专栏。

（2）“已交税金”专栏，记录一般纳税人已交纳的当月应交增值税额。企业收到退回本月多交的增值税税额，用红字登记本专栏。

（3）“销项税额”专栏，记录一般纳税人销售货物、加工修理修配劳务、服务、无形资产或不动产应收取的增值税额。企业发生销货退回应冲减的销项税额，用红字登记本专栏。

（4）“进项税额转出”专栏，记录一般纳税人购进货物、加工修理修配劳务、服务、无形资产或不动产等发生非正常损失以及其他原因不得从销项税额中抵扣，按规定转出的进项税额。

（5）“转出未交增值税”和“转出多交增值税”专栏，分别记录一般纳税人月度终了转出当月应交未交或多交的增值税额。

2.“未交增值税”明细账户

“未交增值税”明细账户，核算一般纳税人月度终了从“应交增值税”或“预交增值税”明细账户转入当月应交未交、多交或预缴的增值税额，以及当月交纳以前期间未交的增值税额，期末借方余额表示当月多交的增值税，期末贷方余额表示当月尚未交纳或欠交的增值税。

3.“预交增值税”明细账户

“预交增值税”明细账户，核算一般纳税人转让不动产、提供不动产租赁服务、提供建筑服务、采用预收款方式销售自行开发的房地产项目等，以及其他按现行增值税制度规定应预缴的增值税。

4.“待抵扣进项税额”明细账户

“待抵扣进项税额”明细账户，核算一般纳税人已取得增值税扣税凭证并经税务机关认证，按照现行增值税制度规定准予以后期间从销项税额中抵扣的进项税额。主要指实行纳税辅导期管理的一般纳税人取得的尚未交叉稽核比对的增值税扣税凭证上注明或计算的进项税额。

5.“待认证进项税额”明细账户

“待认证进项税额”明细账户，核算一般纳税人由于未经税务机关认证而不得从当期销项税额中抵扣的进项税额。包括：一般纳税人已取得增值税扣税凭证、按照现行增值税制度规定准予从销项税额中抵扣，但尚未经税务机关认证的进项税额；一般纳税人已申请稽核但尚未取得稽核相符结果的海关缴款书进项税额。

6.“待转销项税额”明细账户

“待转销项税额”明细账户，核算一般纳税人销售货物、加工修理修配劳务、无形资产或不动产，已确认相关收入（或利得）但尚未发生增值税纳税义务而需于以后期间确认为销项税额的增值税额。

7.“增值税留抵税额”明细账户

“增值税留抵税额”明细账户，核算兼有销售服务、无形资产或者不动产的原增值税一般纳税人，截止到纳入“营改增”试点之日前的增值税期末留抵税额按照现行增值税制度规定不得从销售服务、无形资产或不动产的销项税额中抵扣的增值税留抵税额。

8.“简易计税”明细账户

“简易计税”明细账户，核算一般纳税人采用简易计税方法发生的增值税计提、扣减、预缴、缴纳等业务。

9.“转让金融商品应交增值税”明细账户

“转让金融商品应交增值税”明细账户，核算增值税纳税人转让金融商品发生的增值税额。

10.“代扣代交增值税”明细科目

“代扣代交增值税”明细账户，核算纳税人购进在境内未设经营机构的境外单位或个人在境内的应税行为代扣代缴的增值税。

（二）小规模纳税人应交增值税核算账户设置

小规模纳税人核算应交增值税只需设置“应交税费——应交增值税”明细账户，不需设专栏。该科目通常采用三栏式账页，贷方登记企业销售货物、劳务、服务、不动产或无形资产应交纳的增值税额；借方登记企业已交纳的增值税额；期末贷方余额反映企业应交未交的增值税额，借方余额反映企业多交的增值税额。

三、一般纳税人应交增值税账务处理

（一）销项税额账务处理

1.销项税额确认时间

销项税额是指纳税人发生应税行为按照销售额和增值税税率计算并收取的增值税额。销项税额的确认时间为增值税纳税义务发生时间，具体因业务内容和结算方式不同而有差异：

销售货物或应税劳务的，原则上为收讫销售款或取得索取销售款凭据的当天，但先开具发票的，为开具发票的当天。其中：

（1）以直接收款方式销售货物的，不论货物是否发出，均为收到销售款或取得索取销售款凭据当天。

（2）以托收承付和委托收款方式销售货物的，为发出货物并办妥托收手续当天。

（3）以赊销和分期收款方式销售货物的，为书面合同约定的收款日期当天。无书面合同或合同没有规定收款日期的，为发出货物当天。

（4）以预收货款方式销售货物的，为货物发出当天。生产销售工期超过12个月的大型机械设备、船舶、飞机等货物的，为收到预收款或书面合同约定的收款日期当天。

（5）委托其他纳税人代销货物的，为收到代销清单或收到全部或部分货款的当天；未收到代销清单及货款的，为发出代销商品满180天的当天。

（6）纳税人发生视同销售货物行为的，为货物移送当天。

2.一般应税行为销项税额账务处理

一般纳税人应在销售货物或提供劳务时，按实收或应收金额，借记“银行存款”“应收账款”等账户；按实现的营业收入，贷记“主营业务收入”等账户；按应收增值税税额，贷记“应交税费——应交增值税（销项税额）”账户。

发生销货退回作相反的账务处理。

【做中学2-21】2019年5月2日，宏业公司向某商场销售A商品100台，每台不含售价为6 000元，开具的增值税专用发票上注明金额600 000元、税额78 000元，收到商场开来的转账支票一张结算货款及税款。

宏业公司账务处理如下：

借：银行存款　　678 000

　　贷：主营业务收入　　600 000

　　　　应交税费——应交增值税（销项税额）　　78 000

3.视同销售行为销项税额账务处理

增值税视同销售行为具体内容及处理特点归纳见表2-6。下列所谓的应税销售类和会计销售类的视同销售行为，在计算增值税时依据与原理相同，即都按不含税销售收入计算，并记入“应交税费——应交增值税（销项税额）”专栏。但两者在销售收入是否确认上存在差异：应税销售类只按成本结转，不确认销售收入，而会计销售类要先确认销售收入，再结转销售成本。

微课：视同销售行为增值税核算

表2-6　增值税视同销售行为

视同销售行为内容		税务与会计处理特点
应税销售类	①将自产、委托加工的货物用于集体福利； ②将自产、委托加工或购进的货物无偿赠送给其他单位或个人； ③单位或个体工商户向其他单位或个人无偿提供服务、转让无形资产或不动产，但用于公益事业或以社会公众为对象的除外； ④设有两个以上机构并实行统一核算的纳税人，将货物从一个机构移送至其他机构用于销售，但相关机构设在同一县（市）的除外	会计上不作销售处理，按成本结转，但按税法规定，视同销售行为应计算应交增值税。在货物移送时： 借：在建工程/营业外支出等 　贷：库存商品等 　　应交税费——应交增值税（销项税额）
会计销售类	①将货物交付其他单位或个人代销； ②销售代销货物； ③将自产、委托加工或购进的货物作为投资，提供给其他单位或个体工商户； ④将自产、委托加工或购进的货物分配给股东或投资者； ⑤将自产、委托加工的货物用于个人消费	会计上作销售处理，计算销售收入，并按正常销售计算应交增值税，在货物移送时： 借：长期股权投资/应付股利等 　贷：主营业务收入等 　　应交税费——应交增值税（销项税额）

（1）将货物交付其他单位或个人代销。

【做中学2-22】2019年5月1日，宏业公司与某商场签订委托代销合同，委托该商场代销A产品，合同约定，A产品每件不含税代销价为6 000元，手续费按不含税售价的8%支付。当日发出委托代销A产品80件，单位成本5 000元。6月28日，商场将代销的A产品全部售出，开出代销清单，并编制手续费结算凭证送交宏业公司结清相关款项。

宏业公司账务处理如下：

5月1日，向商场发送委托代销产品时编制会计分录：

借：委托代销商品　　400 000

　　贷：库存商品　　400 000（80×5 000）

6月28日，收到商场开来的代销清单，开具增值税专用发票时编制会计分录：

借：应收账款——某商场　　542 400

　　贷：主营业务收入　　480 000（80×6 000）

　　　　应交税费——应交增值税（销项税额）　　62 400

同时，结转委托代销产品销售成本，编制会计分录：

借：主营业务成本　　400 000

　　贷：委托代销商品　　400 000

6月28日，收到商场结算手续费开来的增值税专用发票时编制会计分录：

借：销售费用　　36 226.42

　　应交税费——应交增值税（进项税额）　　2 173.58

　　贷：应收账款——某商场　　38 400

6月28日，收到货款并结清手续费时编制会计分录：

借：银行存款　　504 000

　　贷：应收账款——某商场　　504 000

（2）销售代销货物。

【做中学2-23】沿用【做中学2-22】资料，假设该受托商场对购进货物采用进价金额核算。

商场账务处理如下：

5月1日，收到代销产品时编制会计分录：

借：受托代销商品　　480 000（80×6 000）

　　贷：受托代销商品款　　480 000

实现对外销售时编制会计分录：

借：银行存款　　542 400

　　贷：应付账款——宏业公司　　480 000

　　　　应交税费——应交增值税（销项税额）　　62 400

6月28日，向委托方开具代销清单，取得增值税专用发票时编制会计分录：

借：应交税费——应交增值税（进项税额）　　62 400

　　贷：应付账款——宏业公司　　62 400

转销受托代销商品款和受托代销商品编制会计分录：

借：受托代销商品款 480 000

贷：受托代销商品 480 000

6月28日，计算代销手续费38 400元（480 000×8%），开具增值税专用发票，手续费收入金额36 226.42元、增值税2 173.58元，编制会计分录：

借：应付账款——宏业公司 38 400

贷：其他业务收入 36 226.42

应交税费——应交增值税（销项税额） 2 173.58

6月28日，与委托方结清货款时编制会计分录：

借：应付账款——宏业公司 504 000

贷：银行存款 504 000

（3）将自产、委托加工的货物用于集体福利或个人消费。

【做中学2-24】2019年5月9日，宏业公司将自产的D产品1件用于医务室。D产品单位生产成本1 800元，单位不含税售价2 800元。未开具发票。

宏业公司账务处理如下：

固定资产成本=1 800+2 800×13%=2 164（元）

销项税额=2 800×1×13%=364（元）

根据发货单编制会计分录：

借：固定资产 2 164

贷：库存商品 1 800

应交税费——应交增值税（销项税额） 364

【做中学2-25】2019年5月9日，宏业公司以自产的D产品7件奖励业绩优秀的职工个人。其他资料同【做中学2-24】。

宏业公司根据发货单编制会计分录：

借：应付职工薪酬——非货币性福利 22 148

贷：主营业务收入 19 600

应交税费——应交增值税（销项税额） 2 548

（4）将自产、委托加工或购进的货物对外投资。

【做中学2-26】2019年5月12日，宏业公司将购入的生产用材料一批用于对外投资，账面金额80 000元，税务部门核准的计税价格88 000元，开具增值税专用发票。

宏业公司根据增值税专用发票编制会计分录：

借：长期股权投资 99 440

贷：主营业务收入 88 000

应交税费——应交增值税（销项税额） 11 440

（5）将自产、委托加工或购进的货物分配给股东或投资者。

【做中学2-27】2019年5月13日，宏业公司将自产的A产品和委托加工的B产品作为利润分配给投资者。A产品的生产成本为5 000元，不含税售价6 000元；B产品的委托加工成本为1 100元，无同类产品售价，成本利润率为10%。未开具发票。

宏业公司账务处理如下：

B产品的组成计税价格=1 100×（1+10%）=1 210（元）

B产品的销项税额=1 210×13%=157.3（元）

A产品的销项税额=6 000×13%=780（元）

根据发货单编制会计分录：

借：应付利润（应付股利） 8 147.3

　　贷：主营业务收入 7 210

　　　　应交税费——应交增值税（销项税额） 937.3

（6）将自产、委托加工或购进的货物无偿赠送给其他单位或个人。

【做中学2-28】2019年5月10日，宏业公司将试制的新产品E一批赠送给客户，生产成本为2 000元，尚无同类产品销售价格，成本利润率为10%。未开具发票。

宏业公司账务处理如下：

组成计税价格=2 000×（1+10%）=2 200（元）

销项税额=2 200×13%=286（元）

根据发货单编制会计分录：

借：营业外支出 2 286

　　贷：库存商品 2 000

　　　　应交税费——应交增值税（销项税额） 286

（二）进项税额账务处理

进项税额是指纳税人购进货物、加工修理修配劳务、服务、无形资产或不动产，支付或负担的增值税额。在同一项购销业务中，进项税额与销项税额相对应，即销售方收取的销项税额就是购买方支付的进项税额。增值税进项税额计算的核心在于确定哪些进项税额可以抵扣，哪些不能抵扣。

1.准予抵扣的进项税额金额确定

（1）以票抵扣。

纳税人购进货物、劳务、服务、无形资产或不动产取得下列法定扣税凭证的，进项税额允许抵扣：

①从销售方取得的增值税专用发票上注明的增值税额；

②从海关取得的海关进口增值税专用缴款书上注明的增值税额；

③从境外单位或个人购进劳务、服务、无形资产或境内的不动产，自税务机关或扣缴义务人取得的代扣代缴税款的完税凭证上注明的增值税额。

（2）计算抵扣。

①一般纳税人购进免税农产品，除取得增值税专用发票或海关进口增值税专用缴款书外，从小规模纳税人处购进并取得增值税专用发票的，以增值税专用发票上注明的金额和9%的扣除率计算进项税额。取得（开具）农产品销售发票或收购发票的，以农产品销售发票或收购发票上注明的农产品买价和9%的扣除率计算进项税额；购进用于生产或者委托加工13%税率货物的农产品，按照10%的扣除率计算进项税额。计算公式为：

进项税额=买价×扣除率

②纳税人购进国内旅客运输服务，未取得增值税专用发票的，暂按照以下规定确定进项税额：

A.取得增值税电子普通发票的，为发票上注明的税额；

B.取得注明旅客身份信息的航空运输电子客票行程单的，按照下列公式计算进项税额：

航空旅客运输进项税额=（票价+燃油附加费）÷（1+9%）×9%

C.取得注明旅客身份信息的铁路车票的，按照下列公式计算进项税额：

铁路旅客运输进项税额=票面金额÷（1+9%）×9%

D.取得注明旅客身份信息的公路、水路等其他客票的，按照下列公式计算进项税额：

公路、水路等其他旅客运输进项税额=票面金额÷（1+3%）×3%

2.准予抵扣的进项税额账务处理

一般纳税人购进货物、劳务、服务、无形资产或不动产时，对其支付的且能抵扣的增值税，借记“应交税费——应交增值税（进项税额）”科目。

（1）国内采购货物、接受应税劳务或服务。

【做中学2-29】2019年5月4日，宏业公司购进原材料一批，增值税专用发票上注明金额100 000元、税额13 000元，原材料已验收入库并已支付货款。在购货过程中支付运输费取得的增值税专用发票上注明金额2 000元、税额180元；支付装卸费、保险费等物流服务费取得的增值税专用发票上注明金额1 000元、税额60元。

宏业公司账务处理如下：

允许抵扣的进项税额=13 000+180+60=13 240（元）

根据增值税专用发票及付款凭证编制会计分录：

借：原材料	103 000	
应交税费——应交增值税（进项税额）	13 240	
贷：银行存款		116 240

（2）购进免税农产品。

【做中学2-30】2019年5月7日，宏业公司为生产面粉从农民手中收购小麦，填开的经税务机关批准使用的收购凭证上注明买价70 000元，该批小麦已运抵企业并验收入库，货款以现金支付。根据税法规定，增值税适用扣除率为9%。

宏业公司账务处理如下：

购进免税农产品允许抵扣的进项税额=70 000×9%=6 300（元）

根据购货发票编制会计分录：

借：原材料	63 700	
应交税费——应交增值税（进项税额）	6 300	
贷：库存现金		70 000

（3）进口货物。

【做中学2-31】2019年5月12日，宏业公司从国外进口材料一批，关税完税价格为500 000元，缴纳进口关税50 000元、消费税27 500元，材料已验收入库，款项以银行存款支付。

宏业公司账务处理如下：

增值税组成计税价格=500 000+50 000+27 500=577 500（元）

进项税额=577 500×13%=75 075（元）

根据购货发票及付款凭证等编制会计分录：

借：原材料　577 500

　应交税费——应交增值税（进项税额）　75 075

　贷：银行存款　652 575

（4）购入不动产。

【做中学2-32】2019年5月16日，宏业公司购买了一层写字楼用于办公，不含税价款1 000万元，增值税90万元。

宏业公司账务处理如下：

根据取得的增值税专用发票等凭证编制会计分录：

借：固定资产　10 000 000

　应交税费——应交增值税（进项税额）　900 000

　贷：银行存款　10 900 000

（三）进项税额转出账务处理

1.不得抵扣进项税额的项目

（1）用于适用简易计税方法计税项目、免征增值税项目、集体福利或个人消费的购进货物、加工修理修配劳务、服务、无形资产和不动产。

（2）非正常损失的购进货物及相关的加工修理修配劳务和交通运输服务。非正常损失（下同），是指因管理不善造成货物被盗、丢失、霉烂变质，以及因违反法律法规造成货物或不动产被依法没收、销毁、拆除的情形。

（3）非正常损失的在产品、产成品所耗用的购进货物（不包括固定资产）、加工修理修配劳务或交通运输服务。

（4）非正常损失的不动产，以及该不动产所耗用的购进货物、设计服务和建筑服务。

（5）非正常损失的不动产在建工程所耗用的购进货物、设计服务和建筑服务。纳税人新建、改建、扩建、修缮、装饰不动产，均属于不动产在建工程。

（6）购进的贷款服务、餐饮服务、居民日常服务和娱乐服务。

（7）纳税人接受贷款服务向贷款方支付的与该笔贷款直接相关的投融资顾问费、手续费、咨询费等费用。

（8）财政部和国家税务总局规定的其他项目。

上述固定资产是指使用期限超过12个月的机器、机械、运输工具以及其他与生产经营有关的设备、工具、器具等有形动产，不包括不动产及不动产在建工程。

纳税人取得的增值税扣税凭证不符合法律、行政法规或国家税务总局有关规定的，其进项税额不得从销项税额中抵扣。

2. 不得抵扣的进项税额的账务处理

一般纳税人购进货物、劳务、服务、无形资产或不动产发生的增值税不能抵扣的，应将其金额计入相关货物、劳务、服务、无形资产或不动产的成本。

（1）购进货物取得普通发票。一般纳税人在购入货物（不包括购进免税农产品）时取得普通发票的，不得抵扣进项税额，应按支付的价税合计金额，借记“在途物资”“原材料”等账户；贷记“银行存款”“应付账款”等账户。

【做中学2-33】2019年5月24日，宏业公司从增值税小规模纳税人处购入包装箱一批，增值税普通发票上注明金额3 000元、税额390元，包装箱已验收入库，款项已全部支付。

宏业公司根据发票账单及付款凭证编制会计分录：

借：周转材料——包装箱	3 390	
贷：银行存款		3 390

（2）购入货物或劳务用于集体福利等项目。企业购入货物或劳务直接用于职工集体福利等，按增值税专用发票上注明的税额，计入购入货物及接受劳务的成本，借记“应付职工薪酬”等账户，贷记“银行存款”等账户。

【做中学2-34】2019年5月26日，宏业公司从某商店（增值税一般纳税人）购进一批货物作为职工福利，增值税普通发票上注明金额33 000元、税额4 290元，款项以转账支票付讫。

宏业公司购进货物时就有明确意图将所购货物用于职工福利，其增值税进项税额应计入相关成本费用，编制会计分录：

借：应付职工薪酬——非货币性福利	37 290	
贷：银行存款		37 290

同时，结转成本费用，编制会计分录：

借：生产成本等	37 290	
贷：应付职工薪酬——非货币性福利		37 290

【做中学2-35】某超市为增值税一般纳税人，2019年6月1日购进洗涤剂准备用于销售，增值税专用发票上注明金额3 000元、税额390元，当月经认证准予抵扣。2019年7月，该超市将所购进的该批次洗涤剂全部用于职工食堂。

超市将已抵扣进项税额的购进货物用于集体福利，应于发生的当月将已抵扣的进项税额转出，根据发货单编制会计分录：

借：应付职工薪酬——非货币性福利	3 390	
贷：库存商品		3 000
应交税费——应交增值税（进项税额转出）		390

（3）购进货物过程中发生非正常损失。

【做中学2-36】2019年5月26日，宏业公司购入原材料1 000千克，单位不含税价格8元，实际验收入库900千克。公司允许的定额内合理损耗率为2%，其余为非正常损失。上述货款以银行存款支付。适用增值税税率13%。

宏业公司账务处理如下：

不得抵扣的进项税额=（1 000−900−1 000×2%）×8×13%=83.2（元）

原材料采购成本=（900+1 000×2%）×8=7 360（元）

借：原材料	7 360	
待处理财产损溢——待处理流动资产损溢	723.2	
贷：在途物资		8 000
应交税费——应交增值税（进项税额转出）		83.2

（四）增值税加计抵减政策

自2019年4月1日至2021年12月31日，允许生产、生活性服务业纳税人按照当期可抵扣进项税额加计10%，抵减应纳税额。

（1）生产、生活性服务业纳税人，是指提供邮政服务、电信服务、现代服务、生活服务（以下称四项服务）取得的销售额占全部销售额的比重超过50%的纳税人。四项服务的具体范围按照《销售服务、无形资产、不动产注释》（财税〔2016〕36号文件附件1）执行。2019年3月31日前设立的纳税人，自2018年4月至2019年3月期间的销售额（经营期不满12个月的，按照实际经营期的销售额）符合上述规定条件的，自2019年4月1日起适用加计抵减政策。2019年4月1日后设立的纳税人，自设立之日起3个月的销售额符合上述规定条件的，自登记为一般纳税人之日起适用加计抵减政策。纳税人确定适用加计抵减政策后，当年内不再调整，以后年度是否适用，根据上年度销售额计算确定。纳税人可计提但未计提的加计抵减额，可在确定适用加计抵减政策当期一并计提。

（2）纳税人应按照当期可抵扣进项税额的10%计提当期加计抵减额。按照现行规定不得从销项税额中抵扣的进项税额，不得计提加计抵减额；已计提加计抵减额的进项税额，按规定作进项税额转出的，应在进项税额转出当期，相应调减加计抵减额。计算公式如下：

$$\text{当期计提加计抵减额}=\text{当期可抵扣进项税额}\times 10\%$$

$$\text{当期可抵减加计抵减额}=\text{上期末加计抵减额余额}+\text{当期计提加计抵减额}-\text{当期调减加计抵减额}$$

（3）纳税人应按照现行规定计算一般计税方法下的应纳税额（以下称抵减前的应纳税额）后，区分以下情形加计抵减：

①抵减前的应纳税额等于零的，当期可抵减加计抵减额全部结转下期抵减；

②抵减前的应纳税额大于零，且大于当期可抵减加计抵减额的，当期可抵减加计抵减额全额从抵减前的应纳税额中抵减；

③抵减前的应纳税额大于零，且小于或等于当期可抵减加计抵减额的，以当期可抵减加计抵减额抵减应纳税额至零。未抵减完的当期可抵减加计抵减额，结转下期继续抵减。

（4）纳税人出口货物劳务、发生跨境应税行为不适用加计抵减政策，其对应的进项税额不得计提加计抵减额。纳税人兼营出口货物劳务、发生跨境应税行为且无法划分不得计提加计抵减额的进项税额，按照以下公式计算：

$$\frac{\text{不得计提加计}}{\text{抵减额的进项税额}} = \frac{\text{当期无法划分的}}{\text{全部进项税额}} \times \frac{\text{当期出口货物劳务和发生}}{\text{跨境应税行为的销售额}} \div \frac{\text{当期全部}}{\text{销售额}}$$

（5）纳税人应单独核算加计抵减额的计提、抵减、调减、结余等变动情况。骗取适用加计抵减政策或虚增加计抵减额的，按照《中华人民共和国税收征收管理法》等有关规定处理。

（6）加计抵减政策执行到期后，纳税人不再计提加计抵减额，结余的加计抵减额停止抵减。

（五）增值税缴纳与结转账务处理

企业当月缴纳当月应交的增值税，通过“应交税费——应交增值税（已交税金）”账户核算；当月交纳以前各月未交的增值税，通过“应交税费——未交增值税”账户核算。

1.以1个月为纳税期限的企业

这类企业平时通过“应交税费——应交增值税”多栏式明细账核算增值税涉税业务，月末结出借、贷方发生额和余额。若月末该账户为借方余额，表示尚未抵扣的进项税额，留待下期抵扣，不作账务处理；若为贷方余额，表示本月有应交未交的增值税，应结转到“未交增值税”账户，编制会计分录：

借：应交税费——应交增值税（转出未交增值税）

　　贷：应交税费——未交增值税

下月纳税申报期内缴纳上月未交的增值税时，编制会计分录：

借：应交税费——未交增值税

　　贷：银行存款

2.以日为纳税期限的企业

以日为纳税期限的企业，应自期满之日起5日内预缴税款，次月15日内申报纳税并结清上月应纳税款。

企业按期预缴当月增值税应纳税额时：

借：应交税费——应交增值税（已交税金）

　　贷：银行存款

月末，根据“应交税费——应交增值税”明细账余额分别不同情况结转增值税：

（1）若“应交税费——应交增值税”明细账为贷方余额，表示本月有应交未交的增值税，应将余额结转到“未交增值税”账户。

借：应交税费——应交增值税（转出未交增值税）

　　贷：应交税费——未交增值税

下月纳税申报期内缴纳上月未交的增值税时：

借：应交税费——未交增值税

　　贷：银行存款

（2）若“应交税费——应交增值税”明细账为借方余额，该借方余额包含两部分内容：当月尚未抵扣的进项税额或当月多交的增值税。具体可以通过比较“应交税费——应交增值税”明细账借方余额和“已交税金”专栏的合计数分别确定尚未抵扣的进项税额和多交的增值税。

当“应交税费——应交增值税”账户的借方余额大于“应交税费——应交增值税”账户的“已交税金”专栏合计数时，表明当月已交的税金全部为多交的增值税，且两者的差额为本月尚未抵扣的进项税额，月末结转到“未交增值税”科目。

借：应交税费——未交增值税

　　贷：应交税费——应交增值税（转出多交增值税）

【做中学2-37】2019年5月份，宏业公司“应交税费——应交增值税”明细账户资料见表2-7。

表2-7　　应交税费——应交增值税

年		凭证号数	摘要	借方				贷方				借或贷	余额
月	日			合计	进项税额	已交税金	出口抵减内销产品应纳税额	合计	销项税额	出口退税	进项税额转出		
—	—	—	—	5 150	3 650	1 500		3 650	3 650			借	1 500

“应交税费——应交增值税”账户的借方余额1 500元等于“应交税费——应交增值税”账户的“已交税金”专栏合计数1 500元，则“已交税金”专栏合计数1 500元全部为当月多交的增值税。宏业公司账务处理如下：

借：应交税费——未交增值税　　1 500

　　贷：应交税费——应交增值税（转出多交增值税）　　1 500

四、小规模纳税人应交增值税账务处理

（一）销售货物、提供应税劳务

小规模纳税人发生增值税应税行为实行简易计税方法，一般不得为购买方开具增值税专用发票，如果购买方要求开具专用发票，小规模纳税人应持普通发票到税务机关换开专用发票。无论是否开具专用发票，小规模纳税人均按实现的应税收入和征收率计算应纳税额，并记入“应交税费——应交增值税”账户。实现销售时，按价税合计数，借记“银行存款”等账户，按不含税销售额，贷记“主营业务收入”等账户，按收取的增值税，贷记“应交税费——应交增值税”账户。

【做中学2-38】北山商贸公司为增值税小规模纳税人，2019年5月份销售货物一批，收取价款90 640元，开具普通发票。

北山商贸公司账务处理如下：

5月份应交增值税=90 640÷（1+3%）×3%=2 640（元）

借：银行存款　　90 640

　　贷：主营业务收入　　88 000

　　　　应交税费——应交增值税　　2 640

（二）购进货物、接受劳务等

小规模纳税人购进货物、劳务、服务、无形资产或不动产时，不论是否取得增值税专用发票，其支付给销售方的增值税额都不得抵扣，应计入购进货物或接受劳务的成本。因此，应按全部价款和税额，借记“在途物资”等账户，贷记“银行存款”等

账户。

【做中学2-39】北山商贸公司为增值税小规模纳税人，2019年5月份购进商品取得的增值税普通发票上注明金额100 000元、税额13 000元；支付运费2 000元，装卸费1 000元。

北山商贸公司账务处理如下：

购进商品的实际成本=100 000+13 000+2 000+1 000=116 000（元）

借：库存商品	116 000	
贷：银行存款		116 000

技能点2-5 应交消费税核算

一、消费税纳税人、征税范围、税率与计税方法

（一）消费税纳税人

在我国现行税制体系中，消费税是在对货物普遍征收增值税的基础上，根据国家产业政策，选择部分消费品再征收的一种流转税。消费税纳税人是指在我国境内生产、委托加工、进口应税消费品，以及国务院确定的销售应税消费品的其他单位和个人。

（二）消费税征税范围

现行消费税的征税范围包括烟、酒、高档化妆品、贵重首饰及珠宝玉石、鞭炮焰火、成品油、摩托车、小汽车、高尔夫球及球具、高档手表、游艇、木制一次性筷子、实木地板、电池、涂料15个税目。

（三）消费税税率

消费税实行比例税率、定额税率和从量定额与从价定率相结合的复合税率三种形式。多数消费品采用比例税率；对成品油和黄酒、啤酒等实行定额税率；对卷烟、粮食白酒、薯类白酒实行从量定额与从价定率相结合计算应纳税额的复合计税办法。

（四）消费税计税方法

消费税计税方法有从价计税、从量计税和复合计税三种。基本计算公式分别为：

$$\text{从价计税应纳税额}=\text{销售额（组成计税价格）}\times\text{比例税率}$$

$$\text{从量计税应纳税额}=\text{销售量（进口数量、委托加工数量）}\times\text{定额税率}$$

$$\text{复合计税应纳税额}=\text{销售额（组成计税价格）}\times\text{比例税率}+\text{销售量（进口数量、委托加工数量）}\times\text{定额税率}$$

二、应交消费税核算账户设置

企业核算应交消费税应在“应交税费”账户下设置“应交消费税”明细账户。该账户借方登记实际缴纳或待扣的消费税，贷方登记应缴纳的消费税，期末贷方余额为尚未缴纳的消费税，期末借方余额为多交或待扣的消费税。

由于消费税为价内税，消费税支出应作为成本费用核算，因此，与“应交税费——应交消费税”账户对应，还应设置“税金及附加”“在建工程”“营业外支出”“应付职工薪酬”等账户。

三、应交消费税财务处理

（一）销售自产应税消费品应交消费税账务处理

企业销售自产应税消费品，应按规定计算应交消费税，借记“税金及附加”账户，贷记“应交税费——应交消费税”账户。实际缴纳消费税时，借记“应交税费——应交消费税”账户，贷记“银行存款”账户；发生销货退回及退税时，做相反的会计分录。

【做中学2-40】宏业公司2019年5月份采取直接收款方式销售高档化妆品3 000套，不含税出厂价每套220元，增值税专用发票上注明金额660 000元、税额85 800元，款项已通过银行收讫。

宏业公司账务处理如下：

确认实现销售收入时编制会计分录：

借：银行存款　　745 800

　贷：主营业务收入　　660 000

　　　应交税费——应交增值税（销项税额）　　85 800

当月应纳消费税税额=660 000×15%=99 000（元），编制会计分录：

借：税金及附加　　99 000

　贷：应交税费——应交消费税　　99 000

（二）自产自用应税消费品应交消费税账务处理

1.会计上不确认收入的自产自用应税消费品

企业将自产产品用于连续生产非应税消费品、在建工程、管理部门等（产品未发生所有权转移），或用于捐赠、赞助、广告、样品等（不能产生可以准确计量的经济利益流入），均不符合收入确认条件，因此，会计上均不确认为收入，但税法规定均应计征消费税。纳税人应于货物移交使用时，借记“生产成本”“在建工程”“固定资产”“营业外支出”“销售费用”等账户，贷记“库存商品”“应交税费——应交增值税（销项税额）”和“应交税费——应交消费税”账户。

【做中学2-41】宏业公司将一辆自产小轿车移交厂部办公室使用，该种型号的汽车不含税售价为154 000元，单位成本为130 000元，消费税税率为9%。

宏业公司账务处理如下：

增值税销项税额=154 000×13%=20 020（元）

消费税应纳税额=154 000×9%=13 860（元）

借：固定资产——生产用固定资产　　163 880

　贷：库存商品　　130 000

　　　应交税费——应交增值税（销项税额）　　20 020

　　　　　　　——应交消费税　　13 860

2.会计上确认收入的自产自用应税消费品

企业将自产应税消费品用于对外投资、职工福利、劳动保护、股利分红的，在会计核算上要确认销售收入。企业应于移送货物时，借记“长期股权投资”“应付职工薪酬”“制造费用”“应付股利”等账户，贷记“主营业务收入”“应交税费——应交增值税（销项税额）”等账户；计算应交的消费税时，借记“税金及附加”账户，贷记“应交税费——应交消费税”账户。

【做中学 2-42】宏业公司将自产的小汽车一辆用于对A公司投资，该型号的小汽车不含税售价为150 000元，单位成本为100 000元，双方协议投资作价145 000元，消费税税率为5%。

宏业公司账务处理如下：

增值税销项税额=150 000×13%=19 500（元）

消费税应纳税额=150 000×5%=7 500（元）

货物移送时编制会计分录：

借：长期股权投资　　169 500

　　贷：主营业务收入　　150 000

　　　　应交税费——应交增值税（销项税额）　　19 500

同时，计算应交的消费税，编制会计分录：

借：税金及附加　　7 500

　　贷：应交税费——应交消费税　　7 500

（三）委托加工应税消费品应交消费税账务处理

1.委托方账务处理

根据消费税相关法律规定，委托加工应税消费品应由受托方代收代缴消费税，因此，委托加工应税消费品应纳消费税应区分以下两种不同情况处理：

（1）委托加工应税消费品收回后直接用于销售的，不再缴纳消费税。委托方应将受托方代收代缴的消费税随同应支付的加工费计入委托加工应税消费品的成本，借记“委托加工物资”账户，贷记“银行存款”等账户。

微课：委托加工应税消费品应交消费税核算

（2）委托加工应税消费品收回后用于连续生产应税消费品的，受托方代收代缴的消费税准予抵扣。委托方应按实际支付的加工费，借记“委托加工物资”账户；按受托方代收代缴的消费税，借记“应交税费——应交消费税”账户；按支付的增值税，借记“应交税费——应交增值税（进项税额）”账户；按支付的全部价款，贷记“银行存款”等账户。待连续生产的最终消费品销售时，按最终应税消费品应缴纳的消费税，借记“税金及附加”账户，贷记“应交税费——应交消费税”账户。

【做中学 2-43】A卷烟厂2019年1月21发出库存外购烟叶委托B卷烟厂加工成烟丝（消费税税率30%），不含税成本价530 000元。2月16日加工完毕，A卷烟厂全部收回，支付不含税加工费30 000元，增值税专用发票上注明税额3 900元。烟丝应交消费税由B卷烟厂代收代缴（B卷烟厂无同类烟丝的销售价格）。烟丝收回后A卷烟厂将其中的40%直接出售给C卷烟厂，取得不含税销售额560 000元；其余烟丝用于连续生产40个标准箱卷烟（消费税税率56%），当月全部销售，取得不含税销售额850 000元，生产成本700 000元。款项均已通过银行支付。

A卷烟厂账务处理如下：

2月份加工完毕收回烟丝，支付加工费时编制会计分录：

借：委托加工物资　　30 000

　　应交税费——应交增值税（进项税额）　　3 900

贷：银行存款 33 900

收回烟丝，支付消费税时：

B卷烟厂应代收代缴的消费税=（530 000+30 000）÷（1–30%）×30%=240 000（元）

其中，允许抵扣的消费税税额=240 000×60%=144 000（元）

根据入库单和支付凭证等编制会计分录：

借：委托加工物资 96 000

应交税费——应交消费税 144 000

贷：银行存款 240 000

将40%的烟丝对外销售收取款项时编制会计分录：

借：银行存款 632 800

贷：主营业务收入 560 000

应交税费——应交增值税（销项税额） 72 800

将60%的烟丝用于生产卷烟，根据领料单编制会计分录：

借：生产成本 336 000

贷：原材料 336 000

卷烟对外销售，根据销货发票及进账单等凭证编制会计分录：

借：银行存款 960 500

贷：主营业务收入 850 000

应交税费——应交增值税（销项税额） 110 500

卷烟应纳消费税税额=40×150+850 000×56%=482 000（元）

根据消费税计算单编制会计分录：

借：税金及附加 482 000

贷：应交税费——应交消费税 482 000

综合上述结果，期末实际应纳消费税税额=482 000–144 000=338 000（元）

2.受托方账务处理

企业受托加工应税消费品的，应于委托方提货时代收代缴消费税。受托方按应收取的加工费和应代收代缴的消费税，借记"应收账款""银行存款"等账户；按应收取的加工费和增值税，贷记"主营业务收入"或"其他业务收入"、"应交税费——应交增值税（销项税额）"等账户；按应代收代缴的消费税，贷记"应交税费——代收代缴消费税"账户。

【做中学2–44】沿用【做中学2–43】资料，受托方B卷烟厂收取加工费并代收代缴消费税。

B卷烟厂账务处理如下：

收取加工费、应代收代缴的消费税时，根据增值税专用发票及进账单编制会计分录：

借：银行存款 273 900

贷：其他业务收入（或主营业务收入） 30 000

应交税费——应交增值税（销项税额） 3 900

——代收代缴消费税 240 000

（四）进口应税消费品应交消费税账务处理

企业进口应税消费品，在按规定缴纳进口环节关税、增值税之外，还应缴纳消费税，其所缴纳的消费税应计入该应税消费品的成本。企业应按应税消费品的采购成本和应缴纳的消费税，借记“固定资产”“材料采购”“原材料”等账户；按支付的准予抵扣的增值税，借记“应交税费——应交增值税（进项税额）”账户；按采购成本与缴纳的增值税、消费税之和，贷记“银行存款”“应付账款”等账户。

【做中学2-45】甲商贸公司进口高档化妆品（消费税税率15%）一批，海关核定的关税完税价格为300 000元，应纳进口关税为36 000元。款项已通过银行支付。

甲商贸公司账务处理如下：

应纳增值税税额=（300 000+36 000）÷（1-15%）×13%=51 388.24（元）

应纳消费税税额=（300 000+36 000）÷（1-15%）×15%=59 294.12（元）

编制会计分录：

借：库存商品	395 294.12	
应交税费——应交增值税（进项税额）	51 388.24	
贷：银行存款		446 682.36

技能点2-6 其他应交税费核算与应交税费列报

一、应交城市维护建设税与教育费附加核算

（一）城市维护建设税

城市维护建设税是对缴纳增值税、消费税（以下简称“二税”）的单位和个人以其实际缴纳的“二税”税额为计税依据而征收的一种税。

城市维护建设税属于一种附加税，本身没有特定的、独立的征税对象，它以纳税人实际缴纳的“二税”税额为计税依据。

城市维护建设税税率因纳税人所在地区不同有三档：市区为7%，县城、镇为5%，市区、县城和镇以外的其他地区为1%。

其应纳税额计算公式为：

应纳税额=实际缴纳的增值税、消费税税额之和×适用税率

企业按规定计算应交城市维护建设税时，应借记“税金及附加”“固定资产清理”等账户，贷记“应交税费——应交城市维护建设税”账户；实际缴纳税款时，应借记“应交税费——应交城市维护建设税”账户，贷记“银行存款”账户。

【做中学2-46】甲企业地处市区，为增值税一般纳税人。2019年11月份，甲企业发生了如下与流转税有关的业务：进口原材料缴纳进口环节增值税5万元；内销高档化妆品缴纳增值税17万元、消费税15万元；出口货物按规定退回增值税4万元。

甲企业地处市区，城市维护建设税税率为7%，同时城市维护建设税实行“进口不征，出口不退”政策。

应纳城市维护建设税税额=（17+15）×7%=2.24（万元）

甲企业账务处理如下：

计算应交城市维护建设税时编制会计分录：

借：税金及附加　　22 400

　　贷：应交税费——应交城市维护建设税　　22 400

实际缴纳城市维护建设税时编制会计分录：

借：应交税费——应交城市维护建设税　　22 400

　　贷：银行存款　　22 400

（二）教育费附加

教育费附加是对缴纳增值税、消费税的单位和个人征收的一种专项附加费，是一种政府行政收费。

教育费附加对缴纳“二税”的单位和个人征收，以其实际缴纳的“二税”税额为计费依据，与“二税”同时缴纳。现行教育费附加的征收率为“二税”税额的3%。

应交教育费附加通过“应交税费——应交教育费附加”账户核算。计算应交教育费附加时，应借记“税金及附加”账户，贷记“应交税费——应交教育费附加”账户；交纳教育费附加时，应借记“应交税费——应交教育费附加”账户，贷记“银行存款”账户。

【做中学2-47】沿用【做中学2-46】资料，计算应交教育费附加。

应交教育费附加=（17+15）×3%=0.96（万元）

计算应交教育费附加时编制会计分录：

借：税金及附加　　9 600

　　贷：应交税费——应交教育费附加　　9 600

二、应交资源税核算

资源税是以自然资源为征税对象，向从事应税资源开发与利用的单位与个人征收的一种税。我国现行资源税只选择了部分普遍开发、级差收入大、税源大的资源产品为征收对象，包括矿产品和盐两大类。矿产品包括原油、天然气、煤炭、其他非金属矿、金属矿；盐包括井矿盐、湖盐、提取地下卤水晒制的盐和海盐。

根据我国现行资源税政策规定，除黏土、砂石实行从量定额计征外，其他资源产品均实行从价计征。

从价计征的应税产品以销售额为计税依据，应纳税额=销售额×比例税率；

从量计征的应税产品以销售量为计税依据，应纳税额=销售数量×定额税率。

应交资源税通过“应交税费——应交资源税”账户核算具体账务处理如下：

对外销售应税产品应交资源税，借记“税金及附加”账户，贷记“应交税费——应交资源税”账户；自产自用应税产品应缴资源税，借记“生产成本”“制造费用”等账户，贷记“应交税费——应交资源税”账户。

收购未税矿产品代扣代缴资源税的，借记“应付账款”等账户，贷记“应交税费——代扣代缴资源税”账户。

企业外购液体盐加工成固体盐的，在购入液体盐时，按允许抵扣的资源税，借记“应交税费——应交资源税”账户；按外购价款扣除允许抵扣的资源税后的数额，借记“材料采购”等账户；按应支付的全部价款，贷记“银行存款”等账户。企业加工成固体盐销售时，按销售固体盐应交资源税，借记“税金及附加”账户，贷记“应交税费——应交资源税”账户；按销售固体盐应纳资源税扣抵液体盐已纳资源税后的差额交纳税款时，借记“应交税费——应交资源税”账户，贷记“银行存款”账户。

纳税人按规定缴纳资源税时，借记“应交税费——应交资源税”账户，贷记“银行存款”账户。

【做中学2-48】某煤矿为增值税一般纳税人，2019年12月生产原煤120万吨，每吨不含税售价700元，全部对外销售；另外该煤矿当月还生产销售天然气30 000万立方米。已知该煤矿原煤资源税税率为4%。

根据税法规定，煤矿生产的天然气暂不征税。

应交资源税税额=120×700×4%=3 360（万元）

计算应交资源税时编制会计分录：

借：税金及附加　　33 600 000

　贷：应交税费——应交资源税　　33 600 000

三、应交土地增值税核算

土地增值税是对转让国有土地使用权、地上建筑物及其附着物并取得收入的单位和个人，就其转让房地产所取得的增值额征收的一种税。

土地增值税的征税对象为有偿转让国有土地使用权、地上建筑物及其附着物产权的行为。土地增值税实行四级超率累进税率。

土地增值税以纳税人转让房地产所取得的增值额为计税依据。增值额是指纳税人转让房地产所取得的收入减去取得土地使用权时所支付的地价款、房地产开发成本、房地产开发费用、与转让房地产有关的税金等规定的扣除项目后的余额。

土地增值税通过“应交税费——应交土地增值税”账户核算。具体会计核算，根据企业业务性质不同有所区别。

（一）房地产开发企业应交土地增值税

房地产开发企业销售商品房属于企业的商品经营业务，因此，转让房地产过程中应交的土地增值税，借记“税金及附加”账户，贷记“应交税费——应交土地增值税”账户。

【做中学2-49】2019年6月，某房地产开发公司销售居民住宅，取得转让收入1 050万元（含税）。该公司转让房地产增值税采用简易计税方法计税，适用征收率5%，应缴纳增值税50万元、城市维护建设税3.5万元和教育费附加1.5万元；为取得该住宅用地的土地使用权支付地价款和有关费用100万元；投入开发成本为375万元；支付银行贷款利息费用为10.6万元（不能按转让房地产项目计算分摊），实际发生的其他房地产开发费用50万元。该公司所在地人民政府规定房地产开发费用的计算扣除比例为10%。

房地产开发公司账务处理如下：

应纳增值税税额计算如下：

转让收入=1 050÷（1+5%）=1 000（万元）

扣除项目金额=100+375+（100+375）×10%+3.5+1.5+（100+375）×20%

　　=622.5（万元）

增值额=1 000−622.5=377.5（万元）

增值率=377.5÷622.5×100%=60.64%

适用税率为40%、速算扣除系数为5%，所以：

应纳土地增值税税额=377.5×40%−622.5×5%=119.875（万元）

按规定计算应缴纳的相关税金及教育费附加时编制会计分录：

借：税金及附加	1 248 750	
贷：应交税费——应交城市维护建设税		35 000
——应交教育费附加		15 000
——应交土地增值税		1 198 750

（二）其他企业销售旧房及建筑物应交土地增值税

其他企业转让房地产应缴纳的土地增值税，应借记“固定资产清理”账户，贷记“应交税费——应交土地增值税”账户。

【做中学2-50】2019年6月，甲企业转让5年前以1 000万元购进的一项房产，取得转让收入1 575万元（含增值税）。该企业转让房产增值税采用简易计税方法计税，适用征收率5%，应缴纳增值税75万元、城市维护建设税及教育费附加7.5万元。转让时此项建筑物已提折旧140万元。

甲企业账务处理如下：

转让应税收入=1 575÷（1+5%）=1 500（万元）

扣除项目金额=1 000+7.5=1 007.5（万元）

增值额=1 500−1 007.5=492.5（万元）

增值率=492.5÷1 007.5=48.88%

适用税率为30%，速算扣除系数为0，所以：

应纳土地增值税税额=492.5×30%=147.75（万元）

注销固定资产时编制会计分录：

借：固定资产清理	8 600 000	
累计折旧	1 400 000	
贷：固定资产		10 000 000

收到转让收入时编制会计分录：

借：银行存款	15 750 000	
贷：固定资产清理		15 000 000
应交税费——应交增值税（销项税额）		750 000

计算应交税金时编制会计分录：

借：固定资产清理	1 552 500	
贷：应交税费——应交城市维护建设税和教育费附加		75 000
——应交土地增值税		1 477 500

四、应交房产税、城镇土地使用税、车船税核算

房产税是以房屋为征税对象，按照房屋的计税余值或租金收入，向产权所有人征收的一种财产税。房产税的征税范围为城市、县城、建制镇和工矿区范围内的房产。

城镇土地使用税是对城市、县城、建制镇和工矿区范围内使用土地的单位和个人，

按实际占用的土地面积所征收的一种税。

车船税是以车船为征税对象，向拥有车船的单位和个人征收的一种税。

企业核算应交的房产税、城镇土地使用税、车船税，应设置“应交税费——应交房产税（或应交城镇土地使用税、应交车船税）”账户。企业计算应交的房产税、城镇土地使用税、车船税时，应借记“税金及附加”账户，贷记“应交税费——应交房产税（或应交城镇土地使用税、应交车船税）”账户；实际缴纳税款时，应借记“应交税费——应交房产税（或应交城镇土地使用税、应交车船税）”账户，贷记“银行存款”账户。

【做中学2-51】甲企业实际占地土地面积共计30 000平方米，其中4 000平方米为职工家属宿舍用地，600平方米为厂区以外绿化区，800平方米为厂内医院和幼儿园用地。该企业所处地段城镇土地使用税适用税为2元/平方米。计算甲企业应缴纳的城镇土地使用税。

根据税法规定，厂区以外的公共绿地、企业办的幼儿园用地免征城镇土地使用税；纳税单位的职工家属宿舍用地，应缴纳城镇土地使用税。

甲企业账务处理如下：

应交城镇土地使用税=（30 000−600−800）×2=57 200（元）

编制会计分录：

借：税金及附加　　57 200

　　贷：应交税费——应交城镇土地使用税　　57 200

实际缴纳税款时编制会计分录：

借：应交税费——应交城镇土地使用税　　57 200

　　贷：银行存款　　57 200

五、应交税费列报

应交税费在资产负债表中的列示见表2-8。

表2-8　　资产负债表

编制单位　　年　月　日　　单位：元

资　产	期末余额	上年年末余额	负债和所有者权益（或股东权益）	期末余额	上年年末余额
			流动负债：		
			……		
			应交税费		
			……		

具体填列说明如下：

“应交税费”项目，反映企业期末未交、多交或未抵扣的各种税费。本项目应根据“应交税费”账户的期末贷方余额填列。如“应交税费”账户期末为借方余额，应以“-”号填列。

微课：负债核算

任务内容导图

本任务内容导图如图2-4所示。

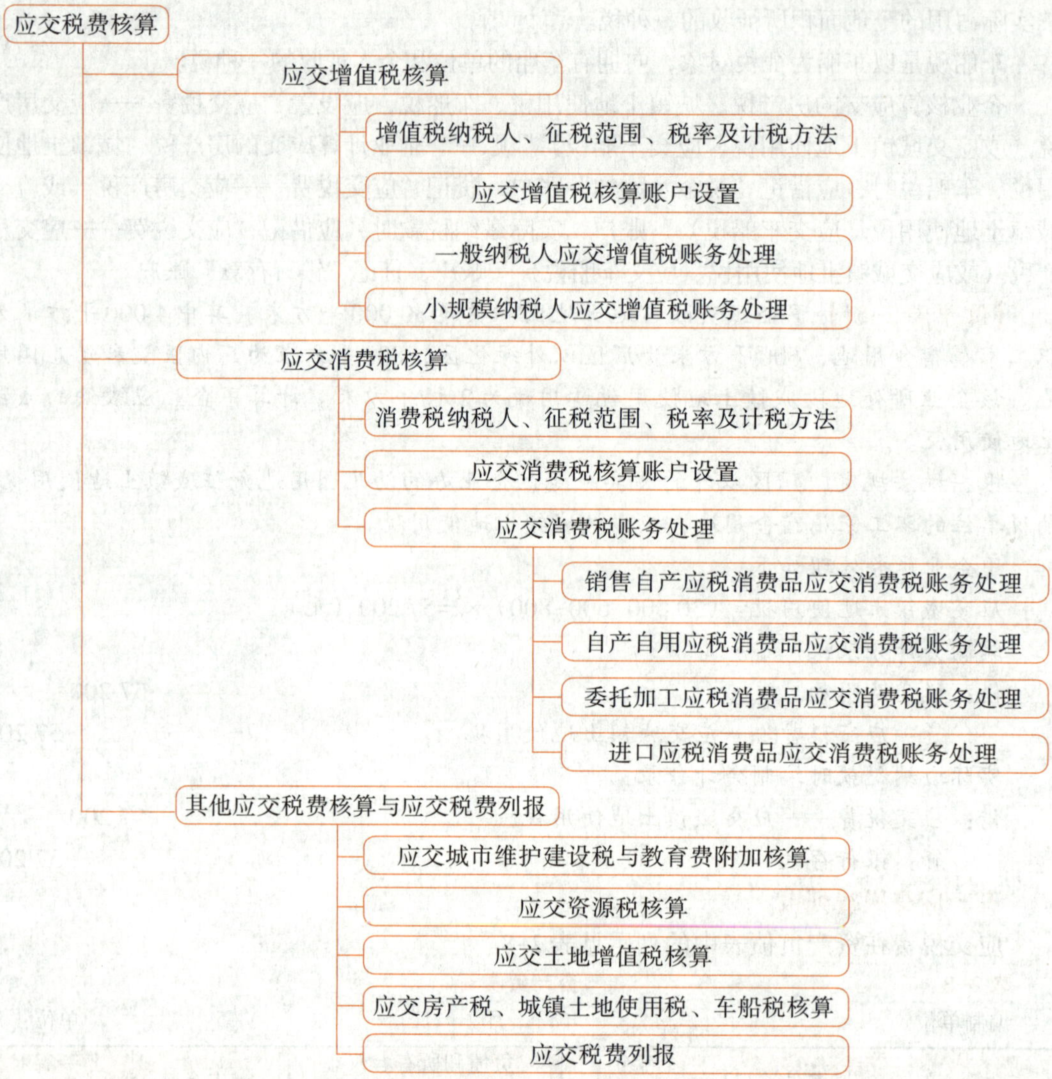

图2-4　本任务内容导图

复习思考题

1. 简述增值税纳税人、征税范围、税率和计税方法的基本内容。

2. 一般纳税人应交增值税如何进行账务处理？

3. 小规模纳税人应交增值税如何进行账务处理？

4. 简述消费税纳税人、征税范围、税率和计税方法的基本内容。

5. 销售自产应税消费品、自产自用应税消费品、委托加工应税消费品和进口应税消费品应纳消费税如何进行账务处理？

6. 应交城市维护建设税和教育费附加、资源税、土地增值税、房产税、城镇土地使用税、车船税在账务处理上有何异同？

7. 应交税费在资产负债表中如何列报？

项目三　所有者权益核算 <<<<<<<<<<<<<

↘【技能点】

1. 实收资本定义及核算
2. 资本公积核算
3. 实收资本与资本公积列报
4. 留存收益核算
5. 留存收益列报

引言

所有者权益是指企业资产扣除负债后由所有者享有的剩余权益，包括所有者投入的资本、直接计入所有者权益的利得和损失、留存收益等。该定义既说明了所有者权益是企业投资者对企业净资产的要求权的经济性质，还说明了所有者权益的构成内容和数额。在我国现行财务会计报告中，所有者权益按实收资本、其他权益工具、资本公积、其他综合收益、盈余公积和未分配利润六个项目列报。本项目主要介绍实收资本、资本公积、盈余公积和未分配利润的账务处理及其在资产负债表、利润表中的列报。

任务一　实收资本和资本公积核算

技能点3-1　实收资本定义及核算

一、实收资本定义

实收资本是指企业按照章程规定或合同、协议约定，接受投资者投入企业的资本。按照我国有关法律规定，企业申请开业必须具备符合国家规定并与其生产经营和服务规模相适应的资金。资金的主要来源就是所有者投入，对于有限责任公司，所有者投入资金形成实收资本；对于股份有限公司，股东购买股票形成股本。

实收资本核算必须注意分清实收资本与注册资本、投入资本的区别。

注册资本是指企业在工商行政管理部门登记的投资者认缴的出资额。我国对企业实行注册资本认缴登记制，投资者出资达到法定注册资本是企业设立的先决条件。从这个意义上看，注册资本是企业的法定资本，是企业承担民事责任的财力保证。

投入资本是指投资者作为资本实际投入企业的资本数额。投入资本按照投入资产形式的不同可分为货币投资、实物投资和无形资产投资等。企业资本的筹集应该按照法律、法规、合同和章程的规定及时进行。一次筹集的，投入资本应等于注册资本；分期筹集的，在投资者最后一次缴入资本后，投入资本应等于注册资本。根据注册资本认缴登记制的要求，企业会计核算中的实收资本即为法定资本，应当与注册资本相一致，企业不得擅自改变注册资本数额或抽逃资金。

二、实收资本分类

（一）按照投资者的性质不同分类

实收资本按照投资者的性质不同，可分为国家投入资本、法人投入资本、个人投入资本和外商投入资本。国家投入资本是指有权代表国家投资的政府部门或者机构以国有资产投入企业形成的资本；法人投入资本是指我国具有法人资格的单位以其依法可以支配的资产投入企业形成的资本；个人投入资本是指我国公民以其合法财产投入企业形成的资本；外商投入资本是指外国投资者将资产投入企业形成的资本。

（二）按照投入资产的经济内容不同分类

实收资本按照投入资产的经济内容不同，可分为货币投资、实物投资和无形资产投资。

三、实收资本核算账户设置

实收资本核算因企业性质不同分以下两种情况设置账户：

（1）股份制企业为核算股东投入的资本应设置“股本”账户。该账户属于所有者权益类账户，贷方登记公司发行股票的面值总额，借方登记依法批准减少的股本数额，期末贷方余额反映公司股本总额。本账户可按股东单位或姓名进行明细核算。

（2）非股份制企业为核算投资者投入资本的增减变动情况应设置“实收资本”账户。该账户属于所有者权益类账户，贷方登记实收资本的增加，借方登记实收资本的减少，期末贷方余额反映企业实收资本总额。本账户可按投资者进行明细核算。

四、实收资本账务处理

（一）实收资本增加

1.接受投资者投入资本。

（1）接受现金资产投资。

非股份制企业接受投资者投入现金资产时，按实际收到金额，借记“银行存款”等账户；按投入资本在注册资本中所占份额，贷记“实收资本”账户；按其差额，贷记“资本公积——资本溢价”账户。

【做中学3-1】甲、乙、丙共同投资设立A有限责任公司，注册资本为200万元，甲、乙、丙持股比例分别为60%、25%和15%。按照公司章程规定，甲、乙、丙投入资本分别为120万元、50万元和30万元。A有限责任公司已如期收到各投资者一次缴足的资金。

A有限责任公司账务处理如下：

借：银行存款	2 000 000	
贷：实收资本——甲		1 200 000
——乙		500 000
——丙		300 000

（2）发行股票。

发行股票是指股份有限公司为设立公司或者筹集资金，依照法律规定发售股票的行为。企业应在核定的股本总额范围内发行股票。企业发行股票取得的收入与股本总额往往不一致，公司发行股票取得的收入大于股本总额的，称为溢价发行；小于股本总额的，称为折价发行；等于股本总额的，称为平价发行。我国不允许企业折价发行股票。

股份有限公司发行股票时，应按实际收到的款项，借记“银行存款”账户；按股票面值和核定股份总数乘积计算的金额，贷记“股本”账户；按其差额，贷记“资本公积——股本溢价”账户。

发行股票发生的相关手续费、佣金等交易费用，溢价发行股票的，应从溢价中抵扣，冲减资本公积（股本溢价）；按面值发行股票或股票发行溢价不足以抵扣的，应将不足抵扣的部分冲减盈余公积和未分配利润。

【做中学3-2】A股份有限公司发行普通股2 000万股，每股面值1元，每股发行价格3元。证券公司按发行价格的1.5%收取手续费，股票发行成功，股款已全部收到，不考虑发行过程中的其他税费等因素。

A股份有限公司账务处理如下：

收到发行款=20 000 000×3×（1-1.5%）=59 100 000（元）

资本公积=59 100 000-20 000 000×1=39 100 000（元）

借：银行存款　　59 100 000

　贷：股本　　20 000 000

　　资本公积——股本溢价　　39 100 000

（3）接受非现金资产投资。

企业接受非现金资产投资时，应按投资合同或协议约定价值确定非现金资产价值（但投资合同或协议约定价值不公允的除外）和在注册资本中应享有的份额。接受实物资产投资的，应在办理实物产权转移手续时，借记有关资产账户；接受无形资产投资的，应于按合同、协议或公司章程规定移交有关凭证时，借记“无形资产”账户；按投入资本在注册资本或股本中所占份额，贷记“实收资本”或“股本”账户；按其差额，贷记“资本公积——资本溢价”或“资本公积——股本溢价”等账户。涉及增值税的，还应作相应的账务处理。

【做中学3-3】甲有限责任公司于设立时收到乙公司作为资本投入的不需要安装的机器设备一台，合同约定该机器设备的价值为200万元，增值税进项税额为26万元（允许抵扣）。双方约定甲有限责任公司接受乙公司的投入资本为226万元。合同约定的固定资产价值与公允价值相符，不考虑其他因素。

甲有限责任公司账务处理如下：

借：固定资产　　2 000 000

　应交税费——应交增值税（进项税额）　　260 000

　贷：实收资本——乙公司　　2 260 000

【想一想3-1】乙有限责任公司于设立时收到B公司作为资本投入的原材料一批，该批原材料投资合同或协议约定价值（不含可抵扣的增值税进项税额部分）为100 000元、增值税进项税额为13 000元。B公司已开具了增值税专用发票。假设合同约定的价值与公允价值相符，该进项税额允许抵扣，不考虑其他因素，原材料按实际成本进行日常核算。乙有限责任公司应如何进行账务处理？

答案

2.资本公积、盈余公积转增资本

企业将资本公积转为实收资本或者股本，借记“资本公积——资本（或股本）溢价”账户，贷记“实收资本”或“股本”账户。企业将盈余公积转为实收资本或者股本，借记“盈余公积”账户，贷记“实收资本”或“股本”账户。

【做中学3-4】甲、乙、丙三人共同投资设立A有限责任公司，原注册资本为4 000 000

元，甲、乙、丙分别出资500 000元、2 000 000元和1 500 000元。为扩大经营规模，经批准，A有限责任公司按原出资比例将资本公积1 000 000元转增资本，将盈余公积1 000 000元转增资本。

甲享有的份额=2 000 000×（500 000÷4 000 000）=250 000（元）

乙享有的份额=2 000 000×（2 000 000÷4 000 000）= 1000 000（元）

丙享有的份额=2 000 000×（1 500 000÷4 000 000）=750 000（元）

A有限责任公司账务处理如下：

借：资本公积	1 000 000	
盈余公积	1 000 000	
贷：实收资本——甲		250 000
——乙		1 000 000
——丙		750 000

3. 发放股票股利

股票股利是指股份有限公司以增发股票的形式向股东支付的股利。股票股利既不影响公司的资产和负债，也不影响股东权益总额，只是将公司股东共有的留存收益划归每一股东名下，即将留存收益转增股本。分配股票股利后，在净收益不变的情况下，每股的收益率会有所下降，每股的市场价格也会有所下降。

根据现行会计制度规定，公司在分派股票股利时，应按分派股票股利的资金来源不同分别处理。公司用净利润分派股票股利的，借记“利润分配——转作股本的股利”账户，贷记“股本——普通股”账户；用盈余公积分派股票股利的，借记“盈余公积”账户，贷记“股本——普通股”账户。

【做中学3–5】A股份有限公司经批准向公司股东分派股票股利，其中用任意盈余公积分派100 000股，每股面值为1元；用未分配利润分派200 000股，每股面值为1元。

A公司账务处理如下：

办妥所有增资分派手续时编制会计分录：

借：利润分配——转作股本的股利	200 000	
盈余公积——任意盈余公积	100 000	
贷：股本——普通股		300 000

除前述之外，企业增加实收资本的途径还有将可转换公司债券持有人行使转换权利、重组债务转为资本和以权益结算的股份支付的行权等。

（二）实收资本减少

1. 资本过剩减资

根据《中华人民共和国公司法》（以下简称《公司法》）规定，公司成立后股东不得抽逃出资，但符合《公司法》规定的可以减少注册资本，如企业发生重大亏损、资本过剩、回购股份用于奖励职工等。公司减资后的注册资本不得低于法定的最低限额。

微课：回购股份核算

有限责任公司按法定程序减少注册资本时，借记“实收资本”账户，贷记“银行存款”账户。

股份有限公司减资需要通过回购股票实现。企业对收购或注销的本公司的股份数额应设置“库存股”账户核算。股份有限公司采用收购本公司股票方式减资的，应按实际支付的金额，借记“库存股”账户，贷记“银行存款”账户。注销库存股时，应按股票面值和注销股数计算的股票面值总额，借记“股本”账户；按注销库存股的账面余额，贷记“库存股”账户；按其差额，借记“资本公积——股本溢价”账户。“资本公积——股本溢价”不足冲减的，应依次借记“盈余公积”“利润分配——未分配利润”等账户。

【做中学3-6】A公司2019年12月31日的股本为1亿股，面值为1元，资本公积（股本溢价）为3 000万元，盈余公积为4 000万元。经股东大会批准，A公司以现金回购本公司股票2 000万股并注销。假定A公司按每股2元回购股票，不考虑其他因素。

A公司账务处理如下：

回购本公司股票时，库存股成本为4 000万元（2 000×2），编制会计分录：

借：库存股	40 000 000	
贷：银行存款		40 000 000

注销本公司股票时，冲减资本公积2 000万元（2 000×2－2000×1），编制会计分录：

借：股本	20 000 000	
资本公积——股本溢价	20 000 000	
贷：库存股		40 000 000

【做中学3-7】沿用【做中学3-6】资料，假定A公司按每股3元回购股票，其他条件不变。

A公司账务处理如下：

回购本公司股票，库存股成本为6 000万元（2 000×3），编制会计分录：

借：库存股	60 000 000	
贷：银行存款		60 000 000

注销本公司股票，库存股成本超过股票面值总额4 000万元（2000×3－2000×1），大于股本溢价余额，所以最多冲减股本溢价3 000万元，剩余的冲减盈余公积1000万元，编制会计分录：

借：股本	20 000 000	
资本公积——股本溢价	30 000 000	
盈余公积	10 000 000	
贷：库存股		60 000 000

【做中学3-8】沿用【做中学3-6】资料，假定A公司按每股0.9元回购股票，其他条件不变。

A公司账务处理如下：

回购本公司股份，库存股成本为1 800万元（2 000×0.9），编制会计分录：

借：库存股	18 000 000	
贷：银行存款		18 000 000

注销本公司股份，增加资本公积200万元（2 000×1－2 000×0.9），编制会计分录：

借：股本　　20 000 000

　贷：库存股　　18 000 000

　　资本公积——股本溢价　　2 000 000

2. 发生重大亏损减资

企业发生重大亏损减资是指企业为了弥补亏损而减少企业资本的行为。企业减资的主要原因之一是一次性偿付累积债务。

企业发生重大亏损减资时，应根据减少的资本数额，借记“实收资本”或“股本”账户，贷记“利润分配——未分配利润”账户。

技能点3-2 资本公积定义及核算

一、资本公积定义

资本公积是企业收到投资者出资额超出其在注册资本（或股本）中所占份额的部分，以及其他资本公积等。资本公积包括资本溢价（或股本溢价）和其他资本公积。其中，资本溢价（或股本溢价）主要是溢价发行股票、投资者超额缴入资本等；其他资本公积是指除资本溢价（或股本溢价）、净损益、其他综合收益和利润分配以外所有者权益的其他变动。

这里要注意资本公积与实收资本（或股本）的区别：

（1）从性质上看，实收资本（或股本）体现了企业所有者对企业的基本产权关系，资本公积不直接表明所有者对企业的基本产权关系。

（2）从用途上看，实收资本（或股本）的构成比例是确定所有者参与企业财务经营决策的基础，也是企业进行利润分配或股利分配的依据，同时还是企业清算时确定所有者对净资产要求权的依据；资本公积的用途主要是转增资本（或股本），不体现各所有者的占有比例，不能作为所有者参与企业财务经营决策或进行利润分配或股利分配的依据。

二、资本公积核算账户设置

为核算资本公积的增减变动情况，企业应设置“资本公积”账户。该账户属于所有者权益类账户，贷方登记因资本溢价（或股本溢价）和其他原因增加的资本公积，借方登记资本公积的减少数，期末贷方余额反映资本公积的结余数。本账户应按“资本溢价或股本溢价”“其他资本公积”进行明细核算。

三、资本公积账务处理

（一）资本公积增加

资本溢价（或股本溢价）是资本公积的主要组成部分。

股份有限公司外的其他类型企业在创立时，投资者认缴的出资额与注册资本一致，一般不会产生资本溢价。但在企业重组或有新的投资者加入时，由于企业创立时要经过筹建、试生产、寻找市场等，投入资金风险大、资本利润率低、回收期长，而企业正常生产经营后投入的资金，资本利润率通常要高于企业初创阶段，因此，相同数量的投入资金，出资时间不同，给投资者带来的利益也不同，早期出资带给投资者的利益要大于后期出资带给投资者的利益，新加入的投资者要付出大于原有投资者的出资额，才能取得与原投资者相同的投资比例。另外，企业形成的留存收益，新加入的投资者也要分享，为了维护原有投资者的权益，新投资者的出资额也要大于其应享有的份额，投资者多缴的这部分就形成了资本溢价。

【做中学3-9】甲公司为有限责任公司，由两位投资者各投资200 000元设立。一年后，为扩大经营规模，经批准，甲公司引入第三位投资者加入公司，并将注册资本增加到300 000元。按照投资协议，新投资者需认缴现金110 000元，享有该公司三分之一的股份。甲公司已收到该现金投资，不考虑其他因素。

甲公司收到投入资金时编制会计分录：

借：银行存款　　110 000

　贷：实收资本　　100 000

　　资本公积——资本溢价　　10 000

股份有限公司在溢价发行股票时，可能会产生股本溢价。股本溢价的数额等于股份有限公司发行股票时实际收到的款额超过股票面值总额的部分。在溢价发行股票的情况下，按实际收到的款项，借记“银行存款”账户，按股票面值和核定的股份总数的乘积计算的金额，贷记“股本”账户，按扣除发行费用后的溢价收入，贷记“资本公积——股本溢价”账户。具体账务处理参见【做中学3-2】。

（二）资本公积减少

资本公积的减少主要是转增资本金。经股东大会或类似机构决议，用资本公积转增资本时，应冲减资本公积，同时按照转增前实收资本或股本的结构或比例，将转增的金额记入“实收资本”或“股本”账户下各所有者的明细分类账。具体账务处理参见【做中学3-4】。

技能点3-3 实收资本与资本公积列报

实收资本与资本公积在资产负债表中的列示见表3-1。

表3-1　　资产负债表

编制单位：　　年　月　日　　单位：元

资　产	期末余额	上年年末余额	负债和所有者权益（或股东权益）	期末余额	上年年末余额
			……		
			所有者权益（或股东权益）：		
			实收资本（或股本）		
			其他权益工具		
			其中：优先股		
			永续债		
			资本公积		
			减：库存股		
			……		
			所有者权益（或股东权益）合计		

具体填列说明如下：

(1)“实收资本（或股本）”项目，反映企业各投资者实际投入的资本（或股本）总额。本项目应根据“实收资本”或“股本”账户的期末余额填列。

(2)“资本公积”项目，反映企业资本公积的期末余额。本项目应根据“资本公积”账户的期末余额填列。

(3)“库存股”项目，反映企业持有的尚未转让或注销的本公司股份金额。本项目应根据“库存股”账户的期末余额填列。

任务内容导图

本任务内容导图如图3-1所示。

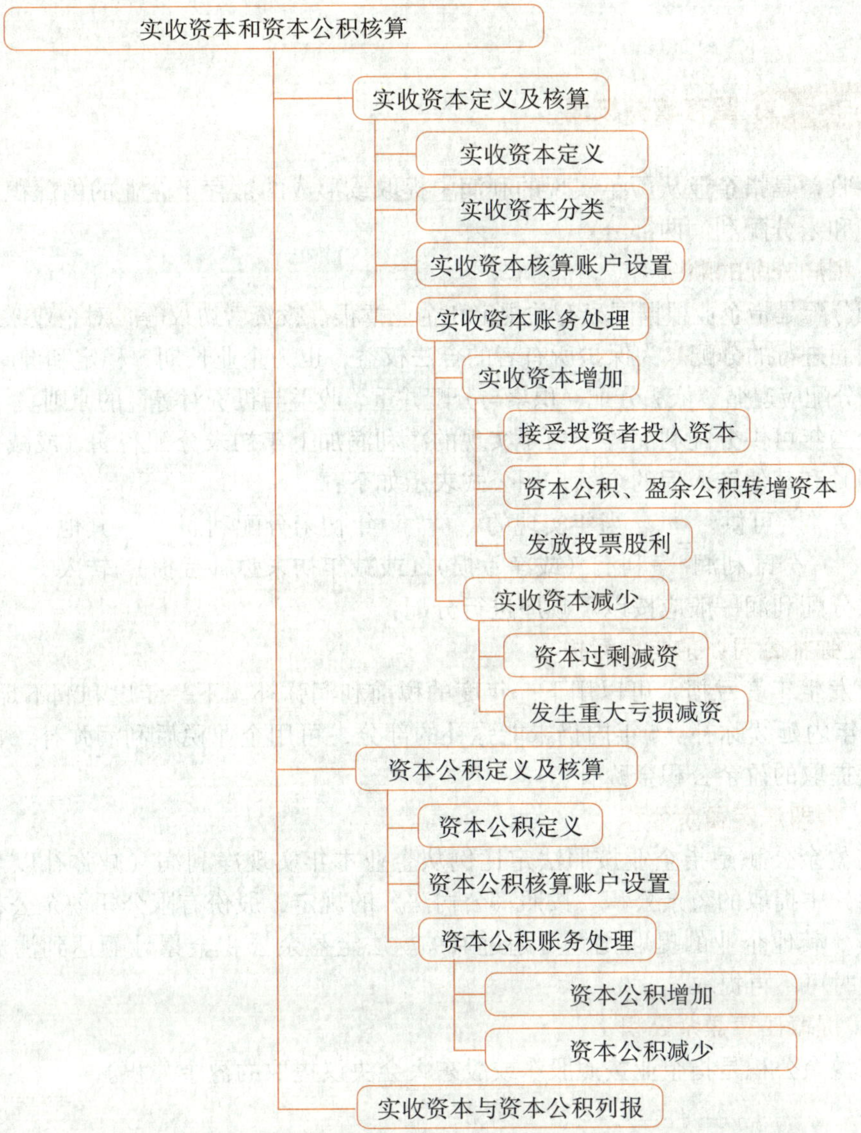

图3-1　本任务内容导图

复习思考题

1. 什么是所有者权益？所有者权益包括哪些？
2. 实收资本与注册资本、投入资本有什么区别与联系？
3. 实收资本增加有哪些途径？如何进行账务处理？
4. 股份有限公司减少股本有哪些途径？如何进行账务处理？
5. 资本公积增减有哪些途径？如何进行账务处理？
6. 实收资本与资本公积在资产负债表中如何列报？

任务二　留存收益核算

技能点3-4　留存收益核算

留存收益是指企业从历年实现的利润中提取或形成的留存于企业的内部积累，包括盈余公积和未分配利润两部分。

一、利润分配的顺序

利润分配是指企业根据国家有关规定和企业章程、投资者协议等，对企业缴纳所得税后的净利润进行的分配。为保护所有者的合法权益，也为企业长期、稳定和健康地发展，企业利润分配应遵循“依法分配、积累与分配并重、收益与投资对等”的原则。

企业当年可供分配利润等于当年实现的净利润加上年初未分配利润（或减去年初未弥补亏损）和其他转入后的余额，用公式表示如下：

$$\text{可供分配利润}=\text{当年实现的净利润（或净亏损）}+\text{年初未分配利润（或减年初未弥补亏损）}+\text{其他转入}$$

可供分配利润一般应按以下顺序进行分配：

（一）弥补公司以前年度亏损

企业发生年度亏损，可以用下一年度的税前利润弥补。下一年度利润不足弥补的，可以在5年内延续弥补。5年内仍未能弥补的部分，可用企业税后利润弥补，也可以用以前年度提取的盈余公积金弥补。

（二）提取法定盈余公积

法定盈余公积是指企业按照法定比例从企业本年实现净利润（减弥补以前年度亏损，下同）中提取的盈余公积。按照《公司法》的规定，股份有限公司盈余公积提取比例为10%，其他企业的提取比例可超过10%。法定盈余公积金累计额达到注册资本的50%以上时可不再提取。

（三）提取任意盈余公积

任意盈余公积是指企业按照股东或股东大会决议提取的盈余公积。

（四）向投资者分配利润或股利

公司弥补亏损、提取盈余公积后剩余的税后利润，可按实缴的出资比例或股东持股比例向投资者分配利润。

微课：留存收益核算

二、留存收益核算账户设置

（一）“利润分配”账户

为核算企业利润的分配（或亏损的弥补）和历年分配（或弥补）后的未分配利润（或亏损）等情况，企业应设置“利润分配”账户。该账户属于所有者权益类账户，是“本年利润”的调整账户。本账户应当分别“提取法定盈余公积”“提取任意盈余公积”“应付现金股利或利润”“转作股本的股利”“盈余公积补亏”和“未分配利润”等进行明细核算。

年度终了，企业应将本年实现的净利润，从“本年利润”账户转入本账户，借记“本年利润”账户，贷记“利润分配——未分配利润”账户，为净亏损时，做相反的会计分录；同时，将“利润分配”账户所属其他明细账户的余额转入本账户的“未分配利润”明细账户。结转后，本账户除“未分配利润”明细账户外，其他明细账户应无余额。

（二）“盈余公积”账户

为了核算盈余公积的形成和使用情况，企业应设置“盈余公积”账户。该账户属于所有者权益类账户，贷方登记提取的盈余公积数额，借方登记使用的盈余公积数额，期末贷方余额反映盈余公积的结余数额。本账户应当分别“法定盈余公积”“任意盈余公积”进行明细核算。

三、留存收益账务处理

（一）盈余公积账务处理

1.盈余公积增加

盈余公积增加的途径是提取盈余公积。企业按规定提取盈余公积时，借记“利润分配——提取法定盈余公积（或提取任意盈余公积）”账户，贷记“盈余公积——法定盈余公积（或任意盈余公积）”账户。

【做中学3-10】宏业公司2019年实现净利润1 245 000元，分别按10%、5%的比例提取法定盈余公积和任意盈余公积。

宏业公司账务处理如下：

提取的法定盈余公积=1 245 000×10%=124 500（元）

提取的任意盈余公积=1 245 000×5%=62 250（元）

借：利润分配——提取法定盈余公积　124 500
　　　　　　——提取任意盈余公积　62 250
　贷：盈余公积——法定盈余公积　124 500
　　　　　　　——任意盈余公积　62 250

2.盈余公积减少

（1）盈余公积弥补亏损。根据税法、《公司法》等有关规定，企业弥补亏损的方法有三种：一是企业用发生亏损后连续5年内实现的税前利润弥补；二是企业发生的亏损经过5年期间仍不足弥补的，用以后年度的税后利润弥补；三是经股东大会批准后用盈余公积弥补亏损。

【提示】企业无论是以税前利润还是税后利润弥补亏损，均不需要进行专门的账务处理，按正常账务处理，借记“本年利润”账户，贷记“利润分配——未分配利润”账户，则原列示于“利润分配——未分配利润”账户借方的亏损额将被冲减。但两者在计算缴纳所得税时的处理不同。以税前利润弥补亏损的，其弥补数额可以抵减当期应纳税所得额，而以税后利润弥补亏损的，其弥补数额不能作为应纳税所得额扣除处理。

企业发生亏损经过股东大会或类似机构批准，用盈余公积弥补亏损时，借记“盈余公积”账户，贷记“利润分配——盈余公积补亏”账户。

【做中学3-11】宏业公司董事会提议并经股东大会批准，用盈余公积弥补以前年度未弥补的亏损300 000元。

宏业公司账务处理如下：

用盈余公积补亏时：

借：盈余公积	300 000	
贷：利润分配——盈余公积补亏		300 000

结转“利润分配”明细账户时：

借：利润分配——盈余公积补亏	300 000	
贷：利润分配——未分配利润		300 000

（2）盈余公积转增资本。按照《公司法》的规定，法定公积金转为资本时，所留存的该项公积金不得少于转增前公司注册资本的25%。企业用盈余公积转增资本时，应按投资者持有股份的比例分配转增资本，借记“盈余公积”账户，贷记“实收资本”（或“股本”）账户。

【做中学3-12】沿用【做中学3-1】资料，因扩大经营规模需要，经批准，A有限责任公司按原出资比例将盈余公积200 000元转增资本。

A有限责任公司账务处理如下：

借：盈余公积	200 000	
贷：实收资本——甲		120 000
——乙		50 000
——丙		30 000

（3）盈余公积发放现金股利或利润。经股东大会和类似机构决议，企业可用盈余公积分配现金股利或利润和派送新股。企业应按动用盈余公积分配现金股利或利润的金额，借记“盈余公积——法定盈余公积（或任意盈余公积）”等账户，贷记“应付股利”账户；按派送新股计算的金额，借记“盈余公积——法定盈余公积（或任意盈余公积）”等账户，按股票面值和派送新股总数计算的股票面值总额，贷记“股本”账户。

（二）未分配利润账务处理

未分配利润是企业留待以后年度进行分配的结存利润。相对于企业所有者权益的其他部分来说，企业对于未分配利润的使用有较大的自主权。从数量上来说，未分配利润是期初未分配利润，加上本期实现的税后利润，减去提取的盈余公积和向投资者分配的利润后的余额。未分配利润有两层含义：一是留待以后年度分配的利润；二是未指定专门用途的利润。

在会计核算上，未分配利润通过"利润分配——未分配利润"明细账户核算。企业在生产经营过程中取得的收入和发生的成本费用，先通过"本年利润"账户进行归集，年度终了将本年实现的净利润或发生的净亏损，自"本年利润"账户转入"利润分配——未分配利润"账户，同时，将"利润分配"账户所属的其他明细账户余额转入"利润分配——未分配利润"账户。结转后，"利润分配"账户除"未分配利润"明细账户外，其他明细账户应无余额，这时"利润分配——未分配利润"账户若为贷方余额，表示未分配利润的数额，若为借方余额，表示未弥补的亏损数额。

【做中学3-13】宏业公司2018年年初股本为10 000 000元，每股面值1元，年初未分配利润为7 900 000元（贷方），2018年实现的净利润为6 000 000元。假定公司决定按照2018年实现净利润的10%提取法定盈余公积，按5%提取任意盈余公积，按每股0.2元向股东派发现金股利。2019年3月15日，宏业公司以银行存款支付了全部现金股利。

宏业公司账务处理如下：

2018年年末结转本年利润时编制会计分录：

借：本年利润　　6 000 000

　　贷：利润分配——未分配利润　　6 000 000

提取法定盈余公积和任意盈余公积时编制会计分录：

借：利润分配——提取法定盈余公积　　600 000

　　　　　　——提取任意盈余公积　　300 000

　　贷：盈余公积——法定盈余公积　　600 000

　　　　　　　　——任意盈余公积　　300 000

批准发放现金股利时编制会计分录：

借：利润分配——应付现金股利　　2 000 000

　　贷：应付股利　　2 000 000

结转利润分配明细账时编制会计分录：

借：利润分配——未分配利润　　2 900 000

　　贷：利润分配——提取法定盈余公积　　600 000

　　　　　　　　——提取任意盈余公积　　300 000

　　　　　　　　——应付现金股利　　2 000 000

宏业公司2018年年末"利润分配——未分配利润"账户贷方余额=790+600-90-200=1100（万元），即累计未分配利润为1100万元。

2019年3月15日实际发放现金股利时编制会计分录：

借：应付股利　　2 000 000

　　贷：银行存款　　2 000 000

技能点3-5　留存收益列报

微课：所有者权益核算

一、留存收益在资产负债表中的列报

留存收益在资产负债表中的列示见表3-2。

表3-2 资产负债表

编制单位： 年 月 日 单位：元

资 产	期末余额	上年年末余额	负债和所有者权益（或股东权益）	期末余额	上年年末余额
			……		
			所有者权益（或股东权益）		
			……		
			盈余公积		
			未分配利润		
			所有者权益（或股东权益）合计		

具体填列说明如下：

（1）“盈余公积”项目，反映企业盈余公积的期末余额。本项目根据“盈余公积”账户的期末余额填列。

（2）“未分配利润”项目，反映企业尚未分配的利润。本项目平时应根据“本年利润”账户和“利润分配”账户的余额计算填列；年末应根据“利润分配——未分配利润”明细账户余额填列。如为未弥补的亏损，以“-”号填列。

二、其他综合收益在利润表中的列报

其他综合收益在利润表中的列示见表3-3。

表3-3 利润表（局部）

编制单位 年 单位：元

项目	本期金额	上期金额
……		
四、净利润（净亏损以“-”号填列）		
（一）持续经营净利润（净亏损以“-”号填列）		
（二）终止经营净利润（净亏损以“-”号填列）		
五、其他综合收益的税后净额		
（一）不能重分类进损益的其他综合收益		
1.重新计量设定受益计划变动额		
2.权益法下不能转损益的其他综合收益		
3.其他权益工具投资公允价值变动		
4.企业自身信用风险公允价值变动		
……		
（二）将重分类进损益的其他综合收益		
1.权益法下可转损益的其他综合收益		
2.其他债权投资公允价值变动		
3.金融资产重分类计入其他综合收益的金额		
4.其他债权投资信用减值准备		
5.现金流量套期储备		
6.外币财务报表折算差额		
……		
六、综合收益总额		

具体填列说明如下：

（1）“其他综合收益”项目及其各组成部分，反映企业根据企业会计准则规定未在当期损益中确认的各项利得和损失扣除所得税影响后的净额。本项目应根据“其他综合收益”账户及其所属明细账户的本期发生额分析填列。

（2）“综合收益总额”项目，反映企业净利润与其他综合收益的税后净额的合计金额。

任务内容导图

本任务内容导图如图3-2所示。

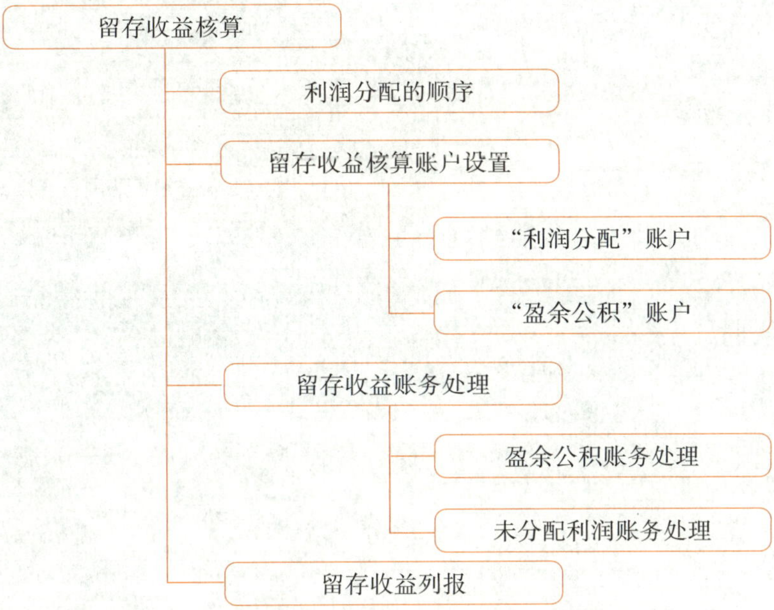

图3-2　本任务内容导图

复习思考题

1. 什么是留存收益？其构成内容有哪些？
2. 可供分配利润是怎样形成的？
3. 利润分配需要遵循怎样的程序？
4. “利润分配”账户的明细账户怎样设置？简述其结构。
5. 法定盈余公积与任意盈余公积是怎样形成的？如何进行账务处理？
6. 盈余公积有何用途？如何进行账务处理？
7. 未分配利润是怎样形成的？如何进行账务处理？
8. 留存收益项目如何在报表中填列？

项目四　收入和费用核算

↘【知识点】

收入的确认与计量

↘【技能点】

1. 收入确认与计量的步骤
2. 合同成本的核算
3. 费用核算
4. 收入和费用列报

引 言

收入是指企业在日常活动中形成的、会导致所有者权益增加的、与所有者投入资本无关的经济利益的总流入。费用是指企业在日常活动中发生的、会导致所有者权益减少的、与向所有者分配利润无关的经济利益的总流出。收入与费用的确认直接关系到企业的利润，关系到会计信息的质量。本项目主要介绍收入和费用的计量、账务处理及其在利润表中的列报。

任务一　收入核算

知识点4-1 收入的确认与计量

一、收入确认的原则

企业应当在履行了合同中的履约义务，即在客户取得相关商品或服务控制权时确认收入。取得相关商品控制权，是指能够主导该商品的使用并从中获得几乎全部的经济利益，也包括有能力阻止其他方主导该商品的使用并从中获得经济利益。具体来说，取得商品控制权包括以下三个要素：

1.能力

客户必须拥有现时权利，能够主导该商品的使用并从中获得几乎全部的经济利益。如果客户只能在未来的某一期间主导该商品的使用并从中获益，则表明其尚未取得该商品的控制权。

2.主导该商品的使用

客户有能力主导该商品的使用，是指客户有权使用该商品，或者能够允许或阻止其他方使用该商品。

3.能够获得几乎全部的经济利益

商品经济利益是指该商品的潜在现金流量，既包括现金流入的增加，也包括现金流出的减少。

二、收入确认的条件

当企业与客户之间的合同同时满足下列条件时，企业应当在客户取得相关商品控制权时确认收入：

（1）合同各方已批准该合同并承诺将履行各自义务。

（2）该合同明确了合同各方与所转让商品或提供劳务（以下简称转让商品）相关的权利和义务。合同的权利和义务是否具有法律约束力，需要根据企业所处的法律环境和实务操作进行判断。合同各方均有权单方面终止完全未执行的合同，且无须对合同其他方作出补偿的，企业应当视为该合同不存在。所谓完全未执行的合同，是指企业尚未向客户转让任何合同中承诺的商品，也尚未收取且尚未有权收取已承诺商品的任何对价的合同。

（3）该合同有明确的与所转让的商品相关的支付条款。

（4）该合同具有商业实质，即履行该合同将改变企业未来现金流量的风险、时间分布或金额。没有商业实质的非货币性资产交换，无论何时发生都不应确认收入。从事相同业务经营的企业之间，为便于向客户或潜在客户销售而进行的非货币性资产交换（例如，两家石油公司之间相互交换石油，以便及时满足各自不同地点客户的需求），不应确认收入。

微课：收入确认的原则与条件

（5）企业因向客户转让商品而有权取得的对价很可能收回。企业在评估其因向客户转让商品而有权取得的对价是否很可能收回时，仅应考虑客户到期时支付对价的能力和意图（即客户的信用风险）。

【提示】①对于在合同开始日满足上述收入确认条件的合同，企业在后续期间无须对其进行重新评估，除非有迹象表明相关事实和情况发生重大变化。②对于不能同时满足前述收入确认五个条件的合同，企业只有在不再负有向客户转让商品的剩余义务（例如，合同已完成或取消），且已向客户收取的对价（包括全部或部分对价）无须退回时，才能将已收取的对价确认为收入；否则，应当将已收取的对价确认为负债。其中，企业向客户收取无须退回的对价的，应当在已经将该部分对价所对应的商品的控制权转移给客户，并且已不再向客户转让额外的商品，也不再负有此类义务时，将该部分对价确认为收入；或者，在相关合同已经终止时，将该部分对价确认为收入。

【做中学4-1】甲房地产开发公司与乙公司签订合同，向其销售一栋建筑物，合同价款为100万元。该建筑物的成本为60万元，乙公司在合同开始日（即合同生效日）即取得了该建筑物的控制权。根据合同约定，乙公司在合同开始日支付了5%的保证金5万元，并就剩余95%的价款与甲公司签订了不附追索权的长期融资协议。如果乙公司违约，甲公司可重新拥有收回该建筑物，即使收回的建筑物不能涵盖所欠款项的总额，甲公司也不能向乙公司索取进一步的赔偿。乙公司计划在该建筑物内开设一家餐馆。在该建筑物所在的地区，餐饮行业面临激烈的竞争，但乙公司缺乏餐饮行业的经营经验。乙公司计划以该餐馆产生的收益偿还甲公司的欠款，除此之外并无其他的资金来源，乙公司也未对该笔欠款设定任何担保。

分析：如果乙公司违约，甲公司虽然可重新收回该建筑物，但即使收回的建筑物不能涵盖所欠款项的总额，甲公司也不能向乙公司索取进一步的赔偿。甲公司对乙公司还款的能力和意图存在疑虑，认为该合同不满足合同价款很可能收回的条件。因此，甲公司收到的5万元不能确认为收入，而应在收到时将其确认为一项负债。

技能点4-1　收入确认与计量的步骤

收入确认与计量应遵循五个步骤，即“五步法”模型（见表4-1）。

微课：收入确认与计量的步骤

表4-1　　　　　　　　　收入确认与计量的“五步法”模型

<table>
<tr><th>步骤</th><th>内容</th><th>与收入确认与计量的关系</th></tr>
<tr><td>1</td><td>识别与客户订立的合同</td><td rowspan="2">与确认有关</td></tr>
<tr><td>2</td><td>识别合同中的单项履约义务</td></tr>
<tr><td>3</td><td>确定交易价格</td><td rowspan="2">与计量有关</td></tr>
<tr><td>4</td><td>将交易价格分摊至各单项履约义务</td></tr>
<tr><td>5</td><td>履行各单项履约义务时确认收入</td><td>与确认有关</td></tr>
</table>

“五步法”模型理论逻辑：企业的收入源于其与客户之间的合同产生的合同权利与合同义务，企业只有与客户订立了合同，才能获得向客户收取对价的权利，同时也才会负有向客户提供商品或服务的义务。企业按照合同的约定向客户提供或转移商品或服务（即履行合同义务），会导致合同履约义务的减少，进而会导致合同净资产的变动，从而产生收入的确认。

【做中学4-2】甲公司是家电生产企业，2020年3月5日与乙公司订立一份中央空调系统销售合同，合同总价款为2 000万元，包括中央空调系统、标准安装服务及24个月的售后技术支持服务。根据以往资料，甲公司向其他客户单独销售上述项目，一套空调系统单独售价为1 950万元，标准安装服务单独售价为30万元，24个月的售后技术支持服务单独售价为80万元。乙公司于2020年3月25日向甲公司支付全部合同价款。甲公司于2020年4月1日为乙公司进行安装（工期15天）。

按“五步法”模型对甲公司的收入进行确认与计量：

第一步，识别与客户订立的合同：中央空调系统销售合同。

第二步，识别合同中的单项履约义务，包括：（1）销售中央空调系统；（2）提供标准安装服务；（3）提供24个月的售后技术支持服务。

第三步，确定交易价格：2 000万元。

第四步，将交易价格分摊至各单项履约义务：以各自相关的单独售价为权数分摊。

空调系统分摊交易价格=2 000×1950÷（1 950+30+80）=1 893.20（万元）

安装服务分摊交易价格=2 000×30÷（1 950+30+80）=29.13（万元）

售后服务分摊交易价格=2 000×80÷（1 950+30+80）=77.70（万元）

第五步，履行各单项履约义务时（某时点或某段期间）确认收入：销售的中央空调系统应在交付时确认收入；安装服务应在提供并完成安装服务时确认收入；售后服务应在提供服务时确认收入。

一、识别与客户订立的合同

合同是指双方或多方之间订立有法律约束力的权利义务的协议。《企业会计准则第14号——收入》（以下简称收入准则）中规定的合同，必须符合前述收入准则确认条件中的所指合同的五个条件。合同有书面形式、口头形式，以及其他可验证的形式（如隐含于商业惯例或企业以往的习惯做法中等）。合同的存在是企业确认客户合同收入的前提，企业与客户之间的合同一经签订，企业即享有从客户取得与转移商品和服务对价的权利，同时负有向客户转移商品和服务的履约义务。

二、识别合同中的单项履约义务

履约义务是指合同中企业向客户转让可明确区分商品的承诺。它既包括合同中明确的承诺，也包括由于企业已公开宣布的政策、特定声明或以往的习惯做法等导致合同订立时客户合理预期企业将履行的承诺。

单项履约义务是收入确认的计量单元，因此，企业应当在合同开始日，对合同进行评估，识别该合同包含的各单项履约义务。具体来看，单项履约义务有以下两类：

（一）转让一项（或一组）可明确区分商品的承诺

企业向客户承诺的商品同时满足下列条件的，应当作为可明确区分商品，从而确认为一个单项履约义务：客户能够从该商品本身或者从该商品与其他易于获得的资源一起使用中受益；企业向客户转让该商品的承诺与合同中其他承诺可单独区分。

下列情形通常表明企业向客户转让该商品的承诺与合同中的其他承诺不可单独区分，因而不能确认为一个单项履约义务：

（1）企业需提供重大的服务以将该商品与合同中承诺的其他商品整合成合同约定的组合产出转让给客户。

【做中学4-3】某建筑企业签订了一份为客户建造宿舍楼的合同。该企业负责项目的整体管理，并识别应提供的各种商品或服务，包括工程施工、场地清理、采购、管线和设备安装及竣工事宜。

分析：从企业向客户提供的砖头、水泥等建筑材料层面看，客户可以按高于残值的价格转售，也可以与其他来源的材料或另一承包商的服务等其他可用资源整合后出售从中受益，但是，在该合同下，企业对客户承诺的是为其建造宿舍楼，而并非提供砖头、水泥和人工服务等，企业需提供重大的服务将这些商品或服务整合成合同约定的一项组合产出（即宿舍楼）转让给客户。因此，企业为客户建造宿舍楼的承诺应作为单项履约义务进行会计处理。

（2）该商品将对合同中承诺的其他商品予以重大修改或定制。

【做中学4-4】某软件开发商与客户签订合同，约定向客户转让软件许可权、提供安装服务，并提供2年的更新服务及技术支持。这些软件、安装服务以及后续服务是分开销售的，即使没有后续更新和技术支持也不妨碍该软件的正常使用。此项安装服务也可以由其他供应商提供。

分析下列两种不同情形下合同含有几项履约义务：

情形一：为了和客户已使用的其他软件兼容，该安装服务将对该软件进行重大修改。由于安装服务将对该软件进行重大修改，说明转让软件许可权与提供安装服务在合同中不可单独区分，因此，应将转让软件许可权和提供安装服务作为一项履约义务，提供2年更新服务及技术支持作为另一项履约义务进行会计处理。

情形二：该安装服务为标准化的安装而非深度定制。向客户转让软件许可权、提供安装服务，并提供2年的更新服务及技术支持，同时满足商品能够明确区分和转让商品承诺在合同中可以单独区分两个条件，因此，转让软件许可权、提供安装服务、提供2年的更新服务及技术支持应分别作为一项履约义务进行会计处理。

（3）该商品与合同中承诺的其他商品具有高度关联性，即合同中承诺的每一单项商品均受到合同中其他商品的重大影响。

【做中学4-5】企业签订一份5年期的合同，根据合同，企业需根据客户要求生产设备并提供安装服务及维护服务。其中安装服务是指将各种零件组装起来使其成为一部可单独运行的设备，安装过程需要根据客户现场条件对设备进行修改与调整，设备无法在未安装的情况下运行。企业将设备同安装服务一同进行售卖，未将安装服务单独售卖，其他供应商也可提供安装服务。企业将维护服务单独售卖。

分析：对于设备和安装服务，虽然设备无法在未安装的情况下运行，但是客户可以从其他供应商处获得安装服务，说明设备和安装服务本身是可以明确区分的；但设备与安装服务是高度相关联的，且在安装过程中设备可能需要作出重大修改，说明销售设备的承诺与提供安装服务的承诺无法单独区分。因此，销售设备与提供安装服务应作为一项履约义务进行会计处理。

（二）转让一系列实质相同且转让模式相同、可明确区分商品的承诺

企业应当将转让一系列实质相同且转让模式相同、可明确区分商品的承诺作为单项履约义务，即使这些商品可明确区分。其中，转让模式相同，是指每一项可明确区分商品均满足在某一时段内履行履约义务的条件，且采用相同方法确定其履约进度。例如，每天为客户提供保洁服务的长期劳务合同。

企业在判断所转让的一系列商品是否实质相同时，应当考虑合同中承诺的性质，如果企业承诺的是提供确定数量的商品，则需要考虑这些商品本身是否实质相同；如果企业承诺的是在某一期间随时向客户提供某项服务，则需要考虑企业在该期间的各个时间段（如每天或每小时）的承诺是否相同，而并非具体的服务行为本身。例如，企业向客户提供2年的酒店管理服务，具体包括保洁、维修、安保等，但没有具体的服务次数或时间的要求，尽管企业每天提供的具体服务不一定相同，但是企业每天对于客户的承诺都是相同的，因此，该服务符合“实质相同”的条件。

三、确定交易价格

交易价格，是指企业因向客户转让商品而预期有权收取的对价金额。企业代第三方收取的款项（如增值税）以及企业预期将退还给客户的款项，不计入交易价格，应当作为负债进行会计处理。合同标价并不一定代表交易价格，企业应当根据合同条款，并结合以往的习惯做法等确定交易价格。

企业确定交易价格时，应假定将按照现有合同约定向客户转让商品，且该合同不会被取消、续约或变更。确定交易价格应重点考虑可变对价、合同中存在的重大融资成分、非现金对价、应付客户对价等因素。

（一）可变对价

可变对价形式有很多，如价格折扣、价格折让、返利、退款、奖励、业绩奖金等。企业在判断合同中是否存在可变对价时，不仅应当考虑合同条款的约定，还应当考虑下列情况：（1）根据企业已公开宣布的政策、特定声明或者以往的习惯做法等，客户能够合理预期企业将会接受低于合同约定的对价金额，即企业会以折扣、返利等形式提供价格折让；（2）其他相关事实和情况表明企业在与客户签订合同时即意图向客户提供价格

折让。

合同中存在可变对价时，企业应当对计入交易价格的可变对价选择合理的方法进行估计。具体方法有：

1. 可变对价最佳估计数的确定

企业在估计可变对价时，应当使用能够更好地预测其根据事实和情况有权收取的金额的方法确定可变对价的最佳估计数。通常按照期望值或最可能发生金额确定可变对价的最佳估计数。当合同仅有两个可能结果时，通常按照最可能发生金额估计可变对价金额。

【做中学4-6】A公司承揽了一项安装劳务，合同期3个月，合同价款为100万元，每提前完工一天加收1万元，相关概率见表4-2。

表4-2　相关概率

提前天数	概率	可变对价
3天	60%	3万元
2天	20%	2万元
1天	10%	1万元
按时完工	10%	0万元

分析：可变对价期望值=3×60%+2×20%+1×10%+0×10%=2.3（万元）。

【做中学4-7】甲公司签订了一份合同，根据合同，如果企业完成了合同目标，可获得100万元的奖金，没有完成则没有奖金。甲公司估计完成合同目标的可能性为80%，完不成的可能性为20%。由于只存在两种可能性，应按最可能发生的金额作为可变对价的估计数，即100万元。

2. 计入交易价格的可变对价金额的限制

包含可变对价的交易价格，应当不超过在相关不确定性消除时累计已确认收入极可能不会发生重大转回的金额。该限制旨在防止企业过于乐观地估计未来能够取得的价款，从而高估收入。

【做中学4-8】某企业与客户签订合同，销售总价为100万元的产品。由于产品存在较高的过时风险，企业通常会按季度给予客户20%至70%不等的折扣。在此情况下，产品的售价实质上是变动的价格，企业采用期望值法估计可变对价。假设计算的加权平均折扣率为40%，则可变对价估计为60万元，企业以此金额确认收入。但企业认为产品过时的风险很高，基于历史折扣数据，无法保证已确认的60万元收入极可能不会发生重大转回。但如果按30万元计入交易价格（即按折扣率70%计算），则已确认的收入极可能不会发生重大转回，因此，企业最终应以可变对价30万元计入交易价格。

每一资产负债表日，企业应当重新估计应计入交易价格的可变对价金额，包括重新评估将估计的可变对价计入交易价格是否受到限制，如实反映报告期末存在的情况以及报告期内发生的情况变化。

【做中学4-9】2020年1月1日，甲公司签订合同为一只股票型基金提供资产管理服务，合同期限为3年。甲公司所能获得的报酬包括两部分：一是每季度按照季度末该基金净值的1%收取管理费，该管理费不会因基金净值的后续变化而调整或被要求退回；二是该基金在3年内的累计回报如果超过10%，甲公司可以获得超额回报部分的20%作为业绩奖励。2020年12月31日，该基金的净值为5亿元。假定不考虑相关税费影响。

分析：甲公司在该项合同中收取的管理费和业绩奖励均为可变对价，其金额极易受到股票价格波动的影响，这是在甲公司影响范围之外的。虽然甲公司过往有类似合同的经验，但是该经验在确定未来市场表现方面并不具有预测价值。因此，在合同开始日，甲公司无法对其能够收取的管理费和业绩奖励进行估计，不满足累计已确认的收入金额极可能不会发生重大转回的条件。

2020年12月31日，甲公司重新估计该合同的交易价格时，影响该季度管理费收入的不确定性已经消除，此时甲公司应确认管理费收入500万元。但对业绩奖励，甲公司还不应确认收入，因为该业绩奖励仍然会受到基金未来回报的影响，将其计入交易价格仍然受到限制，甲公司应当在后续的每一资产负债表日评估将估计业绩奖励计入交易价格是否受到限制，以确定其收入金额。

（二）合同中存在的重大融资成分

在实务中，有些合同约定收取对价的时间与商品转移给客户的时间存在不一致。如果客户拖延支付对价，说明企业在向客户提供融资；相反，如果客户提前支付对价，说明企业从客户取得融资。也就是说，该合同包含两项交易：销售交易和融资交易。

合同中存在重大融资成分的，企业应当按照假定客户在取得商品控制权时即以现金支付的应付金额确定交易价格。该交易价格与合同对价之间的差额，应当在合同期间内采用实际利率法摊销。

在评估合同中是否存在融资成分以及该融资成分对于该合同而言是否重大时，企业应当考虑所有相关的事实和情况，包括：①交易价格与合同对价之间的差额；②企业将承诺的商品转移给客户与客户支付相关款项之间的预计时间间隔及相关市场的现行利率两项因素的共同影响。

下列情形表明企业与客户之间的合同未包含重大融资成分：①客户就已承诺商品支付了预付款，且可以自行决定这些商品的转移时间，如企业向客户授予奖励积分，客户可随时到该企业兑换这些积分；②客户承诺支付的对价中有相当大的部分是可变的，该对价金额或付款时间取决于某一未来事项是否发生，且该事项实质上不受客户或企业控制，如按实际销量收取的特许权使用费；③交易价格与合同对价之间的差额是由于合同一方向另一方提供融资利益以外的其他原因所导致的，且这一差额与产生该差额的原因是相称的，如违约金。

合同中存在重大融资成分的，企业在确定该重大融资成分的金额时，应使用将合同对价的名义金额折现为交易价格的折现率，且一经确定，不得因后续市场利率或客户信用风险等情况的变化而变更。

【做中学4-10】2020年12月31日，甲公司与乙公司签订合同，向其销售一批产品。合同约定，该批产品将于2年之后交货。合同中包含2种可供选择的付款方式，即乙公司可以在两年后交付产品时支付449.44万元，或者在合同签订时支付400万元。乙公司选择在合同签订时支付货款。该批产品的控制权在交货时转移。甲公司于2020年12月31日收到乙公司支付的货款。甲公司为增值税一般纳税人，甲公司收到乙公司支付的款项时纳税义务已经发生，增值税税率为13%。

分析：将2年后的现金售价449.44万元折现为400万元，折现期为2年，可得出该合同的内含利率为6%。

甲公司账务处理如下：

2020年12月31日收到货款时编制会计分录：

借：银行存款	4 520 000	
贷：合同负债		4 000 000
应交税费——应交增值税（销项税额）		520 000

2020年12月31日确认融资成分的影响时编制会计分录：

借：财务费用	240 000（4 000 000×6%）	
贷：合同负债		240 000

2022年12月31日交付产品时编制会计分录：

借：财务费用	254 400（4 240 000×6%）	
贷：合同负债		254 400
借：合同负债		4 494 400
贷：主营业务收入		4 494 400

【提示】“合同负债”科目核算企业已收或应收客户对价而应向客户转让商品的义务。该科目贷方登记企业在向客户转让商品之前，已经收到或已经取得无条件收取合同对价权利的金额；借方登记企业向客户转让商品时冲销的金额；期末贷方余额，反映企业在向客户转让商品之前，已经收到的合同对价或已经取得的无条件收取合同对价权利的金额。该科目按合同进行明细核算。

（三）非现金对价

非现金对价包括实物资产、无形资产、股权、服务等。客户支付非现金对价的，企业应当按照非现金对价在合同开始日的公允价值确定交易价格。非现金对价的公允价值不能合理估计的，企业应当参照其承诺向客户转让商品的单独售价间接确定交易价格。非现金对价的公允价值发生变动时，因对价形式以外的原因而发生变动的，应按可变对价进行处理，而因对价形式而发生变动的，不应计入交易价格。

（四）应付客户对价

应付客户对价形式常见的有货位费、价格保护、优惠券和折扣等。企业存在应付客户对价的，应当将该应付对价冲减交易价格，并在确认相关收入与支付（或承诺支付）客户对价二者孰晚的时点冲减当期收入，但应付客户对价是为了自客户取得其他可明确区分商品的除外。

企业应付客户对价是为了自客户取得其他可明确区分商品的，应当采用与本企业其他采购相一致的方式确认所购买的商品。企业应付客户对价超过自客户取得可明确区分商品公允价值的，超过金额应当冲减交易价格。向客户取得的可明确区分商品公允价值不能合理估计的，企业应当将应付客户对价全额冲减交易价格。

四、将交易价格分摊至各单项履约义务

当合同中包含两项或多项履约义务时，企业应当在合同开始日，按照各单项履约义务所承诺商品的单独售价的相对比例，将交易价格分摊至各单项履约义务。

所谓单独售价是指企业向客户单独销售商品的价格。单独售价无法直接观察的，企业应当综合考虑其能够合理取得的全部相关信息，采用市场调整法、成本加成法、余值法等方法合理估计单独售价。①市场调整法，是指企业根据某商品或类似商品的市场售价，考虑本企业的成本和毛利等进行适当调整后，确定其单独售价的方法。②成本加成法，是指企业根据某商品的预计成本加上其合理毛利后的价格，确定其单独售价的方法。③余值法，是指企业根据合同交易价格减去合同中其他商品可观察的单独售价后的余值，确定某商品单独售价的方法。企业在商品近期售价波动幅度巨大，或者因未定价且未曾单独销售而使售价无法可靠确定时，可采用余值法估计其单独售价。企业应当最大限度地采用可观察的输入值，并对类似情况采用一致的估计方法。

【做中学4-11】2020年2月1日，甲公司与客户签订合同，向其销售A、B两种商品，A商品的单独售价为6 000元，B商品的单独售价为24 000元，合同价款为25 000元。合同约定，A商品于合同开始日交付，B商品在一个月之后交付，只有当两种商品全部交付之后，甲公司才有权收取25 000元的合同对价。假定A商品和B商品分别构成单项履约义务，其控制权在交付时转移给客户。上述价格均不包含增值税，且假定不考虑相关税费。

按合同开始日的单独售价将交易价格分摊至各单项履约义务：

分摊至A商品的合同价款=6 000÷（6 000+24 000）×25 000=5 000（元）

分摊至B商品的合同价款=24 000÷（6 000+24 000）×25 000=20 000（元）

甲公司账务处理如下：

2月1日，交付A商品时编制会计分录：

借：合同资产　　5 000

　　贷：主营业务收入　　5 000

3月1日，交付B商品时编制会计分录：

借：应收账款　　25 000

　　贷：合同资产　　5 000

　　　　主营业务收入　　20 000

【提示】“合同资产”科目核算企业已向客户转让商品而有权收取对价的权利，且该权利取决于时间流逝之外的其他因素（如履行合同中的其他履约义务）。该科目借方登记因已转让商品而有权收取的对价金额，贷方登记取得无条件收款权的金额，期末借方余额，反映企业已向客户转让商品而有权收取的对价金额。该科目按合同进行明细核算。

合同资产与应收账款的区别：应收账款是企业无条件收取合同对价的权利，也即仅仅随着时间的流逝就可收取的款项，对于应收账款企业只承担信用风险；而合同资产是指企业已向客户转让商品而有权收取对价的权利，且该权利取决于时间流逝以外的其他

因素。即合同资产并不是一项无条件收款的权利，该权利的实现取决于其他条件（如要履行合同中的其他履约义务），即合同资产除了承担信用风险外，还承担履约风险。有条件的收款权为合同资产，无条件的收款权为应收账款。

五、履行各单项履约义务时确认收入

企业应当在履行了合同中的履约义务，即客户取得相关商品控制权时确认收入。企业应当根据实际情况，首先判断履约义务是否满足在某一时段履行的条件，如不满足，则该履约义务属于在某一时点履行的履约义务。对于在某一时段履行的履约义务，企业应当选取恰当的方法来确定履约进度；对于在某一时点履行的履约义务，企业应当综合分析控制权转移的迹象，判断其转移时点。

（一）在某一时点履行履约义务收入的确认

1. 在某一时点履行履约义务收入的判断

对于在某一时点履行的履约义务，企业应当在客户取得相关商品控制权时点确认收入。在判断客户是否已取得商品控制权时，企业应当考虑下列迹象：

（1）企业就该商品享有现时收款权利，即客户就该商品负有现时付款义务。如果企业就该商品享有现时收款权利，则可能表明客户已经有能力主导该商品的使用并从中获得几乎全部的经济利益。

（2）企业已将该商品的法定所有权转移给客户，即客户已拥有该商品的法定所有权。如果企业仅仅是为了确保到期收回货款而保留商品的法定所有权，那么企业保留的这项权利通常不会对客户取得对该商品的控制权构成障碍。

（3）企业已将该商品实物转移给客户，即客户已实物占有该商品。

（4）企业已将该商品所有权上的主要风险和报酬转移给客户，即客户已取得该商品所有权上的主要风险和报酬。

（5）客户已接受商品。

（6）其他表明客户已取得商品控制权的迹象。

2. 在某一时点履行履约义务确认收入的账务处理

（1）一般销售商品业务

企业在确认销售商品收入时，应按已收或应收的全部价款，借记“银行存款”“应收账款”等账户；按确认的收入金额，贷记“主营业务收入”账户；按收取的增值税，贷记“应交税费——应交增值税（销项税额）”账户。

微课：一般销售商品收入核算

【做中学4-12】2020年5月2日，宏业公司销售一批商品，开具的增值税专用发票注明金额600 000元、税额78 000元，收到客户开出的不带息银行承兑汇票一张，票面金额为678 000元，期限为2个月。宏业公司同时以银行存款支付代垫运费，增值税专用发票上注明运输费2000元、税额180元，所垫运费尚未收到。

宏业公司账务处理如下：

5月2日宏业公司已经收到客户开出的不带息银行承兑汇票，客户收到商品并验收入库，因此，宏业公司销售商品为单项履约义务且属于在某一时点履行的履约义务，应编制会计分录：

借：应收票据　678 000

　　应收账款　2 180

　　贷：主营业务收入　600 000

　　　　应交税费——应交增值税（销项税额）　78 000

　　　　银行存款　21 80

【拓展练习】若该批商品成本为420 000元，根据发货单等凭证结转销售成本时编制会计分录：

借：主营业务成本　420 000

　　贷：库存商品　420 000

注：销售成本结转具体内容略。

（2）商品已经发出但不能确认收入的业务

企业按合同发出商品，合同约定客户只有在取得控制权时才支付货款，这说明企业在向客户转让商品时对价未达到“很可能收回”的收入确认条件。因此，企业在发出商品时不应确认收入，只需将发出商品的成本记入“发出商品”科目，则借记“发出商品”科目，贷记“库存商品”科目。如已发出的商品被客户退回，则编制相反的会计分录。企业收到货款中取得收取货款权利时确认收入，借记“银行存款”“应收账款”科目，贷记“主营业务收入”科目，贷记“应交税费——应交增值税（销项税额）”科目。同时结转已销商品成本，借记“主营业务成本”科目，贷记“发出商品”科目。

【提示】“发出商品”科目核算企业商品已发出但客户没有取得商品控制权的商品成本。

【做中学4-13】2020年4月2日，宏业公司与丙公司签订委托代销合同，委托其销售商品200件。商品已经发出，每件成本为60元。合同约定，丙公司应按每件100元对外销售，宏业公司按不含增值税售价的10%向丙公司支付手续费。除非这些商品在丙公司存放期间由于丙公司的责任发生毁损或丢失，否则在商品对外销售之前，丙公司没有义务向宏业公司支付货款。丙公司不承担包销责任，没有售出的需要退回给宏业公司，同时，宏业公司也有权要求收回商品或将其销售给其他的客户。至2020年5月份，丙公司实际对外销售100件，开出的增值税专用发票上注明金额10 000元、税额1 300元，款项已经支付。宏业公司收到丙公司开具的代销清单时，向丙公司开具一张相同金额的增值税专用发票，并收到丙公司提供代销服务开具的注明金额1 000元、税额60元的增值税专用发票。假设宏业公司发出商品时纳税义务尚未发生；宏业公司采用实际成本核算，丙公司采用进价核算受托代销商品。

①委托方宏业公司账务处理如下：

发出商品时编制会计分录：

借：发出商品——丙公司　12 000

　　贷：库存商品　12 000

收到代销清单时，确认收入并结转销售成本，编制会计分录：

借：应收账款　11 300
　贷：主营业务收入　10 000
　　应交税费——应交增值税（销项税额）　1 300
借：主营业务成本　6 000
　贷：发出商品　6 000

计算手续费时编制会计分录：

借：销售费用　1 000
　应交税费——应交增值税（进项税额）　60
　贷：应收账款　1 060

收到丙公司支付的款项时编制会计分录：

借：银行存款　10 240
　贷：应收账款　10 240

②受托方丙公司账务处理如下：

收到商品时编制会计分录：

借：受托代销商品　20 000
　贷：受托代销商品款　20 000

对外销售时编制会计分录：

借：银行存款　11 300
　贷：应付账款　10 000
　　应交税费——应交增值税（销项税额）　1 300

开具代销清单、收到增值税专用发票时编制会计分录：

借：应交税费——应交增值税（进项税额）　1 300
　贷：应付账款　1 300
借：受托代销商品款　10 000
　贷：受托代销商品　10 000

支付货款并计算代销手续费时编制会计分录：

借：应付账款　11 300
　贷：银行存款　10 240
　　其他业务收入　1 000
　　应交税费——应交增值税（销项税额）　60

（3）涉及商业折扣、现金折扣和销售折让的销售业务

企业销售商品收入的金额通常按从购货方已收或应收的合同或协议价款确定，但存在商业折扣、现金折扣和销售折让时，应作不同账务处理。

微课：商业折扣与现金折扣核算

①商业折扣

商业折扣是指企业为促进商品销售而在商品标价上给予的价格扣除。商业折扣金额通常在销售发生时就能确定，因此，企业销售商品发生商业折扣的，应当按扣除商业折扣后的金额作为销售商品收入的入账金额，折扣金额无须单

独反映。

②现金折扣

现金折扣是指债权人为鼓励债务人在规定的期限内及早付款而向债务人提供的债务扣除。企业销售商品的现金折扣，在销售发生时并不能确定其金额，因此，我国企业会计准则规定按扣除现金折扣前的金额确定销售商品收入的入账金额（即总价法），现金折扣在实际发生时计入当期财务费用。

【做中学4-14】2020年5月1日，宏业公司销售A商品10 000件，每件商品不含增值税标价为20元，适用增值税税率13%。由于成批销售，给予购货方10%的商业折扣，并在销售合同中规定“2/10，1/20，n/30”的现金折扣条件。A商品已于5月1日发出，购货方于5月9日付款。假定计算现金折扣时考虑增值税。

宏业公司账务处理如下：

5月1日销售实现时，应确认的收入金额=20×10 000×（1-10%）=180 000（元），编制会计分录：

借：应收账款　　203 400

　　贷：主营业务收入　　180 000

　　　　应交税费——应交增值税（销项税额）　　23 400

5月9日收到货款时，现金折扣额=（180 000＋23 400）×2%=4 068（元），实收金额=203 400-4 068=199 332（元），编制会计分录：

借：银行存款　　199 332

　　财务费用　　4 068

　　贷：应收账款　　203 400

【想一想4-1】沿用【做中学4-14】资料。（1）购货方如何进行账务处理？（2）若购货方于5月19日付款，购销双方分别作怎样的账务处理？（3）若购货方于5月底付款，购销双方分别作怎样的账务处理？

答案

③销售折让

销售折让是指企业因售出商品的质量不符合合同约定等原因而在售价上给予的减让。具体分两种情形：

情形一：确认收入后发生折让。

企业已确认销售收入的售出商品发生销售折让时，应当在发生折让当期冲减销售商品收入。但销售折让属于资产负债表日后事项的，适用《企业会计准则第29号——资产负债表日后事项》。

【做中学4-15】2020年5月10日，宏业公司销售一批商品给甲公司，增值税专用发票上注明金额100 000元、税额13 000元。5月18日甲公司收到商品，经检查部分商品质量不符合合同的要求，根据合同约定甲公司提出5%的折让要求，宏业公司同意并开具了增值税专用发票（红字）。5月19日收到销货款。

宏业公司账务处理如下：

5月10日，销售商品，根据销货发票等凭证编制会计分录：

借：应收账款　　113 000

贷：主营业务收入 100 000

应交税费——应交增值税（销项税额） 13 000

5月18日，确认销售折让=100 000×5%=5 000（元），根据红字增值税专用发票等凭证编制会计分录：

借：主营业务收入 5 000

应交税费——应交增值税（销项税额） 650

贷：应收账款 5 650

5月19日，实际收到款项107 350元，根据银行收款通知编制会计分录：

借：银行存款 107 350

贷：应收账款 107 350

情形二：确认收入前发生折让。

【做中学4-16】沿用【做中学4-15】的资料。假定发生销售折让前，因该项销售在货款收回上存在不确定性，宏业公司未确认该批商品的销售收入，也未开具销货发票。假设该批商品的成本为70 000元。发生销售折让后2个月，甲公司承诺近期付款，宏业公司按折让后的金额95 000元开具增值税专用发票。

宏业公司账务处理如下：

发出商品时，根据商品出库单编制会计分录：

借：发出商品 70 000

贷：库存商品 70 000

甲公司承诺近期付款时，根据增值税专用发票编制会计分录：

借：应收账款 107 350

贷：主营业务收入 95 000

应交税费——应交增值税（销项税额） 12 350

（4）销售退回

销售退回是企业售出的商品由于质量、品种不符合要求等原因而发生的退货。企业应当分别以下两种情况处理：

①未确认收入的售出商品发生销售退回

企业应按发出商品的成本，借记“库存商品”账户，贷记“发出商品”账户。若原发出商品时已发生增值税纳税义务，还应调减增值税销项税额，借记“应交税费——应交增值税（销项税额）”账户，贷记“应收账款”账户。

【做中学4-17】2020年5月5日，宏业公司收到甲公司因质量问题而退回的商品10件，每件商品成本为210元。该批商品系宏业公司2020年2月2日出售给甲公司的，每件商品售价为300元，适用增值税税率13%，货款尚未收到，宏业公司尚未确认销售商品收入。因甲公司提出的退货要求符合销售合同约定，宏业公司同意退货，并按规定向甲公司开具了红字增值税专用发票。

宏业公司账务处理如下：

5月5日，退回商品验收入库时编制会计分录：

借：库存商品 2 100

贷：发出商品 2 100

同时，根据红字专用发票调减增值税销项税额，编制会计分录：

借：应交税费——应交增值税（销项税额） 390

贷：应收账款 390

②已确认收入的售出商品发生销售退回

企业应在发生时冲减当期销售商品收入，同时冲减当期结转的销售成本。如该项销售退回允许扣减增值税销项税额，应同时调整“应交税费——应交增值税（销项税额）”账户的相应金额。

【做中学4-18】2020年5月18日，宏业公司向乙公司销售一批商品，增值税专用发票上注明金额50 000元、税额6 500元。6月5日，因该批商品存在质量问题，宏业公司同意退货，并按规定向购货方开具了红字增值税专用发票。该批商品成本26 000元。

宏业公司账务处理如下：

5月18日，根据销货发票等凭证编制会计分录：

借：应收账款 56 500

贷：主营业务收入 50 000

应交税费——应交增值税（销项税额） 6 500

同时，结转销售成本，编制会计分录：

借：主营业务成本 26 000

贷：库存商品 26 000

6月5日，发生销售退回时，根据红字专用发票编制会计分录：

借：主营业务收入 50 000

应交税费——应交增值税（销项税额） 6 500

贷：应收账款 56 500

同时，根据验收入库单冲减销售成本，编制会计分录：

借：库存商品 26 000

贷：主营业务成本 26 000

【提示】已确认收入的售出商品发生销售退回属于资产负债表日后事项的，适用《企业会计准则第29号——资产负债表日后事项》。

（5）预收款销售商品业务

预收款销售商品是指购买方在商品尚未收到前按合同或协议约定分期付款，销售方在收到最后一笔款项时才交货的销售方式。预收款销售方式下，销售方直到收到最后一笔款项才将商品交付给购货方，表明商品所有权上的主要风险和报酬在收到最后一笔款项时才转移给购货方，销售方通常应在发出商品时确认收入，在此之前预收的货款应确认为一项负债。

【做中学4-19】2019年5月15日，宏业公司与甲公司签订协议，采用预收款方式向甲公司销售一批商品。该批商品实际成本为600 000元。协议约定，该批商品销售价格800 000元，甲公司应在协议签订时按销售价格预付60%的货款，货物将于2个月后交付并结清余款。适用增值税税率13%。

宏业公司账务处理如下：

5月15日，收到预收款，根据银行收款通知编制会计分录：

借：银行存款 480 000

　　贷：合同负债 480 000

7月15日，发出商品，收到剩余货款，开具销货发票时编制会计分录：

借：合同负债 480 000

　　银行存款 424 000

　　贷：主营业务收入 800 000

　　　　应交税费——应交增值税（销项税额） 104 000

借：主营业务成本 600 000

　　贷：库存商品 600 000

（6）销售材料等存货业务

企业在日常活动中可能发生对外销售不需用的原材料、随同商品对外销售单独计价的包装物等业务。企业销售原材料、包装物等存货也视同商品销售，其收入确认和计量原则比照商品销售。企业销售原材料、包装物等存货实现的收入作为其他业务收入，相关成本作为其他业务成本。

【做中学4-20】宏业公司销售一批剩余不用原材料，开出的增值税专用发票上注明金额10 000元、税额1 300元，款项已由银行收妥。该批原材料的实际成本为9 000元。

宏业公司账务处理如下：

取得原材料销售收入时编制会计分录：

借：银行存款 11 300

　　贷：其他业务收入 10 000

　　　　应交税费——应交增值税（销项税额） 1 300

结转已销原材料的实际成本时编制会计分录：

借：其他业务成本 9 000

　　贷：原材料 9 000

（三）在某一时段内履行履约义务收入的确认

1. 在某一时段内履行的履约义务的收入确认条件

满足下列条件之一的，属于在某一时段内履行履约义务，相关收入应当在该履约义务履行的期间内确认：

微课：时段收入的核算

（1）客户在企业履约的同时即取得并消耗企业履约所带来的经济利益。企业在履约过程中是持续地向客户转移该服务的控制权的，该履约义务属于在某一时段内履行的履约义务，企业应当在提供服务的期间内确认收入。常规的服务合同通常满足这一条件，如餐饮服务。

在实务中，在企业履约过程中更换为其他企业继续履行剩余履约义务的，若该继续履行合同的企业实质上无须重新执行企业累计至今已完成的工作，则表明客户在企业履约的同时即取得并消耗了企业履约所带来的经济利益，如转运业务。

（2）客户能够控制企业履约过程中在建的商品。企业在履约过程中创建的商品可以是有形的资产，也可以是无形的资产。如为客户提供设备维修服务，在客户提供的土地上建造房屋等，都可以认为客户在企业创建该商品的过程中就能够控制这些商品，应认为企业提供该商品的履约义务属于在某一时段内履行的履约义务。

（3）企业履约过程中所产出的商品具有不可替代用途，且该企业在整个合同期间内有权就累计至今已完成的履约部分收取款项。

一项资产是否具有替代用途，应当在合同订立时就进行评估，且之后不再进行评估。在评估商品是否具有不可替代用途时，企业既应考虑合同条款的限制，也要考虑实务操作上的限制。

除了客户由于企业没有履约而提出终止合同外，企业有权就截至目前已经履行的部分收取能够补偿其已发生成本和合理利润的款项，并且该权利具有法律约束力，则可以认为企业有权获得付款。

2.在某一时段内履行的履约义务的收入确认方法

（1）收入的确认及计量

对于在某一时段内履行的履约义务，企业应当在该段时间内按照履约进度确认收入，履约进度不能合理确定的除外。资产负债表日，企业应当在按照合同的交易价格总额乘以履约进度扣除以前会计期间累计已确认的收入后的金额，确认为当期收入。用公式表示为：

本期确认收入=合同的交易价格×履约进度-以前期间已确认收入

本期确认费用=合同预计总成本×履约进度-以前期间已确认费用

本期确认毛利=本期确认收入-本期确认费用

（2）履约进度的确定方法

企业应当考虑商品的性质，采用产出法或投入法确定恰当的履约进度，并且在确定履约进度时，扣除那些控制权尚未转移给客户的商品。

①产出法。

产出法是根据已转移给客户的商品对于客户的价值确定履约进度，主要包括按照实际测量的完工进度、评估已实现的结果、已达到的里程碑、时间进度、已完工或交付的产品等确定履约进度。

产出法是直接计量已完成的产出，一般能够客观地反映履约进度。当产出法所需要的信息可能无法直接通过观察获得，或者为获得这些信息需要花费很高的成本时，可采用投入法。

【做中学4-21】甲公司与某客户签订合同，为该客户拥有的一条铁路更换100根铁轨，合同价格为10万元（不含税价）。截至2020年12月31日，甲公司共更换铁轨60根，剩余部分预计在2021年3月31日之前完成。该合同仅包含一项履约义务，且该履约义务满足在某一时段内履行的条件。

甲公司提供的更换铁轨的服务属于在某一时段内履行的履约义务，甲公司按照已完成的工作量确定履约进度。因此，截至2020年12月31日，该合同的履约进度为60%（60÷100），甲公司应确认的收入为6万元（10×60%）。

②投入法。

投入法是根据企业履行的履约义务的投入确定履约进度，主要包括以投入的材料数量、花费的人工工时或机器工时、发生的成本和时间进度等投入指标确定履约进度。

在实务中，企业通常按照累计实际发生的成本占预计总成本的比例（即成本法）确定履约进度，累计实际发生的成本包括企业向客户转移商品过程中所发生的直接成本和间接成本。企业在采用成本法确定履约进度时，可能需要对已发生的成本进行适当调整。具体包括下列两种情形：

情形一：已发生的成本并未反映企业履行其履约义务的进度，如因企业生产效率低下等原因而导致的非正常消耗，包括非正常消耗的直接材料、直接人工及制造费用等，除非企业和客户在订立合同时已经预见会发生这些成本并将其包括在合同价款中。

情形二：已发生的成本与企业履行其履约义务的进度不成比例。当企业在合同开始日就能够预期将满足下列所有条件时，企业在采用成本法时不应包括该商品的成本，而是应当按其成本金额确认收入：一是该商品不构成单项履约义务；二是客户先取得该商品的控制权，之后才接受与之相关的服务；三是该商品的成本占预计总成本的比重较大；四是企业自第三方采购该商品，且未深入参与其设计和制造，对于包含该商品的履约义务而言，企业是主要责任人。

【做中学4-22】2020年10月，甲公司与某客户签订合同，为该客户装修一栋办公楼并安装一部电梯，合同总金额为100万元。甲公司预计合同总成本为80万元，其中包括电梯的采购成本30万元。2020年12月，甲公司将电梯运达施工现场并经过客户验收，客户已取得电梯的控制权，但是根据装修进度，预计到2021年2月才会安装该电梯。截至2020年12月，甲公司累计发生成本40万元，其中包括支付给电梯供应商的采购成本30万元以及因采购电梯发生的运输费和人工费等相关成本5万元。假定该装修服务（包括安装电梯）构成单项履约义务，并属于在某一时段内履行的履约义务，甲公司是主要责任人，但不参与电梯的设计和制造。上述金额均不含增值税，甲公司采用成本法确定履约进度。

若计算履约进度时考虑电梯成本，则已发生的成本和履约进度不成比例，所以计算履约进度时应将电梯成本扣除。

2020年12月履约进度=（40−30）÷（80−30）=20%

应确认的收入=（100−30）×20%+30=44（万元）

已售商品成本=（80−30）×20%+30=40（万元）

③其他规定。

对于每一项履约义务，企业只能采用一种方法来确定其履约进度，并一贯运用。对于类似情况下的类似履约义务，企业应当采用相同的方法确定其履约进度。

当履约进度不能合理确定时，企业已经发生的成本预计能够得到补偿的，应当按照已经发生的成本金额确认收入，直到履约进度能够合理确定为止（即成本回收法）。

每一资产负债表日，企业应当对履约进度进行重新估计。当客观环境发生变化时，企业也需要重新评估履约进度是否发生变化，以确保履约进度能够反映履约情况的变化，该变化应当作为会计估计变更进行会计处理。

（3）在某一时段内履行履约义务收入确认的账务处理

【做中学4-23】2020年11月10日，宏业公司与甲公司签订一份为期6个月的建筑合同，合同价款200万元，增值税18万元。合同约定，签订当日预付合同总价款（含增值税）的50%，工程完工时支付剩余50%的款项。宏业公司当日收到甲公司预付款109万元。2020年12月31日，经专业测量师对已提供的劳务进行测量，确定该项劳务的完工程度为30%。截至2020年12月31日，实际发生劳务成本40万元（假定均为职工薪酬），估计为完成合同还将发生劳务成本90万元（假定均为职工薪酬）。假定该项业务为宏业公司的主营业务，且全部由该公司自行完成，适用增值税税率9%，适用一般计税方法计税的项目预征率为2%。

宏业公司账务处理如下：

2020年11月10日，收到劳务预收款时编制会计分录如下：

借：银行存款　　1 090 000

　贷：合同负债　　1 090 000

特别注意：根据《财政部 税务总局关于建筑服务等营改增试点政策的通知》（财税〔2017〕58号）规定，纳税人提供建筑服务取得预收款，应在收到预收款时，以取得预收款扣除支付的分包款后的余额，按规定的预征率预缴增值税。适用一般计税方法计税的项目预征率为2%，适用简易计税方法计税的项目预征率为3%。

宏业公司上述项目应预缴的增值税=1 090 000÷（1+9%）×2%=20 000（元）。

借：应交税费——预交增值税　　20 000

　贷：银行存款　　20 000

2020年12月31日，根据实际发生的劳务成本编制会计分录：

借：合同履约成本　　400 000

　贷：应付职工薪酬　　400 000

2020年12月31日，应确认的劳务收入=2 000 000×30%-0=600 000（元），增值税销项税额=600 000×9%=54 000（元），编制会计分录：

借：合同负债　　654 000

　贷：主营业务收入　　600 000

　　应交税费——应交增值税（销项税额）　　54 000

2020年12月31日，应结转的劳务成本=（400 000+900 000）×30%-0=390 000（元）

借：主营业务成本　　390 000

　贷：合同履约成本　　390 000

技能点4-2 合同成本的核算

合同成本是指企业与客户之间建立合同关系过程中发生的成本，包括合同取得成本和合同履约成本。

一、合同取得成本核算

（一）账户设置

微课：合同取得成本的核算

合同取得成本是指企业为取得合同发生的、预计能够收回的增量成本。增量成本是指企业不取得合同就不会发生的成本，也就是企业发生的与合同直接相关，但又不是所签订合同的对象或内容本身所直接发生的费用。

企业应设置“合同取得成本”科目核算合同取得成本，该科目属于成本类科目。借方登记发生的合同取得成本；贷方登记摊销的合同取得成本；期末借方余额，反映企业尚未结转的合同取得成本。该科目应按合同进行明细核算。

（二）合同取得成本的确认与计量

企业取得合同发生的增量成本已经确认为资产的，应当采用与该资产相关的商品收入确认相同的基础进行摊销，计入当期损益。为简化实务操作，该资产的摊销期不超过一年的，可以在发生时直接计入当期损益。

（三）合同取得成本核算举例

【做中学4-24】2020年11月，宏业公司通过竞标获得与某单位服务期为3年的咨询服务合同，合同约定年含税咨询费1 272 000元。为取得该合同，宏业公司发生如下支出：聘请外部律师进行尽职调查支付相关费用9000元；为投标发生差旅费10000元；支付销售人员佣金30000元。宏业公司预期这些支出未来均能够收回。

本例中，宏业公司因与客户签订合同而支付给销售人员的佣金属于取得合同发生的增量成本，符合合同取得成本的核算要求，应确认为一项资产计入“合同取得成本”科目；聘请外部律师尽职调查支出、为投标发生的差旅费支出，不属于增量成本，不符合合同取得成本的要求，应当在发生时直接计入当期损益。宏业公司编制会计分录：

支付与取得合同相关的费用：

借：合同取得成本　　30 000
　　管理费用　　19 000
　　贷：银行存款　　49 000

每月确认服务收入时，同时摊销销售佣金：

月服务收入=1 272 000÷（1+6%）÷12=100 000（元）

销售佣金摊销金额=30 000÷3÷12=833.33（元）

借：应收账款　　106 000
　　贷：主营业务收入　　100 000
　　　　应交税费——应交增值税（销项税额）　　6 000

借：销售费用　　833.33
　　贷：合同取得成本　　833.33

二、合同履约成本核算

（一）账户设置

微课：合同履约成本的核算

合同履约成本是指企业为履行当前或预期取得的合同所发生的、属于收入准则规定范围并且按照该准则应当确认为一项资产的成本。企业发生的合同履约成本应设置“合同履约成本”科目核算，该科目为成本类科目。借方登记发生的合同履约成本；贷方登记摊销的合同履约成本；期末借方余额，反映企业尚未结转的合同履约成本。该科目可按合同分别设置“服务成本”“工程施工”等明细进行核算。

（二）合同履约成本的确认与计量

企业为履行合同可能发生的各种成本，企业在确认收入的同时应对这些成本进行分析，属于收入准则规定范围且同时满足下列条件的，应当作为合同履约成本确认为一项资产：

（1）该成本与一份当前或预期取得的合同直接相关。包括：①与合同直接相关的成本，主要指直接材料、直接人工和制造费用；②明确由客户承担的成本以及仅因该合同而发生的其他成本。

（2）该成本增加了企业未来用于履行（或持续履行）履约义务的资源。

（3）该成本预期能够收回。

（三）合同履约成本核算举例

【做中学4-25】宏业公司以自有资产经营一家酒店。2020年12月，确认房费、餐饮等服务不含税收入200 000，适用增值税税率为6%，全部款项存入银行。月末计提与酒店经营直接相关的酒店、客户以及客房内设备家具等折旧共60 000元、摊销土地使用权费用35 000元。

宏业公司编制会计分录：

当月计提固定资产折旧、摊销无形资产成本时：

借：合同履约成本	95 000	
贷：累计折旧		60 000
累计摊销		35 000

确认当月服务收入，并同时摊销合同履约成本：

借：银行存款	212 000	
贷：主营业务收入		200 000
应交税费——应交增值税（销项税额）		12 000
借：主营业务成本	95 000	
贷：合同履约成本		95 000

任务内容导图

本任务内容导图如图4-1所示。

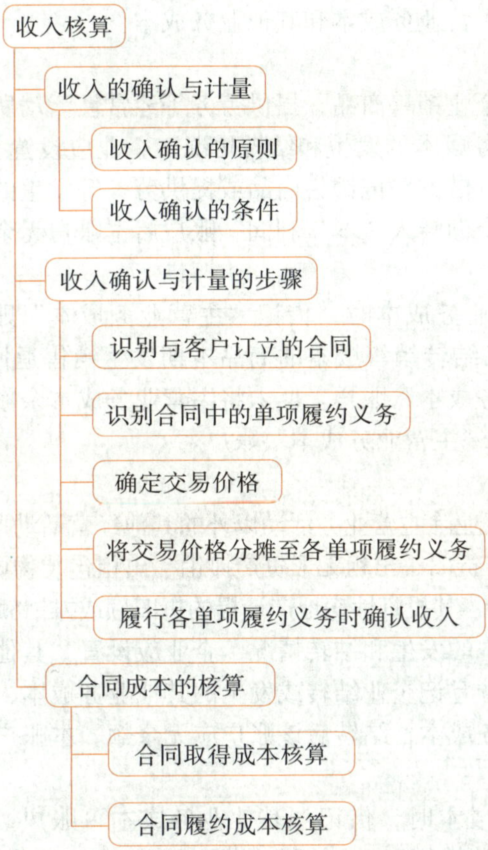

图4-1　本任务内容导图

任务二　费用核算

技能点4-3　费用核算

一、费用的认知

费用是指企业在日常活动中发生的、会导致所有者权益减少的、与向所有者分配利润无关的经济利益的总流出，包括成本费用和期间费用。成本费用包括营业成本、税金及附加等；期间费用包括管理费用、销售费用和财务费用。

费用只有在符合费用定义的前提下，同时满足下列条件才能予以确认：与费用相关的经济利益很可能流出企业；经济利益流出企业的结果会导致资产减少或负债增加；经济利益的流出额能够可靠计量。符合费用定义和费用确认条件的项目，应当列入利润表。

二、营业成本核算

营业成本是指企业为生产产品、提供劳务等发生的可归属于产品成本、劳务成本等的费用。营业成本应当在确认销售商品收入、提供劳务收入等时结转计入当期损益。利润表中的营业成本包括主营业务成本和其他业务成本。

（一）主营业务成本

主营业务成本是指企业销售商品、提供劳务等经常性活动所发生的成本。

为核算企业主营业务成本的发生和结转情况，企业应设置“主营业务成本”账户。该账户属于损益类账户，借方登记销售商品或提供劳务等发生的成本，贷方登记销售退回商品的成本，期末将余额转入“本年利润”账户后本账户无余额。本账户可按主营业务的种类进行明细核算。

企业计算结转主营业务成本时，借记“主营业务成本”账户，贷记“库存商品”“劳务成本”等账户。已结转销售成本的商品本期发生销售退回的，借记“库存商品”等账户，贷记“主营业务成本”账户。期末将主营业务成本余额转入本年利润时，借记“本年利润”账户，贷记“主营业务成本”账户。

（二）其他业务成本

其他业务成本是指企业除主营业务活动以外的其他经营活动所发生的成本，包括销售材料成本、出租固定资产折旧、出租无形资产摊销、出租包装物成本及摊销等。采用成本模式计量投资性房地产的，其投资性房地产计提的折旧额或摊销额也构成其他业务成本。

为核算其他业务成本的发生和结转情况，企业应设置“其他业务成本”账户。该账户属于损益类账户，借方登记企业结转或发生的其他业务成本，贷方登记期末转入“本年利润”账户的其他业务成本，结转后该账户应无余额。本账户可按其他业务成本的种类进行明细分类核算。

企业发生其他业务成本时，借记“其他业务成本”账户，贷记“原材料”“周转材料”“累计折旧”“累计摊销”“应付职工薪酬”“银行存款”等账户。期末其他业务成本余额转入本年利润时，应借记“本年利润”账户，贷记“其他业务成本”账户。

【做中学4-38】宏业公司将自行研发完成的一项非专利技术出租给另一家公司，该非专利技术成本为360 000元，双方约定的租赁期限为10年。

宏业公司账务处理如下：

每月应摊销额＝360 000÷10÷12＝3 000（元）

根据每月计算的应摊销金额确认成本费用时编制会计分录：

借：其他业务成本	3 000	
贷：累计摊销		3 000

【做中学4-39】宏业公司销售商品领用单独计价的包装物一批，实际成本50 000元，增值税专用发票上注明金额100 000元、税额13 000元，款项已存入银行。

宏业公司账务处理如下：

出售包装物，根据银行收款通知及销货发票等凭证编制会计分录：

借：银行存款	113 000	
贷：其他业务收入		100 000
应交税费——应交增值税（销项税额）		13 000

根据发货单结转出售包装物成本时编制会计分录：

借：其他业务成本	50 000	

贷：周转材料——包装物 50 000

【做中学4-40】宏业公司出租一幢办公楼给甲企业使用，已确认为投资性房地产，采用成本模式进行后续计量。假设出租的办公楼成本为2 400万元，按直线法计提折旧，使用寿命为40年，预计净残值为零。按合同规定，甲企业按月支付租金。

宏业公司账务处理如下：

每月计提折旧 = 2 400÷40÷12 = 5（万元）

借：其他业务成本 50 000

贷：投资性房地产累计折旧 50 000

三、税金及附加核算

税金及附加是指企业经营活动发生的消费税、城市维护建设税、资源税、教育费附加及房产税、城镇土地使用税、车船税、印花税等相关税费。

为核算税金及附加的发生和结转情况，企业应设置“税金及附加”账户。该账户属于损益类账户，借方登记企业按规定计算确定的与经营活动有关的税费，贷方登记期末转入“本年利润”账户的税金及附加，结转后该账户应无余额。

企业按规定计算确定与经营活动相关的税费，借记“税金及附加”账户，贷记“应交税费”账户。期末将税金及附加余额转入本年利润时，应借记“本年利润”账户，贷记“税金及附加”账户。

有关账务处理，参见本书项目二中消费税、城市维护建设税、资源税、教育费附加及房产税、城镇土地使用税、车船税相关内容。

四、期间费用核算

（一）管理费用

管理费用是指企业为组织和管理生产经营所发生的各种费用，包括企业在筹建期间发生的开办费、董事会和行政管理部门在企业的经营管理中发生的或者应由企业统一负担的公司经费（包括行政管理部门职工薪酬、物料消耗、低值易耗品摊销、办公费和差旅费等）、董事会费（包括董事会成员津贴、会议费和差旅费等）、聘请中介机构费、咨询费（含顾问费）、工会经费、诉讼费、业务招待费、技术转让费、研究费用、排污费以及企业生产车间（部门）和行政管理部门发生的固定资产修理费等。

为核算管理费用的发生和结转情况，企业应设置“管理费用”账户。该账户属于损益类账户，借方登记管理费用的增加额，贷方登记管理费用的减少额，期末余额转入“本年利润”账户后本账户应无余额。

【做中学4-41】宏业公司为拓展产品销售市场发生业务招待费5 000元，取得增值税普通发票，款项已通过网上银行支付。

宏业公司账务处理如下：

借：管理费用——业务招待费 5 000

贷：银行存款 5 000

【做中学4-42】宏业公司就一项产品的设计方案向有关专家进行咨询，通过网上银行支付咨询费31 800元，取得的增值税专用发票上注明金额30 000元、税额1 800元。

宏业公司账务处理如下：

借：管理费用——咨询费　　30 000

　　应交税费——应交增值税（进项税额）　　1 800

　　贷：银行存款　　31 800

（二）销售费用

销售费用是指企业在销售商品和材料、提供劳务过程中发生的各项费用，包括保险费、包装费、展览费和广告费、商品维修费、预计产品质量保证损失、运输费、装卸费等以及为销售本企业商品而专设的销售机构（含销售网点、售后服务网点等）的职工薪酬、业务费、折旧费等经营费用。企业发生的与专设销售机构相关的固定资产修理费用等后续支出也属于销售费用。

为核算销售费用的发生和结转情况，企业应设置“销售费用”账户。该账户属于损益类账户，借方登记销售费用的增加额，贷方登记销售费用的减少额，期末余额转入“本年利润”账户后本账户应无余额。本账户可按销售费用项目进行明细核算。

企业发生销售费用时，借记“销售费用”账户，贷记“银行存款”等账户。期末将销售费用余额转入本年利润时，应借记“本年利润”账户，贷记“销售费用”账户。

【做中学4-43】宏业公司为宣传新产品发生一笔广告费，取得的增值税专用发票上注明金额50 000元、税额3 000元，款项已转账支付。

宏业公司账务处理如下：

借：销售费用——广告费　　50 000

　　应交税费——应交增值税（进项税额）　　3 000

　　贷：银行存款　　53 000

【做中学4-44】宏业公司专设的销售机构3月份发生如下费用：销售人员工资薪金90 000元，专用办公设备折旧费20 000元。

宏业公司账务处理如下：

借：销售费用　　110 000

　　贷：应付职工薪酬　　90 000

　　　　累计折旧　　20 000

（三）财务费用

财务费用是指企业为筹集生产经营所需资金等而发生的费用，包括利息支出（减利息收入）、汇兑损失（减汇兑收）益以及相关的手续费、企业发生的现金折扣或享受的现金折扣等。

为核算财务费用的发生和结转情况，企业应设置“财务费用”账户。该账户属于损益类账户，借方登记财务费用的增加额，贷方登记财务费用的减少额，期末余额转入“本年利润”账户后本账户应无余额。本账户可按财务费用项目进行明细核算。

【做中学4-45】宏业公司于2019年1月1日向银行借入生产经营用短期借款360 000元，期限6个月，年利率5%，该借款本金到期后一次归还，利息分月预提，按季支付。

宏业公司账务处理如下：

每月末预提当月应计利息＝360 000×5%÷12＝1 500（元）

预提应计利息时编制会计分录：

借：财务费用——利息支出　　1 500

　　贷：应付利息　　1 500

一季度末，支付利息时编制会计分录：

借：应付利息　　3 000

　　财务费用——利息支出　　1 500

　　贷：银行存款　　4 500

技能点4-4 收入和费用列报

收入和费用在利润表中的列示见表4-3。

表4-3　　利润表

编制单位：　　年　月　　单位：元

项　目	本期金额	上期金额
一、营业收入		
减：营业成本		
税金及附加		
销售费用		
管理费用		
研发费用		
财务费用		
其中：利息费用		
利息收入		
……		

具体项目填列说明如下：

（1）“营业收入”项目，反映企业经营主要业务和其他业务所确认的收入总额。本项目应根据“主营业务收入”和“其他业务收入”账户的发生额分析填列。

（2）“营业成本”项目，反映企业经营主要业务和其他业务所发生的成本总额。本项目应根据“主营业务成本”和“其他业务成本”账户的发生额分析填列。

（3）“税金及附加”项目，反映企业经营业务应负担的消费税、城市维护建设税、教育费附加、资源税、土地增值税及房产税、车船税、城镇土地使用税、印花税等相关税费。本项目应根据“税金及附加”账户的发生额分析填列。

（4）“销售费用”项目，反映企业在销售商品过程中发生的包装费、广告费等费用和为销售本企业商品而专设的销售机构的职工薪酬、业务费等经营费用。本项目应根据“销售费用”账户的发生额分析填列。

（5）“管理费用”项目，反映企业为组织和管理生产经营发生的管理费用。本项目应根据“管理费用”账户的发生额分析填列。

（6）“研发费用”项目，反映企业进行研究与开发过程中发生的费用化支出，以及计入管理费用的自行开发无形资产的摊销。该项目应根据“管理费用”账户下的“研究费用”明细账户的发生额，以及“管理费用”账户下的“无形资产摊销”明细账户的发生额分析填列。

（7）“财务费用”项目，反映企业为筹集生产经营所需要资金等而发生的筹资费用。本项目应根据“财务费用”账户的发生额分析填列。其中“利息费用”项目，反映企业为筹集生产经营所需资金等而发生的应予费用化的利息支出；“利息收入”项目，反映企业确认的利息收入。上述两个项目均应根据“财务费用”账户的相关明细账户的发生额分析填列。

收入和费用各项目在利润表中的填列参见项目六【做中学6-8】综合案例分析。

任务内容导图

本任务内容导图如图4-2所示。

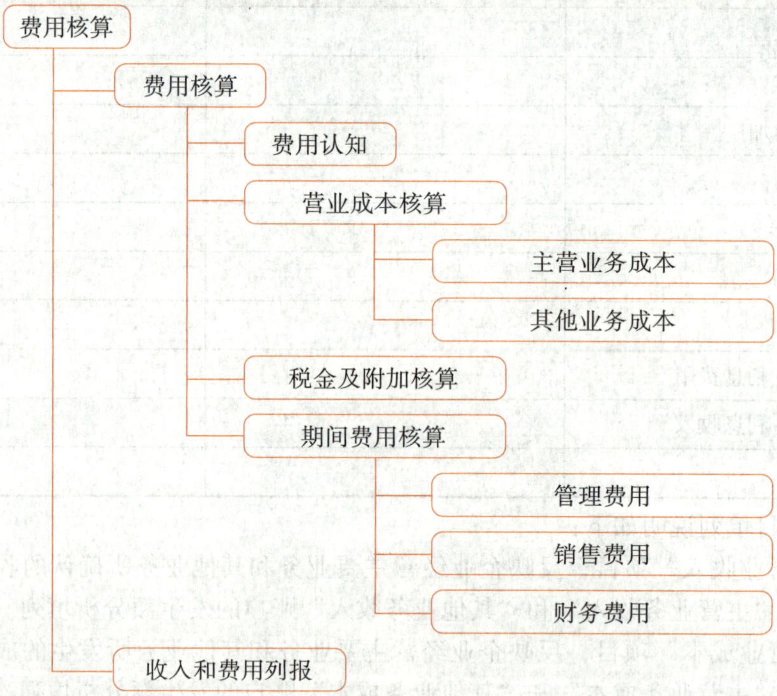

图4-2　本任务内容导图

复习思考题

1.企业核算营业成本应设置哪些账户？简述其基本结构。
2.简述税金及附加的核算内容及账户结构。
3.期间费用有哪些？核算期间费用应设置的账户有哪些？简述其基本结构。
4.利润表中反映收入和费用的项目有哪些？应如何填列？

项目五　利润核算

↘【技能点】

1. 营业外收支核算
2. 所得税费用核算
3. 利润核算
4. 利润列报

引言

利润是指企业在一定会计期间的经营成果，包括收入减去费用后的净额和直接计入当期利润的利得和损失，用公式表示为“利润=收入-费用+利得-损失”。其中，“收入-费用”反映企业日常活动的业绩；“利得-损失”反映企业非日常活动的业绩。从公式可以看出，利润金额取决于收入和费用、利得和损失的计量。收入和费用内容在项目四已作介绍，本项目向您介绍利得和损失、利润的构成和相关账务处理，以及利润相关项目在利润表中的列报。

任务一　营业外收支核算

技能点5-1　营业外收支核算

营业外收支是指企业发生的与日常活动无直接关系的各项收支。这些收入和支出具有极强的偶发性，它们之间也没有关联关系，即每项收入和支出往往是彼此孤立的，收入没有相应的成本和费用，支出也没有相应的收入。营业外收支虽然与企业生产经营活动没有多大的关系，但从企业主体来考虑，同样带来收入或形成支出，从而增加或减少利润，对利润总额及净利润产生影响。

一、营业外收入核算

（一）营业外收入核算内容

营业外收入是指企业发生的与日常活动无直接关系、直接计入当期损益的利得，主要包括非流动资产报废毁损收益、库存现金盘盈利得、罚没利得、捐赠利得、债务重组利得、确实无法支付的应付账款、与企业日常活动无关的政府补助等。

营业外收入不是企业经营资金耗费所产生，不需要企业付出代价，实际上是经济利益的净流入，不可能也不需要与有关费用进行配比。

（二）营业外收入核算账户设置

为核算营业外收入的发生及其结转情况，企业应设置“营业外收入”账户。该账户属于损益类账户，贷方登记企业确认的各项营业外收入，借方登记期末转入“本年利润”的营业外收入，结转后该账户应无余额。

本账户可按营业外收入项目进行明细核算。

（三）营业外收入账务处理

企业确认各项营业外收入时，借记“银行存款”“待处理财产损溢”“原材料”等账户，贷记“营业外收入”账户；期末结转时，借记“营业外收入”账户，贷记“本年利润”账户。

1.非流动资产报废毁损收益

非流动资产报废毁损收益是指因自然灾害等发生毁损、已丧失使用功能而报废非流动资产所产生的清理净收益。非流动资产出售或转让净利得或净损失在“资产处置损益”核算。

微课：营业外收支核算

【做中学5-1】2019年5月13日，宏业公司报废处理生产设备一台，结转产生的清理净收益9 800元。

宏业公司账务处理如下：

借：固定资产清理　　9 800

　　贷：营业外收入——非流动资产报废毁损收益　　9 800

【练一练5-1】2019年3月3日，宏业公司转让专利权一项，取得含税收入600 000元，款项已收到存入银行。该专利权账面原值800 000元，累计摊销300 000元。已知转让无形资产增值税税率为6%。请根据上述资料作出宏业公司账务处理。

答案

2.库存现金盘盈利得

作营业外收入处理的盘盈利得主要指库存现金盘盈业务。

【做中学5-2】2019年5月10日，宏业公司对库存现金进行不定期清查，盘盈现金100元，无法查明原因。

宏业公司账务处理如下：

经领导批准按规定予以转账时编制会计分录：

借：待处理财产损溢——待处理流动资产损溢　　100

　　贷：营业外收入——盘盈利得　　100

3.捐赠利得

捐赠利得是指接受捐赠产生的利得。

【做中学5-3】2019年5月15日，宏业公司接受伟达公司捐赠的生产设备一台，取得的增值税专用发票上注明金额60 000元、税额7 800元。

宏业公司账务处理如下：

接受捐赠生产设备时编制会计分录：

借：固定资产　　60 000

　　应交税费——应交增值税（进项税额）　　7 800

　　贷：营业外收入——捐赠利得　　67 800

4.罚没利得

【做中学5-4】2019年5月25日，宏业公司职员王平违反安全生产管理规定，按制度对其罚款200元，已收到现金。

宏业公司账务处理如下：

收到罚款现金时编制会计分录：

借：库存现金　　200

　　贷：营业外收入——罚没利得　　200

5.转销无法支付的应付账款

【做中学5-5】2019年5月31日，宏业公司对查账确定的一笔无法支付的应付账款4 000元，按规定予以转销。

宏业公司账务处理如下：

根据公司确定方案予以转销时编制会计分录：

借：应付账款——某公司　　4 000

　贷：营业外收入——其他　　4 000

二、营业外支出核算

（一）营业外支出核算内容

营业外支出是指企业发生的与日常活动无直接关系、直接计入当期损益的损失，主要包括非流动资产报废毁损净损失、非常损失、盘亏损失、罚款支出、公益性捐赠支出、非货币性资产交换损失、债务重组损失等。其中：

非流动资产报废毁损净损失，是指因自然灾害等发生毁损、已丧失使用功能而报废非流动资产所产生的清理净损失。

非常损失是指企业对于因客观因素（如自然灾害等）造成的损失，扣除保险公司赔偿后的净损失。

盘亏损失主要指企业在财产清查中盘亏的资产，查明原因并报经批准计入营业外支出的损失。

罚款支出是指企业支付的行政罚款、税务罚款，以及其他因违反法律法规、合同或协议等而发生的罚款、违约金、赔偿金等支出。

公益性捐赠支出是指企业对外进行公益性捐赠发生的支出。

（二）营业外支出核算账户设置

为核算和监督营业外支出的发生及结转情况，企业应设置"营业外支出"账户。该账户属于损益类账户，借方登记企业发生的各项营业外支出，贷方登记期末转入"本年利润"的营业外支出，结转后该账户应无余额。本账户可按营业外支出项目进行明细核算。

（三）营业外支出账务处理

企业确认各项营业外支出时，借记"营业外支出"账户，贷记"待处理财产损溢""库存现金""银行存款"等账户。期末结转余额时，借记"本年利润"账户，贷记"营业外支出"账户。

【做中学5-6】宏业公司2019年5月份发生如下业务：

（1）以银行存款支付违反环保规定罚款10 000元。

（2）开出转账支票通过本市慈善总会向灾区捐款30 000元。

宏业公司账务处理如下：

借：营业外支出——罚款支出　　10 000

　　　　　　——公益性捐赠支出　　30 000

　贷：银行存款　　40 000

【提示】在利润形成的核算中，营业外收入和营业外支出之间没有对应关系，因此，不得以营业外支出直接冲减营业外收入，也不得以营业外收入直接冲减营业外支出。

【做中学5-7】宏业公司将本期发生的营业外支出总额40 000元结转到本年利润。

宏业公司账务处理如下：

借：本年利润　　40 000

　　贷：营业外支出　　40 000

任务内容导图

本任务内容导图如图5-1所示。

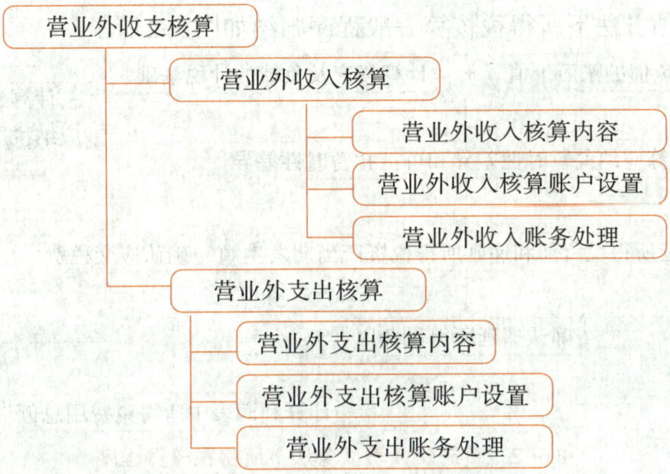

图5-1　本任务内容导图

复习思考题

1. 营业外收入核算内容有哪些？其核算账户如何设置？怎样进行账务处理？
2. 营业外支出核算内容有哪些？其核算账户如何设置？怎样进行账务处理？

任务二　所得税费用核算

技能点5-2　所得税费用核算

一、资产负债表债务法下所得税核算程序

对于企业所得税，企业的会计核算和税收处理分别遵循不同的原则，服务于不同的目的。会计的确认、计量、报告应当遵循企业会计准则的相关规定，目的在于真实、完整地反映企业的财务状况、经营成果和现金流量等，为投资者、债权人以及其他会计信息使用者提供对其决策有用的信息。税收处理以征税为目的，根据国家有关税收法律法规的规定，确定一定时期内纳税人的应纳税所得额及应缴纳的税额。

微课：所得税费用核算

根据《企业会计准则第18号——所得税》规定，企业所得税应当采用资产负债表

债务法核算。即从资产负债表出发，通过比较资产负债表上列示的资产、负债按会计准则规定确定的账面价值与按税法规定确定的计税基础，对两者之间的差异分别按应纳税暂时性差异与可抵扣暂时性差异确认相关的递延所得税负债与递延所得税资产，并在此基础上确定每一会计期间利润表中的所得税费用。

在采用资产负债表债务法核算所得税的情况下，企业一般应于每一资产负债表日进行所得税会计处理。发生特殊交易或事项时，如企业合并等，应在确认因交易或事项产生的资产、负债时进行相关的所得税处理。

资产负债表债务法下所得税核算一般程序归纳如图5-2所示。

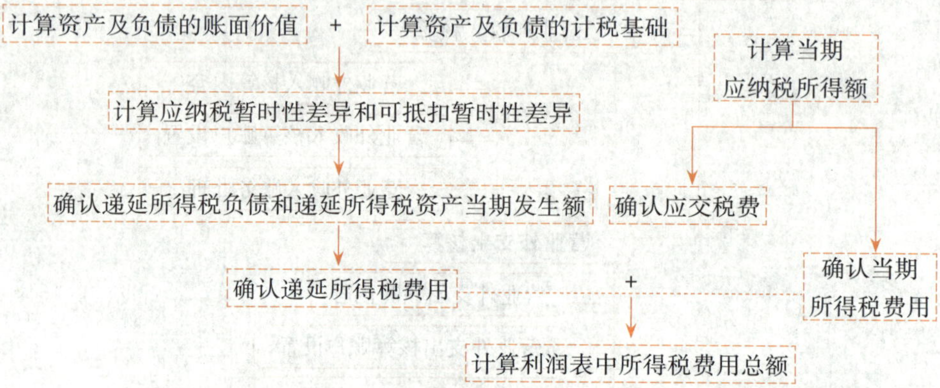

图5-2 资产负债表债务法下所得税核算程序

二、资产和负债的账面价值

资产、负债的账面价值是指企业按企业会计准则的相关规定在资产负债表中列示的金额。企业应按企业会计准则的相关规定，确定资产负债表中除递延所得税资产或递延所得税负债以外的其他资产、负债项目的账面价值。

三、资产和负债的计税基础

（一）资产的计税基础

资产的计税基础是指该项资产在未来期间计税时按税法规定可以税前扣除的金额。计算公式如下：

资产的计税基础=资产未来期间计税时可税前扣除的金额

在通常情况下，企业以各种方式取得的资产，初始确认时按照企业会计准则规定确定的入账价值基本上被税法认可，即其计税基础通常与账面价值相等，也即其计税基础等于取得时的成本。但在企业持续持有资产的过程中，后续计量因会计准则与税法规定不同，使得资产的账面价值与计税基础之间产生差异。以固定资产为例分析如下：

以各种方式取得的固定资产初始计量时，按企业会计准则确定的入账价值，税法基本上都认可，因此，固定资产初始确认的账面价值一般等于其计税基础。

固定资产后续计量时，会计上“账面价值=成本-累计折旧（会计）-固定资产减值准备”，税法上“计税基础=成本-累计折旧（税法）”。因此，固定资产后续计量期间，折旧方法、折旧年限、减值准备等因素均有可能导致其账面价值与计税基础之间产生差异。

【做中学5-8】2017年12月5日，宏业公司购入一台环保用设备，原值580万元，预计使用年限10年，预计净残值为零，会计上采用年限平均法计提折旧。2019年12月31日，经测试，该固定资产的可收回金额为420万元，当期计提固定资产减值准备44万元。由于该设备是环保用设备，符合税法规定采用加速折旧方法的条件，该企业在计税时采用双倍余额递减法计提折旧，其他条件税法规定与会计规定相同。

2019年12月31日，该固定资产的账面价值与计税基础如下：

账面价值=580−580÷10×2−44=420（万元）

计税基础=580−（580×20%+464×20%）=371.2（万元）

（二）负债的计税基础

负债的计税基础是指负债的账面价值减去未来期间计算应纳税所得额时按税法规定可予税前扣除的金额。计算公式如下：

负债的计税基础=负债的账面价值−未来期间按税法规定可税前扣除的金额

在一般情况下，负债的确认与偿还不会影响企业的损益，也不会影响其应纳税所得额，未来期间计算应纳税所得额时按税法规定可予抵扣的金额为零，计税基础等于账面价值，如短期借款、应付账款等。但在某些情况下，负债的确认可能会影响企业的损益，进而影响不同期间的应纳税所得额，使得账面价值与计税基础产生差异，如企业因销售商品提供售后服务而确认的预计负债、预收账款等。以预计负债为例分析如下：

企业会计准则规定，企业应将预计提供售后服务发生的支出在销售当期确认为费用，同时确认预计负债；税法规定，销售商品提供售后服务发生的支出应在实际发生时扣除。所以，企业因销售商品提供售后服务而确认的预计负债的计税基础为零。

【做中学5-9】2019年12月31日，宏业公司账户资料显示，因产品质量保证确认的预计负债为100万元。

2019年12月31日，该预计负债的账面价值与计税基础如下：

账面价值=100（万元）

税法规定，因产品质量保证计提的费用只有在实际发生时才能在税前据实扣除，则：计税基础=100−100=0（元）

在某些情况下，因或有事项确认的预计负债，如果税法规定其支出无论是否实际发生均不允许税前扣除，即未来期间按税法规定可税前抵扣的金额为零，则该预计负债的计税基础等于其账面价值。

【做中学5-10】2019年12月31日，宏业公司账户资料显示，因违反环保规定发生的诉讼而确认的预计负债为100万元。

计算2019年该预计负债的账面价值与计税基础如下：

账面价值=100（万元）

税法规定，因违反环保规定产生的诉讼支出不得扣除，则：

计税基础=100−0=100（万元）

四、暂时性差异及其分类

暂时性差异是指资产或负债的账面价值与其计税基础之间的差额。未作为资产和负债确认的项目，按照税法规定可以确定其计税基础的，该计税基础与账面价值之间的差额也属于暂时性差异。用公式表示为：

暂时性差异=账面价值-计税基础

按照暂时性差异对未来期间应纳税所得额的影响，暂时性差异可分为应纳税暂时性差异和可抵扣暂时性差异两类。

（一）应纳税暂时性差异

应纳税暂时性差异是指在确认未来收回资产或清偿负债期间的应纳税所得额时，将导致产生应税金额的暂时性差异。该差异在未来期间转回时，会增加转回期间的应纳税所得额。应纳税暂时性差异通常产生于以下两种情况：资产的账面价值大于其计税基础；负债的账面价值小于其计税基础。

应纳税暂时性差异的特点是，对当期应纳税所得额和应交所得税的影响为减少，而对未来期间的应纳税所得额和应交所得税的影响为增加。

【做中学5-11】沿用【做中学5-8】资料，2019年该固定资产在资产负债表日的账面价值为420万元，计税基础为371.2万元。

分析：2019年资产负债表日该固定资产的账面价值大于其计税基础，因此，其差额48.8万元应确认为应纳税暂时性差异。

（二）可抵扣暂时性差异

可抵扣暂时性差异是指在确定未来收回资产或清偿负债期间的应纳税所得额时，将导致产生可抵扣金额的暂时性差异。该差异在未来期间转回时，会减少转回期间的应纳税所得额。可抵扣暂时性差异通常产生于以下两种情况：资产的账面价值小于其计税基础；负债的账面价值大于其计税基础。

可抵扣暂时性差异的特点是，对当期应纳税所得额和应交所得税的影响为增加，而对未来期间的应纳税所得额和应交所得税的影响则为减少。

【做中学5-12】沿用【做中学5-9】资料，2019年资产负债表日预计负债的账面价值为100万元，计税基础为0。

分析：2019年资产负债表日该预计负债的账面价值大于其计税基础，因此，其差额100万元应确认为可抵扣暂时性差异。

（三）特殊项目产生的暂时性差异

（1）可抵扣亏损和税款抵减。按税法规定可结转以后年度弥补的亏损和税款抵减，虽然不是因资产与负债的账面价值与其计税基础不同产生的，但本质上与可抵扣暂时性差异具有相同的作用，均能减少未来期间的应纳税所得额，应视同可抵扣暂时性差异处理。

（2）某些交易或事项的发生，因不符合资产、负债的确认条件而未体现为资产负债表中的资产或负债项目，但按税法规定能够确定其计税基础的，其账面价值（视为零）与其计税基础之间的差异应视为暂时性差异，如广告费。

【做中学5-13】2019年12月，宏业公司账户资料显示：全年“销售费用——广告费”3 500万元、“营业收入”20 000万元。根据上述资料对该公司广告费支出进行税务分析。

分析：企业会计准则规定，广告费支出应在发生时计入当期损益，不体现为期末资产负债表中的资产项目，若将其视为资产，则可认为账面价值=0。

税法规定，广告费支出不超过当年销售（营业）收入15%的部分允许当期税前扣除，超过部分允许在以后年度税前扣除。即当期可予税前扣除的金额为3 000万元（20 000×15%），剩余未在当期扣除的500万元可以结转以后年度扣除，因此其计税基础为500万元。

该资产的账面价值小于其计税基础500万元，该差异应确认为可抵扣暂时性差异。

五、递延所得税资产与递延所得税负债的确认与计量

（一）递延所得税资产的确认与计量

递延所得税资产产生于可抵扣暂时性差异，是指未来期间可收回的所得税金额。企业应当在可抵扣暂时性差异产生当期确认递延所得税资产。用公式表示为：

递延所得税资产=可抵扣暂时性差异×适用所得税税率

在应用上述公式时，应注意以下问题：

（1）确认递延所得税资产时，应估计相关可抵扣暂时性差异的转回时间，并采用转回期间适用的所得税税率计量。

（2）初始确认递延所得税资产时，应以资产负债表日计算的递延所得税资产金额为“递延所得税资产”账户的入账金额；后续确认时，应以资产负债表日计算的递延所得税资产金额减去其期初余额后的差额为“递延所得税资产”账户的入账金额。

（3）企业发生的某些交易或事项，如果不属于企业合并，并且在发生时既不影响利润总额也不影响应纳税所得额，即使该项交易产生的资产、负债的初始确认金额与其计税基础不同，该差异也不确认相应的递延所得税资产。

（4）企业在确认递延所得税资产时，交易或事项的发生会影响利润总额或应纳税所得额的，相关递延所得税影响应计入所得税费用；与企业合并相关的交易或事项，相关递延所得税影响应计入商誉；与直接计入所有者权益的交易或事项相关的，相关递延所得税影响应计入其他综合收益。

【做中学5-14】2019年12月31日，宏业公司账户资料显示“其他债权投资——成本”账户余额为400万元，市场信息表明该其他债权投资的公允价值减少了30万元。

宏业公司账务处理如下：

2019年12月31日，根据企业会计准则规定，其他债权投资公允价值减少30万元，应调整其他债权投资账面价值，同时将其变动额计入其他综合收益：

借：其他综合收益	300 000	
贷：其他债权投资——公允价值变动		300 000

调整后其他债权投资的账面价值为370万元。

2019年12月31日，其他债权投资的计税基础为400万元，账面价值为370万元，产生可抵扣暂时性差异30万元。

递延所得税资产=30×25%=7.5（万元）

借：递延所得税资产　　75 000

　　贷：其他综合收益　　75 000

（二）递延所得税负债的确认与计量

除企业会计准则明确规定可不确认递延所得税负债的情形外，企业对于所有的应纳税暂时性差异均应确认相关的递延所得税负债。用公式表示为：

递延所得税负债=应纳税暂时性差异×适用所得税税率

在应用上述公式时，应注意以下问题：

（1）递延所得税负债应以相关应纳税暂时性差异转回期间适用的所得税税率计量。

（2）初始确认递延所得税负债时，应以资产负债表日计算的递延所得税负债金额为“递延所得税负债”账户的入账金额；后续确认时，应以资产负债表日计算的递延所得税负债金额减去期初余额后的差额为“递延所得税负债”账户的入账金额。

（3）企业在确认递延所得税负债时，交易或事项的发生会影响利润总额或应纳税所得额的，相关的递延所得税影响应计入所得税费用；与企业合并相关的交易或事项，相关递延所得税影响应计入商誉；与直接计入所有者权益的交易或事项相关的，相关递延所得税影响应计入其他综合收益。

（4）在某些情况下，虽然因资产、负债的账面价值与其计税基础不同产生了应纳税暂时性差异，但出于各方面考虑，企业会计准则规定不确认相关的递延所得税负债，主要包括：

①商誉的初始确认。

②与联营企业、合营企业投资等相关的应纳税暂时性差异，一般应确认相关的递延所得税负债，但同时满足以下两个条件的除外：第一，投资企业能够控制暂时性差异转回的时间；第二，该暂时性差异在可预见的未来很可能不会转回。

③除企业合并以外的交易或事项中，如果该项交易或事项发生时既不影响利润总额，也不影响应纳税所得额，即使该资产、负债的初始确认金额与其计税基础不同而形成了应纳税暂时性差异，该应纳税暂时性差异也不确认相关的递延所得税负债。

六、计算当期所得税

当期所得税是指企业按照税法规定计算确定的针对当期发生的交易或事项应缴纳的所得税金额。企业在确定当期所得税时，对于当期发生的交易或事项，会计处理与税收处理不同的，应在会计利润的基础上按照税收规定进行调整，计算出当期应纳税所得额，再按应纳税所得额与适用税率计算确定当期应交所得税。用公式表示为：

应纳所得税=应纳税所得额×所得税税率

应纳税所得额=税前会计利润+纳税调整增加额-纳税调整减少额

式中：纳税调整增加额主要包括税法规定允许扣除的项目中企业已计入当期费用但超过税法规定扣除标准的金额（如超过税法规定标准的工资支出、业务招待费支出等），以及企业已计入当期损失但税法规定不允许扣除的项目的金额（如税收滞纳金、罚款、罚金等）。纳税调整减少额主要包括按税法规定允许税前弥补的亏损和准予免税的项目，如不超过5年的未弥补亏损和国债利息收入等。

七、确定利润表中的所得税费用

利润表中应予确认的所得税费用为当期所得税及递延所得税之和。用公式表示为：

所得税费用=当期所得税+递延所得税费用（−递延所得税收益）

递延所得税费用=当期递延所得税负债的增加额（贷方发生额）+当期递延所得税资产的减少额（贷方发生额）−当期递延所得税负债的减少额（借方发生额）−当期递延所得税资产的增加额（借方发生额）

若计算结果为正，称之为递延所得税费用；若计算结果为负，称之为递延所得税收益。

八、所得税费用账务处理

（一）所得税费用核算账户设置

所得税费用核算账户设置与其所采用的核算方法密切相关。在资产负债表债务法下，企业核算所得税应设置“应交税费——应交所得税”“所得税费用”“递延所得税资产”“递延所得税负债”账户。具体内容如下：

1.“应交税费——应交所得税”账户

该账户核算企业按税法规定计算缴纳的企业所得税税额。该账户属于负债类账户，贷方登记企业按税法规定计算的当期应纳所得税金额，借方登记企业实际缴纳的所得税金额，期末贷方余额反映企业欠缴的所得税金额，借方余额反映企业多缴的所得税金额。

2.“所得税费用”账户

该账户核算企业确认的应从当期利润总额中扣除的所得税费用总额，属损益类账户。本账户应设置“当期所得税费用”和“递延所得税费用”进行明细核算。其账户结构如下：

所得税费用

借方	贷方
①资产负债表日企业按照税法规定计算确定的当期应交所得税 ②资产负债表日递延所得税资产的应有余额小于“递延所得税资产”账户余额的差额 ③资产负债表日递延所得税负债的应有余额大于“递延所得税负债”账户余额的差额	①资产负债表日递延所得税资产的应有余额大于“递延所得税资产”账户余额的差额 ②资产负债表日递延所得税负债的应有余额小于“递延所得税负债”账户余额的差额 ③期末将该账户的借方余额转入“本年利润”账户的金额
	④结转后无余额

3.“递延所得税资产”账户

该账户核算企业确认的可抵扣暂时性差异产生的递延所得税资产，属资产类账户。根据税法规定可以用以后年度税前利润弥补的亏损及税款抵减产生的递延所得税资产也在本账户核算。其账户结构如下：

借方	递延所得税资产 贷方
①资产负债表日企业（初始）确认的递延所得税资产 ②资产负债表日递延所得税资产应有余额大于“递延所得税资产”账户余额的差额 ③企业合并中取得资产、负债的入账价值与其计税基础不同形成可抵扣暂时性差异，于购买日应确认的递延所得税资产 ④与直接计入所有者权益的交易或事项相关的递延所得税资产	①资产负债表日递延所得税资产应有余额小于“递延所得税资产”账户余额的差额 ②资产负债表日预计未来期间很可能无法获得足够的应纳税所得额用以抵扣可抵扣暂时性差异的，原已确认的递延所得税资产中应减记的金额
⑤期末余额反映企业确认的递延所得税资产	

4.“递延所得税负债”账户

该账户核算企业确认的应纳税暂时性差异产生的递延所得税负债，属负债类账户。其账户结构如下：

借方	递延所得税负债 贷方
资产负债表日递延所得税负债应有余额小于“递延所得税负债”账户余额的差额	①资产负债表日企业（初始）确认的递延所得税负债 ②资产负债表日递延所得税负债应有余额大于“递延所得税负债”账户余额的差额 ③企业合并中取得资产、负债的入账价值与其计税基础不同形成应纳税暂时性差异，于购买日确认的递延所得税负债 ④与直接计入所有者权益的交易或事项相关的递延所得税负债
	⑤期末余额反映企业已确认的递延所得税负债

（二）所得税案例分析

【做中学5-15】宏业公司2018年度利润总额为750万元，递延所得税资产和递延所得税负债均无期初余额。该公司当年与所得税有关的会计事项如下：

（1）2月2日，以200万元购入某上市公司股票作为交易性金融资产管理，年末该股票的公允价值为400万元，确认公允价值变动收益200万元；

（2）年末存货账面余额2 200万元，经测试存货的可变现净值为2 000万元，计提存货跌价准备200万元；

（3）因商品售后服务确认预计负债100万元；

（4）确认国债利息收入30万元；

（5）支付税收滞纳金、罚款20万元。

该公司适用的所得税税率为25%。运用资产负债表债务法对宏业公司所得税进行账务处理。

技能操作：

第一步，计算确定当期应交所得税。

应纳税所得额=750−200+200+100−30+20=840（万元）

应交所得税=840×25%=210（万元）

第二步，计算资产负债表相关项目账面价值与计税基础，并确定暂时性差异，见表5−1。

第三步，计算当期递延所得税资产、递延所得税负债和递延所得税费用。

递延所得税资产=300×25%=75（万元）

递延所得税负债=200×25%=50（万元）

递延所得税费用=50−75=−25（万元）（负号表示实质为递延所得税收益）

表5−1　　暂时性差异计算表　　单位：万元

项　目	账面价值	计税基础	暂时性差异	
			应纳税暂时性差异	可抵扣暂时性差异
交易性金融资产	400	200	200	
存货	2 000	2 200		200
预计负债	100	0		100
合　计	—	—	200	300

第四步，确认所得税费用。

所得税费用=210−25=185（万元）

编制会计分录：

借：所得税费用　　1 850 000

　　递延所得税资产　　750 000

　　贷：应交税费——应交所得税　　2 100 000

　　　　递延所得税负债　　500 000

【拓展练习】若已知宏业公司2019年度调整后的应纳税所得额为1 900万元，资产负债表相关项目账面价值与计税基础见表5−2，进行相关的账务处理。

（1）计算确定当期应交所得税。

应交所得税=1 900×25%=475（万元）

（2）计算当期递延所得税资产、递延所得税负债和递延所得税费用。

① 期末递延所得税资产=292×25%=73（万元）

期初递延所得税资产为75万元，则：

当期递延所得税资产=73−75=−2（万元）

② 期末递延所得税负债=50×25%=12.5（万元）

期初递延所得税负债为50万元，则：

当期递延所得税负债=12.5−50=−37.5（万元）

③ 递延所得税费用=2−37.5=−35.5（万元）

表5-2　　暂时性差异计算表　　单位：万元

项　目	账面价值	计税基础	暂时性差异	
			应纳税暂时性差异	可抵扣暂时性差异
交易性金融资产	500	450	50	
固定资产原价	1 200	1 200		
减：累计折旧	432	240		
固定资产减值准备	0	0		
固定资产账面价值	768	960		192
预计负债	100	0		100
合　计	—	—	50	292

（3）计算所得税费用。

所得税费用=475-35.5=439.5（万元）

编制会计分录：

借：所得税费用　　4 395 000

　　递延所得税负债　　375 000

　　贷：应交税费——应交所得税　　4 750 000

　　　　递延所得税资产　　20 000

【知识拓展】执行《小企业会计准则》的企业采用应付税款法对所得税业务进行账务处理。应付税款法是指本期税前会计利润与应纳税所得额之间的差异影响纳税的金额直接计入当期损益，而不递延到以后各期的会计处理方法。在应付税款法下，不需要确认税前会计利润与应纳税所得额之间的差异影响纳税的金额，因此，当期计入损益的所得税费用等于当期按应纳税所得额计算的应交所得税。

确认所得税费用时：

借：所得税费用

　　贷：应交税费——应交所得税

实际缴纳所得税时：

借：应交税费——应交所得税

　　贷：银行存款

任务内容导图

本任务内容导图如图5-3所示。

- 所得税费用核算
  - 资产负债表债务法下所得税核算程序
  - 资产和负债的账面价值
  - 资产和负债的计税基础
  - 暂时性差异及其分类
  - 递延所得税资产与递延所得税负债的确认与计量
  - 计算当期所得税
  - 确定利润表中的所得税费用
  - 所得税费用账务处理

图5-3　本任务内容导图

复习思考题

1. 所得税费用核算方法有几种？有何差异？
2. 简述资产负债表债务法下所得税的核算程序。
3. 什么是资产的计税基础？如何确定资产的计税基础？
4. 什么是负债的计税基础？如何确定负债的计税基础？
5. 应纳税暂时性差异和可抵扣暂时性差异分别产生于什么情况？
6. 资产负债表债务法下，所得税费用由什么构成？
7. 应付税款法下应交企业所得税与所得税费用之间有什么关系？

任务三　利润核算

技能点5-3　利润核算

一、利润的构成

利润是指企业在一定会计期间的经营成果，包括收入减去费用后的净额、直接计入当期利润的利得和损失等。用公式表示为：

利润=（收入-费用）+（利得-损失）

利润由营业利润、利润总额和净利润三个层次构成。

微课：利润核算

（一）营业利润

营业利润，是指企业在一定会计期间日常活动取得的收入减去费用后的净额。用公式表示如下：

营业利润=营业收入-营业成本-税金及附加-销售费用-管理费用-研发费用-财务费

用-资产减值损失-信用减值损失+其他收益+投资收益（-投资损失）+公允价值变动收益（-公允价值变动损失）+资产处置收益（-资产处置损失）

式中：

营业收入是指企业经营业务所确认的收入总额，包括主营业务收入和其他业务收入。

营业成本是指企业经营业务所发生的实际成本总额，包括主营业务成本和其他业务成本。

资产减值损失是指企业计提各项资产减值准备所形成的损失。

信用减值损失是指企业根据金融工具确认和计量准则计提各项资产减值准备形成的损失。

其他收益是指与企业日常活动相关，除冲减相关成本费用以外的政府补助。

投资收益（或投资损失）是指企业以各种方式对外投资所取得的收益或发生的损失。

公允价值变动收益或损失是指企业交易性金融资产等公允价值变动形成的应计入当期损益的利得（或损失）。

资产处置收益（或资产处置损失）是指企业出售划分为持有待售的非流动资产（金融工具、长期股权投资和投资性房地产除外）或处置组（子公司和业务除外）时确认的处置利得或损失，以及处置未划分为持有待售的固定资产、在建工程、生产性生物资产及无形资产而产生的利得或损失和非货币性资产交换中换出非流动资产产生的利得或损失。

（二）利润总额

利润总额，即为税前会计利润，是指企业营业利润加营业外收入减营业外支出后的金额。用公式表示为：

利润总额=营业利润＋营业外收入-营业外支出

式中：营业外收入是指企业发生的与其日常活动无直接关系的各项利得；营业外支出是指企业发生的与其日常活动无直接关系的各项损失。

（三）净利润

净利润，净利润即税后利润，是利润总额减去所得税费用后的净额。用公式表示为：

净利润=利润总额-所得税费用

式中：所得税费用是指企业确认的应当从当期利润总额中扣除的所得税费用。

二、本年利润的结转方法

会计期末结转本年利润的方法有表结法和账结法两种。

（一）表结法

表结法下，各损益类账户每月月末只需结计出本月发生额和月末累计余额，不结转到“本年利润”账户，只有在年末时才将全年累计余额转入“本年利润”账户。但每月月末要将损益类账户的本月发生额合计数填入利润表的本月数栏，同时将本月末累计余额填入利润表的本年累计数栏，通过利润表计算反映各期的利润（或亏损）。

表结法下，年中损益类账户无须转入“本年利润”账户，从而减少了转账环节和工作量，同时也不影响利润表编制及有关损益指标的利用。

（二）账结法

账结法下，每月月末均需将各损益类账户结计出的余额转入“本年利润”账户。结转后，“本年利润”账户的本月数反映当月实现的利润或发生的亏损，“本年利润”账户的本年累计数反映本年累计实现的利润或发生的亏损。采用此方法各月均可通过“本年利润”账户反映当月及本年已实现的利润或已发生的亏损，但增加了各月结转利润的工作量。

三、本年利润结转的账务处理

为核算企业本年实现净利润（或发生净亏损）情况，企业应设置“本年利润”账户。该账户属于所有者权益类账户，贷方登记各收益类账户的转入数，借方登记各成本费用或支出类账户的转入数。结转后，“本年利润”如为贷方余额，反映企业当期实现的净利润；若为借方余额，反映企业当期发生的净亏损。年度终了，企业应将本年实现的净利润或发生的净亏损从“本年利润”账户转入“利润分配——未分配利润”账户，结转后“本年利润”账户应无余额。

【做中学5-16】宏业公司本年利润结转方法采用表结法，适用企业所得税税率25%。2019年有关损益类账户的年末余额见表5-3。

表5-3　　损益类账户余额表

2019年12月31日　　单位：元

账　户	借方余额	贷方余额
主营业务收入		6 000 000
其他业务收入		700 000
公允价值变动损益		150 000
投资收益		600 000
营业外收入		50 000
主营业务成本	4 000 000	
其他业务成本	400 000	
税金及附加	80 000	
销售费用	500 000	
管理费用	770 000	
财务费用	200 000	
资产减值损失	100 000	
营业外支出	250 000	

2019年年末结转本年利润：

（1）将各损益类账户年末余额转入“本年利润”账户：

①结转收入、利得类账户：

借：主营业务收入　　6 000 000

　　其他业务收入　　700 000

　　公允价值变动损益　　150 000

　　投资收益　　600 000

　　营业外收入　　50 000

　　贷：本年利润　　7 500 000

②结转费用、损失类账户：

借：本年利润　　6 300 000

　　贷：主营业务成本　　4 000 000

　　　　其他业务成本　　400 000

　　　　税金及附加　　80 000

　　　　销售费用　　500 000

　　　　管理费用　　770 000

　　　　财务费用　　200 000

　　　　资产减值损失　　100 000

　　　　营业外支出　　250 000

（2）经过上述结转后，“本年利润”账户的贷方发生额合计7 500 000元，减去借方发生额合计 6 300 000元，即为税前会计利润1 200 000元。

（3）假设宏业公司2019年度不存在所得税纳税调整因素，则：

应交所得税=1 200 000×25%=300 000（元）

①确认所得税费用：

借：所得税费用　　300 000

　　贷：应交税费——应交所得税　　300 000

②将所得税费用转入“本年利润”账户：

借：本年利润　　300 000

　　贷：所得税费用　　300 000

（4）将“本年利润”账户年末余额900 000元（7 500 000−6 300 000−300 000）转入“利润分配——未分配利润”账户：

借：本年利润　　900 000

　　贷：利润分配——未分配利润　　900 000

技能点5-4 利润列报

利润在利润表中的列示见表5-4。

表 5-4　　利润表

编制单位：宏业公司　　2019 年　　单位：元

项　目	本期金额	上期金额
一、营业收入	6 700 000.00	
减：营业成本	4 400 000.00	
税金及附加	80 000.00	
销售费用	500 000.00	
管理费用	770 000.00	
研发费用		
财务费用	200 000.00	
其中：利息费用		
利息收入		
加：其他收益		
投资收益（损失以“-”号填列）	600 000.00	
其中：对联营企业和合营企业的投资收益		
以摊余成本计量的金融资产终止确认收益（损失以“-”号填列）		
净敞口套期收益（损失以“-”号填列）		
公允价值变动收益（损失以“-”号填列）	150 000.00	
信用减值损失（损失以“-”号填列）		
资产减值损失（损失以“-”号填列）	-100 000.00	
资产处置收益（损失以“-”号填列）		
二、营业利润（亏损以“-”号填列）	1 400 000.00	
加：营业外收入	50 000.00	
减：营业外支出	250 000.00	
三、利润总额（亏损以“-”号填列）	1 200 000.00	
减：所得税费用	300 000.00	
四、净利润（净亏损以“-”号填列）	900 000.00	
（一）持续经营净利润（净亏损以“-”号填列）		
（二）终止经营净利润（净亏损以“-”号填列）		

具体项目填列说明如下：

（1）“研发费用”项目，反映企业进行研究与开发过程中发生的费用化支出，以及计入管理费用的自行开发无形资产的摊销。该项目应根据“管理费用”账户下的“研究费用”明细账户的发生额，以及“管理费用”账户下的“无形资产摊销”明细账户的发生额分析填列。

（2）“其他收益”项目，反映计入其他收益的政府补助，以及其他日常活动相关且计入其他收益的项目。该项目应根据“其他收益”账户的发生额分析填列。

（3）“投资收益”项目，反映企业以各种方式对外投资所取得的收益。该项目应根据“投资收益”账户发生额分析填列；如为投资损失，以“-”号填列。

（4）“净敞口套期收益”项目，反映净敞口套期下被套期项目累计公允价值变动转入当期损益的金额或现金流量套期储备转入当期损益的金额。该项目应根据“净敞口套期损益”账户的发生额分析填列；如为套期损失，以“-”号填列。

（5）“公允价值变动收益”项目，反映企业应当计入当期损益的资产或负债公允价值变动收益。该项目应根据“公允价值变动损益”账户的发生额分析填列；如为损失，以“-”号填列。

（6）“信用减值损失”项目，反映企业按照《企业会计准则第22号——金融工具确认和计量》（财会〔2017〕7号）的要求计提的各项金融工具信用减值准备所确认的信用损失。该项目应根据“信用减值损失”账户的发生额分析填列。

（7）“资产减值损失”项目，反映企业各项资产发生的减值损失。该项目应根据“资产减值损失”账户的发生额分析填列。

（8）“资产处置收益”项目，反映企业出售划分为持有待售的非流动资产（金融工具、长期股权投资和投资性房地产除外）或处置组（子公司和业务除外）时确认的处置利得或损失，以及处置未划分为持有待售的固定资产、在建工程、生产性生物资产及无形资产而产生的处置利得或损失。债务重组中因处置非流动资产产生的利得或损失和非货币性资产交换中换出非流动资产产生的利得或损失也包括在本项目内。该项目应根据“资产处置损益”账户的发生额分析填列；如为处置损失，以“-”号填列。

（9）“营业利润”项目，反映企业实现的营业利润。如为亏损，本项目以“-”号填列。

（10）“营业外收入”项目，反映企业发生的除营业利润以外的收益，主要包括债务重组利得、与企业日常活动无关的政府补助、盘盈利得、捐赠利得（企业接受股东或股东的子公司直接或间接的捐赠，经济实质属于股东对企业的资本性投入的除外）等。该项目应根据“营业外收入”账户的发生额分析填列。

（11）“营业外支出”项目，反映企业发生的除营业利润以外的支出，主要包括债务重组损失、公益性捐赠支出、非常损失、盘亏损失、非流动资产毁损报废损失等。该项目应根据“营业外支出”账户的发生额分析填列。

（12）“利润总额”项目，反映企业实现的利润。如为亏损，该项目以“-”号填列。

（13）“所得税费用”项目，反映企业应从当期利润总额中扣除的所得税费用。该项目应根据“所得税费用”账户的发生额分析填列。

（14）“净利润”项目，反映企业实现的净利润。如为亏损，该项目以“-”号填列。

【做中学5-17】沿用【做中学5-16】资料，宏业公司2019年利润表数据填列见表5-4。

“营业收入”项目金额=6 000 000+700 000=6 700 000（元）

“营业成本”项目金额=4 000 000+400 000=4 400 000（元）

“税金及附加”项目金额=80 000元

“销售费用”项目金额=500 000元

“管理费用”项目金额=770 000元

“财务费用”项目金额=200 000元

“资产减值损失”项目金额=100 000元

“投资收益”项目金额=600 000元

“公允价值变动收益”项目金额=150 000元

“营业利润”项目金额=6 700 000-4 400 000-80 000-500 000-770 000-200 000-100 000+600 000+150000=1 400 000（元）

“营业外收入”项目金额=50 000元

“营业外支出”项目金额=250 000元

“利润总额”项目金额=1 400 000 + 50 000-250 000=1 200 000（元）

“所得税费用”项目金额=300 000元

“净利润”项目金额=1 200 000-300 000=900 000（元）

任务内容导图

本任务内容导图如图5-4所示。

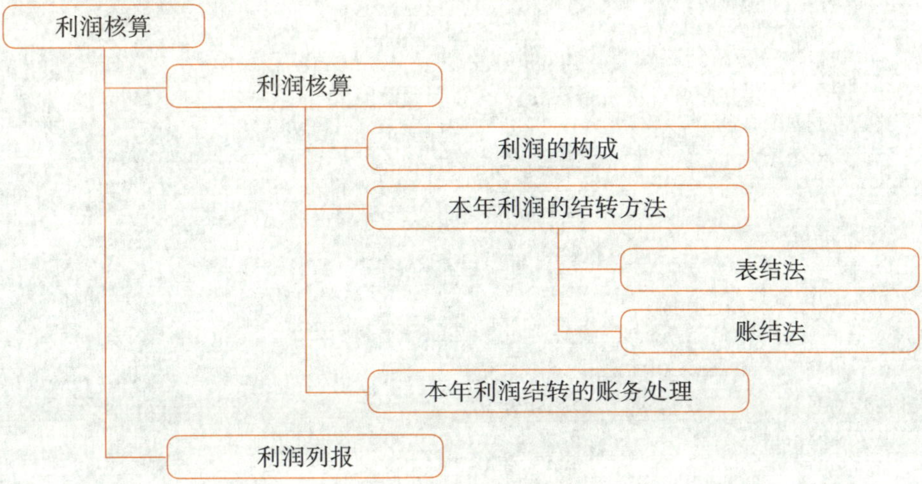

图5-4　本任务内容导图

复习思考题

1. 营业外收支核算内容有哪些？其核算账户如何设置？怎样进行账务处理？
2. 什么是利润？如何计算营业利润、利润总额和净利润？
3. 期末如何进行本年利润结转的账务处理？
4. 利润表中利润相关项目应如何填列？

项目六　财务报告

↘【知识点】

财务报告认知

↘【技能点】

1. 资产负债表的编制
2. 利润表的编制
3. 所有者权益变动表及附注的编制

任务一　财务报告认知

知识点6-1　财务报告认知

一、财务报告目标

财务报告（即财务会计报告）是指企业对外提供的反映企业某一特定日期财务状况和某一会计期间经营成果、现金流量等会计信息的文件。财务报告是财务会计工作的最终成果，是输出会计信息的主要形式，是企业管理层与外部信息使用者沟通信息的桥梁和纽带。

《企业会计准则——基本准则》第四条明确规定，财务报告的目标是向财务报告使用者提供与企业财务状况、经营成果和现金流量等有关的会计信息，反映企业管理层受托责任履行情况，有助于财务报告使用者作出经济决策。财务报告使用者通常包括投资者、债权人、政府及相关机构、企业管理人员、企业职工和社会公众等。不同的使用者对财务报告所提供的信息资料的要求各有侧重。

投资者（股东）最关注的是投资的内在风险和投资报酬。企业编制的财务报告，应当着重为其提供有关企业盈利能力、资本结构和利润分配政策等信息资料。

债权人最关注的是其提供给企业的资金是否安全，债权是否能够按期如数收回。企业编制的财务报告，应当着重为其提供有关企业偿债能力的信息资料。

政府及相关机构最关注的是国家资源的分配和运用情况，需要了解与经济政策的制定、国民收入的统计等方面有关的信息资料。企业编制的财务报告，应当着重为其提供有关企业的资源及其运用、分配方面的情况，为国家的宏观决策提供必要的信息资料。

企业管理人员最关注的是企业的财务状况、经营业绩以及现金的流动情况。企业编制的财务报告，应当着重为其提供有关企业某一特定日期的资产、负债与所有者权益情况，以及某一特定期间经营业绩与现金流量方面的信息资料。

企业职工最关注的是企业为其所提供的就业机会及其稳定性、劳动报酬和职工福利等信息资料，而上述情况又与企业的资本结构及盈利能力等密切相关。企业编制的财务报告除了需要提供以上信息资料外，还需要提供与职工福利相关的信息资料。

社会公众最关注的是企业的兴衰及其发展情况。企业编制的财务报告，应当着重为其提供有关企业目前状况及其未来发展趋势等方面的信息资料，帮助他们了解企业，为其未来的投资决策提供依据。

二、财务报告构成

财务报告包括财务报表、其他应当在财务报告中披露的相关信息和资料。其中，财务报表是对企业财务状况、经营成果和现金流量的结构性表述，一套完整的财务报表至少应当包括资产负债表、利润表、现金流量表、所有者权益（或股东权益，下同）变动表以及附注（即“四表一附注”）。

三、财务报表分类

（一）按反映的经济内容分类

按反映的经济内容，财务报表可分为静态报表和动态报表。

静态报表是指综合反映企业某一特定日期的资产、负债和所有者权益状况的财务报表，如资产负债表；动态报表是指综合反映企业一定期间的经营成果、现金流量情况的财务报表，如利润表、现金流量表、所有者权益变动表。

（二）按编报期间分类

按编报期间，财务报表可分为中期财务报表和年度财务报表。

年度财务报表是以一个完整会计年度为基础编制的财务报表；中期财务报表是指以短于一个完整的会计年度的会计期间为基础编制的财务报表，包括月报、季报和半年报。

无论是中期财务报表还是年度财务报表均应包括资产负债表、利润表、现金流量表和附注，中期财务报表除附注披露可适当简略些外，其他内容应当与年度财务报表一致。

（三）按编报主体分类

按编报主体，财务报表可分为个别财务报表和合并财务报表。

个别财务报表是指由各会计主体（如子公司、母公司等）在自身会计核算的基础上，对账簿记录进行汇总加工而编制的财务报表，它主要用以反映各会计主体自身的财务状况、经营成果和现金流量情况。合并财务报表是以母公司和子公司组成的企业集团为会计主体，根据母公司和所属子公司的财务报表，由母公司编制的综合反映企业集团财务状况、经营成果及现金流量情况的财务报表。

四、财务报表编制要求

为了使财务报表能够最大限度地满足有关各方的需要，实现财务报告目标，充分发挥财务报表的作用，企业编制的财务报表应当做到真实可靠、相关可比、全面完整、编制及时、便于理解。

（一）真实可靠

财务报表各项目的数据必须建立在真实可靠的基础之上，使企业财务报表能够如实地反映企业的财务状况、经营成果和现金流量情况。因此，财务报表必须根据审核无误的账簿记录及相关资料编制，不得以任何方式弄虚作假。

（二）相关可比

企业财务报表所提供的会计信息资料必须与财务报表使用者的决策相关，并且财务报表项目的数据应当口径一致，便于财务报表使用者在不同企业之间及同一企业前后各期之间进行比较。只有提供相关且可比的信息资料，才能使财务报表使用者分析企业在整个社会特别是同行业中的地位，了解企业过去、现在的情况，预测企业未来的发展趋势，为财务报表使用者的决策提供服务。

（三）全面完整

企业财务报表应当全面地披露企业的财务状况、经营成果和现金流量情况，完整地反映企业财务活动的过程和结果，以满足各有关方面对会计信息资料的需要。为了保证财务报告的全面和完整，企业在编制财务报表时，应当按照《企业会计准则第30号——财务报表列报》、《企业会计准则第31号——现金流量表》及《企业会计准则第32号——中期财务报告》等相关规定的格式和内容填报。对某些重要事项，应当按照要求在财务报表附注中进行说明，不得漏编漏报。

（四）编报及时

企业财务报告所提供的信息资料具有很强的时效性，只有及时编制和报送财务报表，才能为信息使用者提供决策所需的信息资料。随着市场经济和信息技术的迅速发展，财务报告编报的及时性要求将变得日益重要。

（五）便于理解

企业对外提供的财务报表是为广大财务报表使用者提供有关企业财务状况、经营成果和现金流量情况的信息资料，为企业目前或潜在的投资者和债权人提供决策所需的会计信息。因此，财务报表应清晰明了，便于信息使用者理解和利用。

任务内容导图

本任务内容导图如图6-1所示。

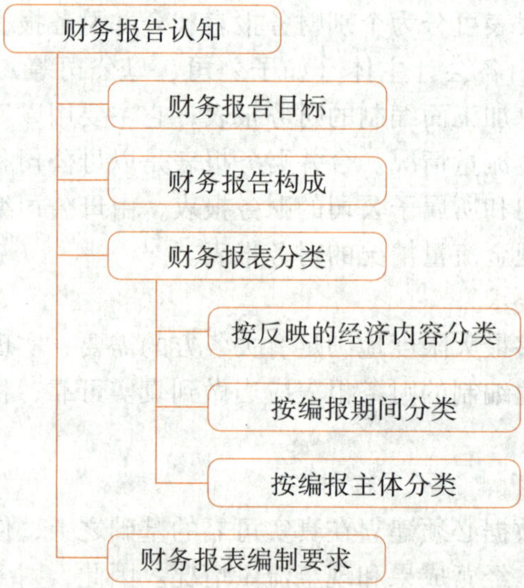

图6-1　本任务内容导图

复习思考题

1. 什么是财务报告?《企业会计准则——基本准则》规定的财务报告的目标是什么?

2. 财务报告常见的使用者有哪些？他们对财务报表信息的基本要求有什么差异?

3. 财务报告构成的基本内容有哪些？财务报告与财务报表之间是什么关系？我国企业会计准则规定一套完整的财务报表至少应包括哪些内容?

4. 财务报表有哪些分类方法?

5. 企业编制财务报表应符合哪些基本要求?

任务二 资产负债表的编制

技能点6-1 资产负债表的编制

一、资产负债表的概念及其作用

资产负债表是指反映企业在某一特定日期财务状况的财务报表。它是根据“资产 = 负债 + 所有者权益”的会计等式，依照一定的分类标准和顺序，将企业在某一特定日期的全部资产、负债和所有者权益项目进行分类、汇总、排列后编制而成的。

微课：财务报告

通过编制资产负债表，可以反映企业资产的构成，分析企业在某一特定日期所拥有的经济资源及其分布情况；可以反映企业某一特定日期的负债总额及其结构，分析企业目前与未来需要支付的债务数额；可以反映企业某一特定日期的所有者权益总额及其构成，了解企业现有投资者在企业资本总额中所占的份额。通过对资产负债表项目金额及其相关比率的分析，如流动比率、速动比率、资产负债率等指标，可以帮助财务报表使用者全面了解企业的财务状况，分析企业的债务偿还能力，从而为其经济决策提供信息。

二、资产负债表结构

资产负债表一般由表头、表体两部分构成。表头部分应列明报表名称、编制单位名称、资产负债表日、报表编号和计量单位；表体部分是资产负债表的主体，列示了用以说明企业财务状况的各个项目。

资产负债表的表体格式，国际上通用的有报告式和账户式两种。报告式资产负债表为上下结构，上半部分列示资产各项目，下半部分列示负债和所有者权益（或股东权益）各项目。账户式资产负债表为左右结构，左边列示资产各项目，右边列示负债和所有者权益（或股东权益）各项目。我国的资产负债表采用账户式，具体格式见表6-6。

左方为资产项目，按资产的流动性分流动资产和非流动资产两大类列示。其中，流动资产项目包括货币资金、交易性金融资产、应收票据、应收账款、应收款项融资、预付款项、其他应收款、存货、合同资产、持有待售资产和一年内到期的非流动资产等；非流动资产项目包括债权投资、其他债权投资、长期应收款、长期股权投资、其他权益工具投资、其他非流动金融资产、投资性房地产、固定资产、在建工程、无形资产、开发支出、商誉、长期待摊费用、递延所得税资产以及其他非流动资产等。

右方为负债及所有者权益（或股东权益）目，分负债和所有者权益（或股东权益）两大类列示。负债类项目按偿还期长短分流动负债和非流动负债两类列示。其中，流动负债项目包括短期借款、交易性金融负债、应付票据、应付账款、预收款项、合同负债、应付职工薪酬、应交税费、其他应付款、持有待售负债、一年内到期的非流动负债等。非流动负债项目包括长期借款、应付债券、租赁负债、长期应付款、预计负债、递延收益、递延所得税负债等。所有者权益（或股东权益）项目依照永久性程度由高到低顺序，一般按实收资本（或股本）、其他权益工具、资本公积、其他综合收益、盈余公积和未分配利润分项列示。

此外，如有下列情况，应当在资产负债表中调整或增设相关项目：

（1）高危行业企业如有按国家规定提取安全生产费的，应当在资产负债表所有者权益（或股东权益）项目下的“其他综合收益”项目和“盈余公积”项目之间增设“专项储备”项目，反映企业提取的安全生产费期末余额。

（2）企业衍生金融工具业务具有重要性的，应当在资产负债表资产项目下“交易性金融资产”项目和“应收票据”项目之间增设“衍生金融资产”项目，以及在资产负债表负债项目下“交易性金融负债”项目之后增设“衍生金融负债”项目，分别反映企业衍生工具形成资产和负债的期末余额。

三、资产负债表的填列

资产负债表的编制是以日常会计核算数据为基础进行归类、整理和汇总加工成报表项目的过程。资产负债表属于一种比较报表，其主体部分的各项目均需填列“上年年末余额”和“期末余额”两栏。

（一）“上年年末余额”的填列

“上年年末余额”栏各项目数据，应根据上年年末资产负债表“期末余额”栏内所列示数字填列。如果本年度资产负债表规定的各项目的名称和内容与上年度不一致，应对上年年末资产负债表各项目的名称和数字按本年度的规定进行调整，按调整后的数字填列。

（二）“期末余额”的填列

“期末余额”栏各项目数据，一般应根据资产、负债和所有者权益类账户的期末余额填列。具体填列方法说明如下：

1. 根据总账账户期末余额直接填列

根据总账账户期末余额直接填列的项目见表6-1。

表6-1　根据总账账户期末余额直接填列的项目

报表项目		数据来源
资产	其他权益工具投资	“其他权益工具投资”总账借方余额
	递延所得税资产	“递延所得税资产”总账借方余额
负债	短期借款	“短期借款”总账贷方余额
	应付票据	“应付票据”总账贷方余额
	应付职工薪酬	“应付职工薪酬”总账贷方余额；若为借方余额，以“-”号填列
	应交税费	“应交税费”总账贷方余额；若为借方余额，以“-”号填列
	持有待售负债	“持有待售负债”总账贷方余额
	预计负债	“预计负债”总账贷方余额
	递延收益	“递延收益”总账贷方余额
	递延所得税负债	“递延所得税负债”总账贷方余额

续表

报表项目		数据来源
所有者权益（或股东权益）	实收资本（或股本）	“实收资本（或股本）”总账贷方余额
	资本公积	“资本公积”总账贷方余额
	库存股	“库存股”总账借方余额
	其他综合收益	“其他综合收益”总账贷方余额
	盈余公积	“盈余公积”总账贷方余额

2. 根据总账账户期末余额计算填列

根据总账账户期末余额计算填列的项目见表6-2。

表6-2　根据总账账户期末余额计算填列的项目

报表项目	数据来源
货币资金	“库存现金”“银行存款”“其他货币资金”总账期末余额合计
存货	“在途物资”“材料采购”“原材料”“周转材料”“库存商品”“委托加工物资”“发出商品”“生产成本”“材料成本差异”“委托代销商品”“受托代销商品”等账户借方余额合计，减去“受托代销商品款”“存货跌价准备”账户贷方余额后的净额
其他应付款	“应付股利”“应付利息”“其他应付款”账户期末贷方余额合计
一年内到期的非流动资产	“债权投资”“长期待摊费用”“长期应收款”总账反映的将在一年内到期的各项目金额合计
一年内到期的非流动负债	“长期借款”“长期应付款”“应付债券”总账反映的将在一年内到期的各项目金额合计
未分配利润	编制中期报表，根据“本年利润”账户和“利润分配”账户的余额计算的贷方余额填列；若为借方余额，以“-”号填列。编制年度报表，直接根据“利润分配”账户的贷方余额填列；若为借方余额，以“-”号填列

【做中学6-1】宏业公司2019年5月31日“库存现金”账户余额9 000元，“银行存款”账户余额3 000 000元，“其他货币资金”账户余额800 000元。

2019年5月份资产负债表相关项目金额计算如下：

“货币资金”项目金额=9 000＋3 000 000＋800 000=3 809 000（元）

【做中学6-2】宏业公司2019年5月31日“原材料”账户余额900 000元，“生产成本”账户余额800 000元，“材料成本差异”账户贷方余额40 000元，“库存商品”账户余额1 000 000元，“工程物资”账户余额1 500 000元，“存货跌价准备”账户余额60 000元。

2019年5月份资产负债表相关项目金额计算如下：

“存货”项目金额=900 000＋800 000－40 000＋1 000 000－60 000=2 600 000（元）

"工程物资"账户余额应在资产负债表"在建工程"项目列示。

【做中学6-3】宏业公司2019年5月31日"长期待摊费用"账户余额为365 000元，其中将于一年内摊销的数额为236 000元。

2019年5月份资产负债表相关项目金额计算如下：

"长期待摊费用"项目金额=365 000－236 000=129 000（元）

其中，将于一年内摊销的236 000元，应在"一年内到期的非流动资产"项目列示。

【做中学6-4】宏业公司2019年5月31日长期借款的有关资料如下：2015年6月1日借入的期限为4年的借款150 000元；2016年1月1日借入的期限为5年的借款200 000元；2018年1月1日借入的期限为3年的借款120 000元。

2019年5月份资产负债表相关项目金额计算如下：

"长期借款"项目金额=200 000＋120 000=320 000（元）

其中，将于一年内到期的长期借款150 000元，应在"一年内到期的非流动负债"项目列示。

3. 根据明细账户期末余额计算填列

根据明细账户期末余额计算项列的项目见表6-3。

表6-3　根据明细账户期末余额计算填列的项目

报表项目	数据来源
交易性金融资产	"交易性金融资产"总账余额，扣除自资产负债表日起超过一年到期且预期持有超过一年的以公允价值计量且其变动计入当期损益的非流动金融资产的期末账面价值后的余额；扣除部分在"其他非流动金融资产"项目列示
应收票据	"应收票据"总账借方余额，减去"坏账准备"账户中相关坏账期末余额后的金额
应收账款	"应收账款"和"预收账款"所属明细账户借方余额的合计，减去"坏账准备"账户中相关的坏账准备贷方余额后的金额
预付款项	"应付账款"和"预付账款"所属明细账户借方余额的合计，减去"坏账准备"账户中相关的坏账准备贷方余额后的净额
应付账款	"应付账款"和"预付账款"所属明细账户贷方余额的合计
预收款项	"应收账款"和"预收账款"所属明细账户贷方余额的合计
开发支出	"研发支出——资本化支出"明细账户期末余额
长期待摊费用	"长期待摊费用"总账借方余额扣除"长期待摊费用"所属明细账户反映的将于一年内摊销的长期待摊费用后的金额
长期借款	"长期借款"总账贷方余额扣除"长期借款"所属明细账户反映的将于一年内到期的长期借款后的金额
应付债券	"应付债券"总账贷方余额扣除"应付债券"所属明细账户反映的将于一年内到期的应付债券后的金额

【做中学6–5】宏业公司2019年5月31日部分账户资料如下：

“应收账款”明细账户余额：甲厂10 000元（借方）；乙厂20 000元（贷方）。

“预收账款”明细账户余额：丙厂30 000元（借方）；丁厂40 000元（贷方）。

“应付账款”明细账户余额：A厂50 000元（借方）；B厂60 000元（贷方）。

“预付账款”明细账户余额：C厂70 000元（借方）；D厂80 000元（贷方）。

该公司应收账款计提了坏账准备5 000元。

2019年5月31日资产负债表中相关项目的金额分别为：

“应收账款”项目金额=10 000＋30 000－5 000=35 000（元）

“预收款项”项目金额=20 000＋40 000=60 000（元）

“应付账款”项目金额=60 000＋80 000=140 000（元）

“预付款项”项目金额=50 000＋70 000=120 000（元）

4. 根据总账账户期末余额减去其备抵账户余额后的金额填列

根据总账账户期末余额减去其备抵账户余额后的金额填列的项目见表6–4。

表6–4 根据总账账户期末余额减去其备抵账户余额后的金额填列的项目

报表项目	数据来源
其他应收款	“应收利息”“应收股利”“其他应收款”总账借方余额减去“坏账准备”账户中相关的坏账准备贷方余额后的净额
债权投资	“债权投资”账户有关明细账户期末余额，减去“债权投资减值准备”账户中相关减值准备期末余额后的金额。自资产负债表日起一年内到期的长期债权投资的期末账面价值，在“一年内到期的非流动资产”项目列示。企业购入的以摊余成本计量的一年内到期的债权投资的期末账面价值，在“其他流动资产”项目列示
持有待售资产	“持有待售资产”账户期末借方余额减去“持有待售资产减值准备”账户贷方余额后的净额
长期股权投资	“长期股权投资”账户借方余额减去“长期股权投资减值准备”账户贷方余额后的净额
在建工程	“在建工程”账户借方余额减去“在建工程减值准备”账户贷方余额，以及“工程物资”账户借方余额，减去“工程物资减值准备”账户贷方余额后的净额
投资性房地产	“投资性房地产”账户借方余额减去“投资性房地产累计折旧”“投资性房地产减值准备”账户贷方余额后的净额
固定资产	“固定资产”账户借方余额减去“累计折旧”“固定资产减值准备”账户贷方余额，以及“固定资产清理”账户期末余额后的净额
生产性生物资产	“生产性生物资产”账户借方余额减去“生产性生物资产累计折旧”“生产性生物资产减值准备”账户贷方余额后的净额
油气资产	“油气资产”账户借方余额减去“累计折耗”“油气资产减值准备”账户贷方余额后的净额
无形资产	“无形资产”账户借方余额减去“累计摊销”“无形资产减值准备”账户贷方余额后的净额
商誉	“商誉”账户借方余额减去“商誉减值准备”账户贷方余额后的净额
长期应收款	“长期应收款”总账借方余额减去“未实现融资收益”总账余额及所属明细账户中将于一年内到期的长期应收款后的金额
长期应付款	“长期应付款”总账贷方余额减去“未确认融资费用”账户借方余额及“长期应付款”所属明细账户中反映的将于一年内到期的长期应付款后的净额

【做中学6-6】宏业公司2019年5月31日“固定资产”账户余额1 200 000元，“累计折旧”账户余额450 000元，“固定资产减值准备”账户余额200 000元。

2019年5月份资产负债表相关项目金额计算如下：

“固定资产”项目金额=1 200 000－450 000－200 000=550 000（元）

四、综合案例分析

【做中学6-7】宏达股份有限公司2019年12月31日科目余额表见表6-5。

表6-5 宏达股份有限公司科目余额表

2019年12月31日

单位：元

科目名称	借方余额	科目名称	贷方余额
库存现金	5 000	短期借款	166 000
银行存款	800 000	应付票据	200 000
其他货币资金	10 000	应付账款	90 000
应收票据	70 000	其他应付款	40 000
应收账款	620 000	应付职工薪酬	270 000
坏账准备	－20 000	应交税费	230 000
其他应收款	10 000	长期借款	933 000
在途物资	260 000	股本	5 100 000
原材料	50 000	资本公积	30 000
周转材料	40 000	盈余公积	162 900
库存商品	2 000 000	利润分配（未分配利润）	326 100
长期股权投资	253 000		
固定资产	2 700 000		
累计折旧	－200 000		
在建工程	400 000		
无形资产	600 000		
累计摊销	－50 000		
合计	7 548 000	合计	7 548 000

科目余额表中有关情况如下：

(1) 坏账准备全部为应收账款所计提。

(2)“应付账款”总账贷方余额90 000元构成：“应付账款——甲”贷方余额200 000元，“应付账款——乙”借方余额110 000元。

(3)“长期借款”总账贷方余额933 000元构成：2019年1月1日借入的4年期借款633 000元，2017年1月1日借入的5年期借款200 000元，2016年6月1日借入的4年期借款100 000元。

要求：根据上述资料编制宏达股份有限公司2019年12月31日资产负债表。

宏达股份有限公司2019年12月31日资产负债表（适用于已执行新金融准则、新收入准则和新租赁准则的企业）见表6-6。

表6-6　资产负债表

会企01表

编制单位：宏达股份有限公司　　2019年12月31日　　单位：元

资　产	期末余额	上年年末余额	负债和所有者权益（或股东权益）	期末余额	上年年末余额
流动资产：			流动负债：		
货币资金	815 000		短期借款	166 000	
交易性金融资产			交易性金融负债		
衍生金融资产			衍生金融负债		
应收票据	70 000		应付票据	200 000	
应收账款	600 000		应付账款	200 000	
应收款项融资			预收款项		
预付款项	110 000		合同负债		
其他应收款	10 000		应付职工薪酬	270 000	
存货	2 350 000		应交税费	230 000	
合同资产			其他应付款	40 000	
持有待售资产			持有待售负债		
一年内到期的非流动资产			一年内到期的非流动负债	100 000	
其他流动资产			其他流动负债		
流动资产合计	3 955 000		流动负债合计	1 206 000	

续表

资　产	期末余额	上年年末余额	负债和所有者权益（或股东权益）	期末余额	上年年末余额
非流动资产：			非流动负债：		
债权投资			长期借款	833 000	
其他债权投资			应付债券		
长期应收款			其中：优先股		
长期股权投资	253 000		永续债		
其他权益工具投资			租赁负债		
其他非流动金融资产			长期应付款		
投资性房地产			预计负债		
固定资产	2 500 000		递延收益		
在建工程	400 000		递延所得税负债		
生产性生物资产			其他非流动负债		
油气资产			非流动负债合计	833 000	
使用权资产			负债合计	2 039 000	
无形资产	550 000		所有者权益（或股东权益）：		
开发支出			实收资本（或股本）	5 100 000	
商誉			其他权益工具		
长期待摊费用			其中：优先股		
递延所得税资产			永续债		
其他非流动资产			资本公积	30 000	
非流动资产合计	3 703 000		减：库存股		
			其他综合收益		
			专项储备		
			盈余公积	162 900	

续表

资　产	期末余额	上年年末余额	负债和所有者权益（或股东权益）	期末余额	上年年末余额
			未分配利润	326 100	
			所有者权益（或股东权益）合计	5 619 000	
资产总计	7 658 000		负债和所有者权益（或股东权益）总计	7 658 000	

任务内容导图

本任务内容导图如图6-2所示。

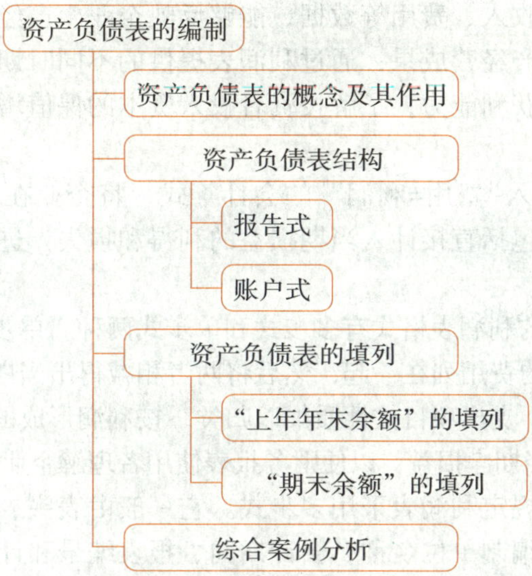

图6-2　本任务内容导图

复习思考题

1.什么是资产负债表？编制资产负债表的意义是什么？

2.编制资产负债表的依据是什么？

3.简述我国资产负债表的基本结构框架。

4.资产负债表中各项目“上年年末余额”如何填列？

5.资产负债表中“货币资金”“存货”“未分配利润”项目的“期末余额”怎样填列？

6.资产负债表中“其他应收款”与“其他应付款”项目的“期末余额”怎样填列？

7.资产负债表中“应收账款”“预付款项”“应付账款”“预收款项”项目的“期末余额”怎样填列？

8.资产负债表中“在建工程”“固定资产”项目的“期末余额”怎样填列？

任务三 利润表的编制

技能点6-2 利润表的编制

一、利润表的概念及其作用

利润表是反映企业在一定会计期间的经营成果的报表。该表把一定会计期间的营业收入与其相关的营业成本、费用进行配比，以计算企业一定会计期间的净利润（或净亏损）。

通过利润表提供的收入、费用等数据，能够反映企业生产经营实现的收益和成本的耗费情况，表明企业生产经营成果；通过利润表提供的不同时期的比较数字，可以分析企业利润的发展趋势及获利能力，了解投资者投入资本的保值增值情况。

二、利润表结构

利润表是根据“收入-费用=利润”的会计等式，将企业在一定会计期间的全部收入、费用和利润项目（包括直接计入当期损益的利得和损失）进行适当分类、排列后编制而成的。

目前，国际上常用的利润表格式有多步式和单步式两种。单步式利润表是将当期所有的收入列在一起，所有的费用列在一起，然后将两者相减得出当期的净损益。多步式是通过对当期的收入、费用、支出项目按性质加以归类，按利润形成的主要环节列示一些中间性利润指标，分步计算当期净损益，以便财务报表使用者理解企业经营成果的不同来源。

我国企业会计准则规定利润表采用多步式。它一般由表头、表体两部分组成。表头部分应列明报表名称、编制单位名称、会计期间、报表编号和计量单位。表体部分列示形成经营成果的各个项目和计算过程，是利润表的主体。为方便财务报表使用者通过比较不同会计期间利润的实现情况，判断企业的未来发展趋势，利润表就各项目分为“本期金额”和“上期金额”两栏分别列示。具体格式见表6-9。

三、利润表的填列

（一）利润表项目的填列方法

我国企业利润表的主要编制步骤和内容如下：

第一步，以营业收入为基础，减去营业成本、税金及附加、销售费用、管理费用、研发费用、财务费用、资产减值损失、信用减值损失，加上其他收益、投资收益（或减去投资损失）、公允价值变动收益（或减去公允价值变动损失）、资产处置收益（或减去资产处置损失），计算出营业利润。

第二步，以营业利润为基础，加上营业外收入，减去营业外支出，计算出利润总额。

第三步，以利润总额为基础，减去所得税费用，计算出净利润（或净亏损）。

第四步，以净利润（或净亏损）为基础，计算出每股收益。

第五步，以净利润（或净亏损）和其他综合收益的税后净额为基础，计算出综合收益总额。

（二）利润表项目的填列说明

利润表各项目均需填列“本期金额”和“上期金额”两栏。其中“上期金额”栏内各项数字，应根据上年该期利润表的“本期金额”栏内所列数字填列。

“本期金额”栏内各期数字，除“基本每股收益”和“稀释每股收益”项目外，应当按照相关科目的发生额分析填列。具体各项目填列方法归纳见表6-7。

表6-7 利润表中“本期金额”栏数据填列方法

填列方法	报表项目	数据来源
1. 按账户发生额直接填列	税金及附加	“税金及附加”账户的本期借方发生额
	销售费用	“销售费用”账户的本期借方发生额
	财务费用	“财务费用”账户的本期借方发生额
	资产减值损失	“资产减值损失”账户的本期借方发生额
	信用减值损失	“信用减值损失”账户的本期借方发生额
	其他收益	“其他收益”账户的本期贷方发生额
	公允价值变动收益	“公允价值变动损益”账户的本期贷方发生额；若为借方发生额，表示公允价值变动损失，用“－”号填列
	投资收益	“投资收益”账户的本期贷方发生额；若为借方发生额，表示投资损失，用“－”号填列
	资产处置收益	“资产处置损益”账户的本期贷方发生额；若为借方发生额，用“-”号填列
	营业外收入	“营业外收入”账户的本期贷方发生额
	营业外支出	“营业外支出”账户的本期借方发生额
	所得税费用	“所得税费用”账户的本期借方发生额
2. 按两个损益类账户相加后的发生额填列	营业收入	“主营业务收入”和“其他业务收入”账户发生额分析填列
	营业成本	“主营业务成本”和“其他业务成本”账户发生额分析填列
3. 按有关账户发生额分析填列	管理费用	“管理费用”中除研究费用外明细账户的发生额合计
	研发费用	“管理费用——研发费用”明细账户的发生额，以及“管理费用”账户下的“无形资产摊销”明细账户的发生额分析填列
4. 按表内有关项目计算后填列	营业利润	营业收入－营业成本－税金及附加－销售费用－管理费用－研发费用-财务费用－资产减值损失-信用减值损失＋其他收益＋投资收益（-投资损失）＋公允价值变动收益（-公允价值变动损失）＋资产处置收益（-资产处置损失）
	利润总额	营业利润+营业外收入－营业外支出
	净利润	利润总额－所得税费用
	持续经营净利润	不符合终止经营定义的持有待售的非流动资产或处置组，其减值损失和转回金额及处置损益
	终止经营净利润	终止经营的减值损失和转回金额等经营损益及处置损益
	综合收益总额	净利润+其他综合收益的税后净额

四、综合案例分析

【做中学6-8】滨海市宏达股份有限公司2019年有关损益类账户本年累计净发生额见表6-8。

表6-8　　损益类账户本年累计净发生额汇总表

2019年　　单位：元

科目名称	借方发生额	贷方发生额
主营业务收入		1 130 000
主营业务成本	650 000	
其他业务收入		70 000
其他业务成本	60 000	
税金及附加	4 000	
销售费用	16 000	
管理费用	170 000（其中，研究费用100 000）	
财务费用	20 000	
资产减值损失	8 000	
信用减值损失	12 000	
投资收益		20 000
资产处置损益		70 000
所得税费用	50 000	

要求：根据上述资料编制宏达股份有限公司2019年度利润表。

宏达股份有限公司2019年度利润表（适用于已执行新金融准则、新收入准则和新租赁准则的企业）见表6-9。

表6-9　　利润表

会企02表

编制单位：宏达股份有限公司　　2019年度　　单位：元

项目	本期金额	上期金额
一、营业收入	1 200 000	（略）
减：营业成本	710 000	
税金及附加	4 000	
销售费用	16 000	
管理费用	70 000	

续表

项　目	本期金额	上期金额
研发费用	100 000	
财务费用	20 000	
其中：利息费用		
利息收入		
加：其他收益		
投资收益（损失以"－"号填列）	20 000	
其中：对联营企业和合营企业的投资收益		
以摊余成本计量的金融资产终止确认收益（损失以"－"号填列）		
净敞口套期收益（损失以"－"号填列）		
公允价值变动收益（损失以"－"号填列）		
信用减值损失（损失以"－"号填列）	−12 000	
资产减值损失（损失以"－"号填列）	−8 000	
资产处置收益（损失以"－"号填列）	70 000	
二、营业利润（亏损以"－"号填列）	350 000	
加：营业外收入		
减：营业外支出		
三、利润总额（亏损总额以"－"号填列）	350 000	
减：所得税费用	50 000	
四、净利润（净亏损以"－"号填列）	300 000	
（一）持续经营净利润（净亏损以"－"号填列）		
（二）终止经营净利润（净亏损以"－"号填列）		
五、其他综合收益的税后净额		
（一）不能重分类进损益的其他综合收益		
1.重新计量设定受益计划变动额		
2.权益法下不能转损益的其他综合收益		
3.其他权益工具投资公允价值变动		

续表

项　目	本期金额	上期金额
4.企业自身信用风险公允价值变动		
……		
（二）将重分类进损益的其他综合收益		
1.权益法下可转损益的其他综合收益		
2.其他债权投资公允价值变动		
3.金融资产重分类计入其他综合收益的金额		
4.其他债权投资信用减值准备		
5.现金流量套期储备		
6.外币财务报表折算差额		
……		
六、综合收益总额	300 000	
七、每股收益		
（一）基本每股收益		
（二）稀释每股收益		

任务内容导图

本任务内容导图如图6-3所示。

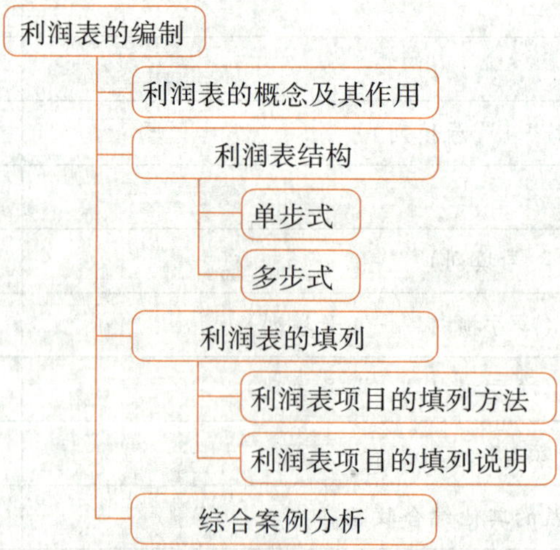

图6-3　本任务内容导图

复习思考题

1.什么是利润表？我国现行利润表采用什么格式？简述其基本结构。

2.影响营业利润的项目有哪些？写出它们之间的关系式。

3.影响净利润的项目有哪些？写出它们之间的关系式。

4.怎样计算营业利润、利润总额和净利润？

5.利润表中的“管理费用”“研发费用”项目的“本期金额”如何填列？

6.利润表中的“信用减值损失”与“资产减值损失”项目如何填列？

任务四 所有者权益变动表及附注的编制

技能点6-3 所有者权益变动表及附注的编制

一、所有者权益变动表的编制

（一）所有者权益变动表的概念及其作用

所有者权益变动表是反映构成所有者权益的各组成部分当期增减变动情况的报表。

通过所有者权益变动表，可以为财务报表使用者提供所有者权益总量增减变动的信息，提供所有者权益增减变动的结构性信息，特别是能够让财务报表使用者理解所有者权益增减变动的根源。

（二）所有者权益变动表的结构与内容

所有者权益变动表以矩阵的形式列示。一方面，列示导致所有者权益变动的交易或事项，对一定时期所有者权益的变动情况进行全面反映；另一方面，按照所有者权益各组成部分列示交易或事项对所有者权益的影响。所有者权益变动表的格式见表6-10。

所有者权益变动表应单独列示的项目包括：

（1）综合收益总额；

（2）会计政策变更和前期差错更正的累积影响金额；

（3）所有者投入资本和向所有者分配利润等；

（4）按照规定提取的盈余公积；

（5）实收资本（或股本）、其他权益工具、资本公积、其他综合收益、盈余公积、未分配利润的期初和期末余额及其调节情况。

（三）所有者权益变动表的填列

1.所有者权益变动表项目的填列方法

所有者权益变动表主要依据资产负债表、利润表、现金流量表及相关明细账记录填列。所有者权益变动表各项目均需要填“本年金额”和“上年金额”两栏。

所有者权益变动表“上年金额”栏各项目数字，应根据上年度所有者权益变动表“本年金额”栏内所列数字填列。如果上年度所有者权益变动表规定的各项目的名称和内容同本年度不一致，应对上年度所有者权益变动表各项目的名称和数字按本年度的规定进行调整，填入所有者权益变动表“上年金额”栏内。

所有者权益变动表“本年金额”栏内各项数字一般应根据“实收资本（或股本）”“其他权益工具”“资本公积”“库存股”“其他综合收益”“盈余公积”“利润分配”“以

前年度损益调整”账户的发生额分析填列。

企业的净利润及其分配情况作为所有者权益变动的组成部分，不需要单独编制利润分配表列示。

2.所有者权益变动表主要项目的填列说明

(1)“上年年末余额”项目，反映企业上年资产负债表中实收资本（或股本)、其他权益工具、资本公积、库存股、其他综合收益、盈余公积、未分配利润的年末余额。

(2)“会计政策变更”“前期差错更正”项目，分别反映企业采用追溯调整法处理的会计政策变更的累积影响金额和采用追溯重述法处理的会计差错更正的累积影响金额。

(3)“本年增减变动金额”项目。

①“综合收益总额”项目，反映净利润和其他综合收益扣除所得税影响后的净额相加后的合计金额。

②“所有者投入和减少资本”项目，反映企业当年所有者投入的资本和减少的资本。

“所有者投入的普通股”项目，反映企业接受投资者投入形成的实收资本（或股本）和资本溢价（或股本溢价）。

“其他权益工具持有者投入资本”项目，反映企业发行的除普通股以外分类为权益工具的金融工具的持有者投入资本的金额。

“股份支付计入所有者权益的金额”项目，反映企业处于等待期中的权益结算的股份支付当年计入资本公积的金额。

③“利润分配”项目，反映企业当年的利润分配金额。

④“所有者权益内部结转”项目，反映企业当年构成所有者权益的组成部分之间的增减变动情况。

“资本公积转增资本（或股本）”项目，反映企业当年以资本公积转增资本（或股本）的金额。

“盈余公积转增资本（或股本）”项目，反映企业当年以盈余公积转增资本（或股本）的金额。

“盈余公积弥补亏损”项目，反映企业当年以盈余公积弥补亏损的金额。

“设定受益计划变动额结转留存收益”项目，反映企业因重新计量设定受益计划净负债或净资产所产生的变动计入其他综合收益，结转至留存收益的金额。

“其他综合收益结转留存收益”项目，主要反映：第一，企业指定为以公允价值计量且其变动计入其他综合收益的非交易性权益工具投资终止确认时，之前计入其他综合收益的累计利得或损失从其他综合收益中转入留存收益的金额；第二，企业指定为以公允价值计量且其变动计入当期损益的金融负债终止确认时，之前由企业自身信用风险变动引起而计入其他综合收益的累计利得或损失从其他综合收益中转入留存收益的金额等。

【做中学6-9】宏业公司2018年12月31日所有者权益各项目余额如下：股本500万元，盈余公积10万元，未分配利润5万元。2019年该公司综合收益总额为28万元（其中净利润20万元），提取盈余公积2万元，分配现金股利10万元。该公司2019年度所有者权益变动表见表6-10。

表6-10

所有者权益变动表

会企04表

编制单位：宏业公司　　　　2019年度　　　　单位：元

项　目	本年金额										上年金额									
	实收资本（或股本）	其他权益工具			资本公积	减：库存股	其他综合收益	盈余公积	未分配利润	所有者权益合计	实收资本（或股本）	其他权益工具			资本公积	减：库存股	其他综合收益	盈余公积	未分配利润	所有者权益合计
		优先股	永续债	其他								优先股	永续债	其他						
一、上年年末余额	5 000 000							100 000	50 000	5 150 000										
加：会计政策变更																				
前期差错更正																				
其他																				
二、本年年初余额	5 000 000							100 000	50 000	5 150 000										
三、本年增减变动金额（减少以“-”号填列）																				
（一）综合收益总额							80 000		200 000	280 000										
（二）所有者投入和减少资本																				
1.所有者投入的普通股																				
2.其他权益工具持有者投入资本																				
3.股份支付计入所有者权益的金额																				
4.其他																				

续表

项目	本年金额										上年金额									
	实收资本（或股本）	其他权益工具			资本公积	减：库存股	其他综合收益	盈余公积	未分配利润	所有者权益合计	实收资本（或股本）	其他权益工具			资本公积	减：库存股	其他综合收益	盈余公积	未分配利润	所有者权益合计
		优先股	永续债	其他								优先股	永续债	其他						
（三）利润分配																				
1.提取盈余公积								20 000	-20 000	0										
2.对所有者（或股东）的分配									-100 000	-100 000										
3.其他																				
（四）所有者权益内部结转																				
1.资本公积转增资本（或股本）																				
2.盈余公积转增资本（或股本）																				
3.盈余公积弥补亏损																				
4.设定受益计划变动额结转留存收益																				
5.其他综合收益结转留存收益																				
6.其他																				
四、本年年末余额	5 000 000						80 000	120 000	130 000	5 330 000	5 000 000							100 000	50 000	5 150 000

二、附注的编制

（一）附注概述

附注是对资产负债表、利润表、现金流量表和所有者权益变动表等报表列示项目的文字描述或明细资料，以及对未能在这些报表中列示项目的说明等。

报表中的数字是经过分类与汇总后的结果，是对企业发生的经济业务的高度简化和浓缩的数字，如果没有对形成这些数字所采用的会计政策和理解这些数字所必需的披露，报表就不可能充分发挥效用。因此，附注与资产负债表、利润表、现金流量表、所有者权益变动表等报表具有同等的重要性，是财务报表的重要组成部分。财务报表使用者要了解企业财务状况、经营成果和现金流量，应当全面阅读附注。

（二）附注披露的主要内容

附注应当按下列顺序披露有关内容：

1.企业的基本情况

（1）企业注册地、组织形式和总部地址。

（2）企业的业务性质和主要经营活动，如企业所处的行业、所提供的主要产品或服务、客户的性质、销售策略、监管环境的性质等。

（3）母公司以及集团最终母公司的名称。

（4）财务报告的批准报出者和财务报告批准报出日。

（5）营业期限有限的企业，还应当披露有关营业期限的信息。

2.财务报表的编制基础

财务报表的编制基础是指财务报表是在持续经营基础上还是在非持续经营基础上编制的。企业一般是在持续经营基础上编制财务报表，清算、破产属于非持续经营基础。

3.遵循企业会计准则的声明

企业应当声明编制财务报表符合企业会计准则的要求，真实、完整地反映了企业的财务状况、经营成果和现金流量等有关信息，以此明确企业编制财务报表所依据的制度基础。如果企业编制的财务报表只是部分地遵循了企业会计准则，附注中不得作出这种表述。

4.重要会计政策和会计估计

根据财务报表列报准则的规定，企业当披露采用的重要会计政策和会计估计，不重要的会计政策和会计估计可以不披露。

5.会计政策和会计估计变更以及差错更正说明

企业应当按照会计政策、会计估计变更和差错更正会计准则的规定，披露会计政策和会计估计变更以及差错更正的有关情况。

6.报表重要项目的说明

企业应当以文字和数字描述相结合，尽可能以列表形式披露报表重要项目的构成或当期增减变动情况，并且报表重要项目的明细金额合计，应当与报表项目金额相衔接。在披露顺序上，一般应当按照资产负债表、利润表、现金流量表、所有者权益变动表及其项目列示的顺序。

7.其他需要说明的重要事项

主要包括或有和承诺事项、资产负债表日后非调整事项、关联方关系及其交易等需要说明的事项。

8. 有助于财务报表使用者评价企业管理资本的目标、政策及程序的信息

任务内容导图

本任务内容导图如图6-4所示。

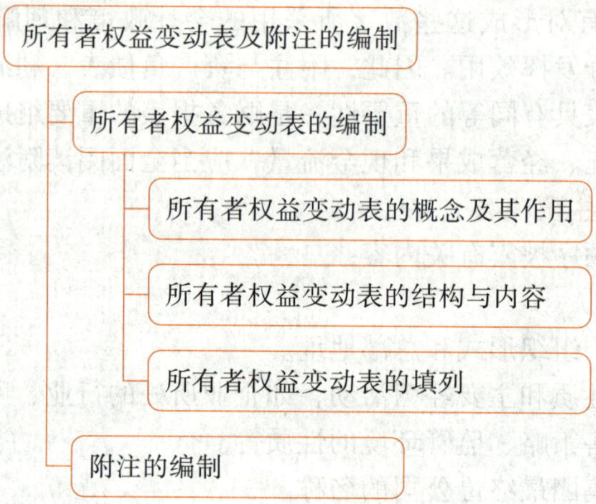

图6-4 本任务内容导图

复习思考题

1. 什么是所有者权益变动表？我国现行所有者权益变动表采用什么格式？其基本内容有哪些？

2. 附注主要包括哪些内容？

参考文献

［1］财政部会计资格评价中心．初级会计实务［M］．北京：经济科学出版社，2018.

［2］财政部会计资格评价中心．中级会计实务［M］．北京：经济科学出版社，2018.

［3］中国注册会计师协会．会计［M］．北京：中国财政经济出版社，2019.

微课索引

为了帮助读者更好地学习和掌握初级会计实务，编者针对本教材的重点难点内容制作了50个微课，微课的具体位置见括号内标注的页码，扫描对应的二维码即可直接观看。